高等院校互联网+新形态教材·经管系列(二维码版)

# 工业品营销
## (微课版)

耿裕清　富立友　主　编

清华大学出版社
北　京

## 内容简介

本书是管理类专业应用型本科规划教材，强调"应用为主、结合理论"的特点，力争让读者学以致用。本书分为12章，分别从工业品营销基础、环境分析、市场调查与预测、营销战略、营销策略、人员推销、项目招投标、工业旅游、跨文化的商务交际、商务礼仪等方面对工业品营销及相关应用方法进行讲解。本书为教师提供了教学大纲、教案、教学课件、教学视频、模拟实践项目、案例研讨素材等教辅材料，帮助教师实现"翻转课堂"，建设"线上线下混合课程"，缓解了教师的备课压力。

本书适合作为市场营销专业本科生教材、理工类专业本科生通识选修教材，亦适用于初入工业品市场营销领域的社会人士自学。

本书封面贴有清华大学出版社防伪标签，无标签者不得销售。

版权所有，侵权必究。举报：010-62782989，beiqinquan@tup.tsinghua.edu.cn。

### 图书在版编目(CIP)数据

工业品营销：微课版/耿裕清，富立友主编. —北京：清华大学出版社，2022.7（2025.1重印）

高等院校互联网+新形态教材. 经管系列：二维码版

ISBN 978-7-302-61251-3

Ⅰ.①工… Ⅱ.①耿… ②富… Ⅲ.①工业产品—市场营销学—高等学校—教材 Ⅳ.①F764

中国版本图书馆 CIP 数据核字(2022)第 119013 号

责任编辑：梁媛媛
装帧设计：李　坤
责任校对：徐彩虹
责任印制：曹婉颖

出版发行：清华大学出版社
　　　　网　　址：https://www.tup.com.cn, https://www.wqxuetang.com
　　　　地　　址：北京清华大学学研大厦A座　邮　编：100084
　　　　社 总 机：010-83470000　　　　　　　邮　购：010-62786544
　　　　投稿与读者服务：010-62776969, c-service@tup.tsinghua.edu.cn
　　　　质量反馈：010-62772015, zhiliang@tup.tsinghua.edu.cn
　　　　课件下载：https://www.tup.com.cn, 010-62791865

印 装 者：三河市少明印务有限公司
经　　销：全国新华书店
开　　本：185mm×260mm　　　印　张：13.75　　　字　数：330千字
版　　次：2022年8月第1版　　　　　　　　　　印　次：2025年1月第3次印刷
定　　价：42.00元

产品编号：091375-01

# 前　言

市场营销是每一个企业和组织都必须要面对的话题，无论哪一个行业、哪一个组织，市场营销职能都是必须存在的。当前，我国智能制造领域蓬勃发展，这些为企业开展工业品营销活动带来了新的机遇。作为市场营销的分支，工业品营销有其自身的特征，因此我们有必要更深入地了解工业品营销，以从容应对未来的工业品营销活动，而这也是我们编写本书的目的。

本书是管理类专业应用型本科规划教材，强调"应用为主、结合理论"的特点，力争让读者掌握工业品营销的基本理论知识、营销工具和应用方法，希冀读者能够在本书的指导下，真正实现学以致用。

本书为教师提供了教学大纲、教案、教学课件、教学视频等教辅材料，帮助教师实现"翻转课堂"，建设"线上线下混合课程"，让学生自己动手，成为课堂的主人，贯彻"纸上得来终觉浅，绝知此事要躬行"的教学理念。本书适合 1～3 学分的课程教学活动，建议教师将个人口述的时间控制在 1/3～1/2 的学时内，将其余学时留给学生做课堂练习、模拟实践、案例研讨等，鼓励学生"做中学、练中学"。本书亦提供了模拟实践项目和案例研讨素材，以缓解教师的备课压力。

本书分为 12 章，分别从工业品营销基础、环境分析、市场调查与预测、营销战略、营销策略、人员推销、项目招投标、工业旅游、跨文化的商务交际、商务礼仪等方面对工业品营销及相关应用方法进行讲解。

本书由耿裕清、富立友主编。其中，耿裕清负责整体结构的设计和撰写，并编写第一至第十一章；富立友编写第十二章。

本书在编写过程中参考了众多著作，得到了诸多同行的指导与帮助，收到了众多中肯的意见和建议，上海电机学院学生穆卡萨·买买吐尔逊参与了教辅材料的编辑与制作，在此一并表示感谢。由于编者水平有限、时间仓促，书中难免存在疏漏之处，敬请各位专家和广大读者提出宝贵意见。

编　者

# 目录

## 第一章 工业品营销基础 ... 1

### 第一节 工业品 ... 2
一、什么是工业品 ... 2
二、工业品的分类 ... 3

### 第二节 工业品市场 ... 4
一、工业品市场的采购者 ... 4
二、工业品市场的购买类型 ... 5
三、工业品市场的特征 ... 6

### 第三节 工业品购买决策 ... 8
一、工业品购买决策的参与者 ... 8
二、影响参与者的因素 ... 9
三、工业品购买决策的过程 ... 11

本章小结 ... 13
练习与思考 ... 14

## 第二章 工业品营销环境分析 ... 16

### 第一节 宏观的外部环境分析 ... 17
一、外部环境分析工具：STEEPLE分析法 ... 18
二、STEEPLE分析法的影响因素 ... 19

### 第二节 中观的行业环境分析 ... 22
一、行业环境分析工具：波特五力模型分析法 ... 22
二、波特五力的具体分析 ... 23

### 第三节 微观的企业环境分析 ... 24
一、企业环境分析工具：SWOT分析法 ... 25
二、SWOT分析案例 ... 26

本章小结 ... 28
练习与思考 ... 29

## 第三章 工业品市场调查 ... 31

### 第一节 工业品市场调查基础 ... 32
一、工业品市场调查的特征与要求 ... 32
二、工业品市场调查的类型 ... 34
三、工业品市场调查的步骤 ... 35

### 第二节 工业品市场调查问卷设计 ... 37
一、问卷设计的基本原则 ... 37
二、调查问卷的基本内容 ... 39

### 第三节 调查题项的设计 ... 40
一、问题的主要类型 ... 40
二、问题的答案设计 ... 42
三、问卷设计过程中需要注意的问题 ... 44

本章小结 ... 48
练习与思考 ... 49

## 第四章 工业品市场预测 ... 51

### 第一节 工业品市场预测基础 ... 52
一、工业品市场预测的要求 ... 52
二、工业品市场预测的步骤 ... 53
三、工业品市场预测分析方法的选择 ... 55

### 第二节 定性预测分析方法 ... 56
一、指标法 ... 57
二、专家预测法 ... 58
三、销售人员意见综合预测法 ... 59
四、购买意向调查预测法 ... 60

### 第三节 定量预测分析方法 ... 61
一、简单平均预测法 ... 62
二、移动平均预测法 ... 62
三、指数平滑预测法 ... 67
四、回归分析预测法 ... 68

本章小结 ... 73
练习与思考 ... 74

## 第五章 工业品营销战略 .................. 76

### 第一节 工业品市场细分 .................. 77
一、工业品细分市场的特征 .................. 77
二、工业品市场细分方法 .................. 78

### 第二节 工业品目标市场选择 .................. 81
一、确定工业品目标市场的范围 .................. 82
二、工业品目标市场的营销方法 .................. 84
三、确定目标市场营销方法时需要
考虑的因素 .................. 85
四、进入目标市场的途径 .................. 86

### 第三节 工业品市场的产品定位 .................. 87
一、产品定位概述 .................. 87
二、产品定位方法 .................. 88

本章小结 .................. 90
练习与思考 .................. 91

## 第六章 工业品营销策略：产品与定价 .................. 93

### 第一节 工业品产品策略 .................. 94
一、产品生命周期概述 .................. 95
二、产品生命周期各时期的特点 .................. 95
三、产品不同时期的营销策略 .................. 96

### 第二节 工业品定价策略 .................. 99
一、采购心理定价策略 .................. 99
二、差别定价策略 .................. 101
三、折扣定价策略 .................. 102
四、相关产品定价策略 .................. 103
五、新产品定价策略 .................. 105

本章小结 .................. 106
练习与思考 .................. 107

## 第七章 工业品营销策略：渠道
与促销 .................. 110

### 第一节 工业品渠道策略 .................. 111
一、工业品市场的渠道成员 .................. 112
二、渠道冲突 .................. 113
三、对渠道成员的激励措施 .................. 115
四、窜货 .................. 116

### 第二节 工业品促销策略 .................. 118
一、交易比赛 .................. 119
二、交易激励 .................. 119
三、交易展销会 .................. 121
四、交易折让 .................. 122

本章小结 .................. 123
练习与思考 .................. 124

## 第八章 工业品人员推销 .................. 127

### 第一节 人员推销的步骤 .................. 128
一、识别潜在客户 .................. 128
二、确认潜在客户的价值 .................. 129
三、深入了解潜在客户 .................. 130
四、产品陈述 .................. 130
五、回答疑问 .................. 131
六、促成签约 .................. 132
七、售后服务 .................. 133

### 第二节 提升人员推销效果的方法 .................. 133
一、选择合适的人员进行推销 .................. 134
二、承诺提供多种优惠 .................. 134
三、开展公关活动 .................. 136

### 第三节 人员推销过程中出现的问题
与对策 .................. 138
一、销售部门内部 .................. 138
二、客户开发与客户维护 .................. 140

本章小结 .................. 140
练习与思考 .................. 142

## 第九章 项目招投标 .................. 144

### 第一节 项目招投标概述 .................. 145
一、招投标的概念 .................. 145
二、招标的方式 .................. 146
三、招标的使用场景 .................. 147
四、招投标活动的步骤 .................. 148

### 第二节 投标文件与投标 .................. 149
一、投标文件的内容 .................. 149
二、编制投标文件时需要遵循的
要求 .................. 149

三、递交投标文件 ..........................150
　　四、串通投标 ..................................152
　　五、联合体投标 ..............................152
第三节　投标报价策略 ..........................153
　　一、投标报价的特点与需要注意的
　　　　方面 ..........................................153
　　二、总体报价流程 ..........................155
　　三、报价方法 ..................................155
本章小结 ..................................................157
练习与思考 ..............................................158

## 第十章　工业旅游 ..........................161

第一节　工业旅游概述 ..........................162
　　一、开展工业旅游的意义 ..............162
　　二、工业旅游资源的分类 ..............163
　　三、工业旅游资源的特点 ..............164
　　四、开展工业旅游需要注意的
　　　　方面 ..........................................165
　　五、设计工业旅游线路时需要
　　　　坚持的原则 ..............................167
第二节　工业旅游线路的设计步骤 ......168
　　一、确定游客类型 ..........................169
　　二、确定线路类型 ..........................170
　　三、确定线路名称 ..........................172
　　四、确定游览景点 ..........................172
　　五、确定交通方式 ..........................173
　　六、规划附属设施 ..........................173
　　七、编排旅游线路 ..........................173
本章小结 ..................................................173
练习与思考 ..............................................175

## 第十一章　跨文化的商务交际 ......177

第一节　跨文化的商务语言交际 ..........178

　　一、颜色词 ......................................178
　　二、数字词 ......................................179
　　三、动物词 ......................................180
　　四、敬语和谦辞 ..............................181
　　五、禁忌语和委婉语 ......................182
第二节　跨文化的商务非语言交际 ......183
　　一、非语言交际的意义 ..................183
　　二、面部表情 ..................................184
　　三、眼神交流 ..................................185
　　四、衣着打扮 ..................................186
　　五、身体接触 ..................................187
　　六、身体姿势 ..................................188
　　七、手势 ..........................................189
本章小结 ..................................................189
练习与思考 ..............................................191

## 第十二章　商务礼仪 ......................193

第一节　仪表礼仪 ..................................194
　　一、个人容貌 ..................................195
　　二、个人着装 ..................................196
第二节　仪态礼仪 ..................................198
　　一、个人仪态 ..................................198
　　二、社交仪态 ..................................200
第三节　中餐就餐礼仪 ..........................202
　　一、圆桌的席位安排 ......................203
　　二、就餐流程与礼仪 ......................203
　　三、中餐礼仪禁忌 ..........................205
本章小结 ..................................................206
练习与思考 ..............................................207

## 参考文献 ..............................................210

# 第一章 工业品营销基础

## 【本章提要】

工业品营销是指向其他政府、企业等组织机构提供产品或服务的营销活动。工业品就是企业等组织机构购买之后用于再生产或日常经营的产品或服务。我们不能简单粗暴地将工业品和消费品割裂开来,有些产品既是工业品又是消费品,而如何定义该产品是工业品还是消费品,则应该看该产品的购买动机,而不是产品的大小或价值。工业品市场的采购者一般可以分为消费产品的企业、中间商、政府部门、事业单位与机构等不同类型,购买类型可以分为直接重购、修正重购、新购三类。工业品市场不直接面向普通消费者,因此工业品市场具有一些与普通消费品市场不一样的特征,如采购者数量少但规模大、采购标准严格且程序复杂、多采取直接采购的方式、定制采购、技术敏感性较高、缺乏市场弹性等。在工业品购买决策的过程中,往往会有若干参与者。这些参与者会充当不同的角色,起到不同的作用;同时,他们会受到多种因素的影响,这些影响甚至会改变他们的决策方式,并最终影响组织的工业品购买决策。工业品的购买决策过程,因购买类型的不同而有所差异:直接重购相对而言比较简单,因此工业品购买决策过程的步骤就相对较少;修正重购的购买决策步骤较多;而新购的购买过程较复杂。

## 【学习目标】

1. 了解工业品的定义和分类。
2. 了解工业品市场的采购方类型、购买类型;熟悉并掌握工业品市场的特征。
3. 了解工业品购买决策的参与者;熟悉并掌握工业品购买决策的过程。
4. 构建中国智造的爱国主义情怀及服务大众的社会责任意识。

## 开篇案例与思考

2019年5月29—31日,为期三天的第三届中国(宝鸡)国际工业品采购展览会(石油装备跨国采购会)在陕西省宝鸡市举行。宝鸡是陕西省第二大城市、关中天水经济区副中心城市,是全国重要的石油装备产业基地,拥有宝鸡石油机械有限责任公司和宝鸡石油钢管有限责任公司两大龙头企业,以及150余家民营石油装备及配件生产企业,形成了龙头企业支撑、产业链条完整的产业集群。

宝鸡石油机械有限责任公司在现场举办了产品发布会,发布的产品包括钻采新装备(如7000米自动化钻机、交流变频直驱装备、DYJ110/70DD 气井带压作业机、地面增产作业装备等)、固压新装备(如国产化压裂新装备、电驱压裂装备等)、海洋新装备(如海洋钻井隔水管系统、"海洋地质十号"勘探船、钻柱升沉补偿装置、隔水管张紧器系统等)、环保新装备(如油基岩屑减量化、资源化处理系统等)。

当前,科技进步风起云涌,能源革命席卷全球,油气的开发、开采需要新装备、新技术的支撑。宝鸡作为全国重要的石油装备产业基地,以提高制造业质量效益为中心,实施品牌战略,打造装备、制造精品,充分把握丝绸之路经济带新起点的战略机遇,鼓励企业"走出去",在资源开发、能源化工、装备制造等领域大力开展产能合作。

(资料来源:新华网.共谋油气装备产业发展 宝鸡国际工业品采购展览会开幕.2019-05-29,http://www.xinhuanet.com/energy/2019-05/29/c_1124558191.htm.)

**问题分析:**
1. 工业品具有哪些特征?
2. 为什么此次展会要选择宝鸡?石油装备这一工业品市场具有什么特征?
3. 中国在石油装备市场的地位如何?在未来,中国的石油装备企业应该怎么办?

请结合本章的后续知识点深入思考。

# 第一节 工 业 品

**课前思考**

什么是工业品?哪些产品是工业品?如何确定某产品是工业品?工业品包括服务吗?工业品可以分为哪些类别?

## 一、什么是工业品

当我们讲到市场营销学时,大多数人可能会联想到与自己购买决策有关的营销活动,这种营销属于消费品营销。但是,在我们的社会生活中,还存在另一种营销,即工业品营销。工业品营销虽然没有消费品营销那么"常见",但它却与每个人都息息相关。

那么,到底什么是工业品营销呢?工业品营销是指向其他政府、企业等组织机构提供产品或服务的营销活动。那么,什么是工业品呢?你可能会认为,只有那些比较大的机械设备、平时我们使用不到的仪器才能被称作工业品吧。但事实并非如此。

我们来看以下这个例子:A 公司是一家向东南亚国家的高校提供化学实验试剂的公司。该公司向 B 公司购买原材料,向 C 律师事务所购买法律服务,向 D 公司购买合同翻译和会展服务,通过使用 E 物流公司的物流,将生产出来的化学试剂销售给国外的 F 高校,而且将生产过程中产生的废弃物再卖给 G 回收站。在该案例中,所产生的所有的营销活动都属于工业品营销的范畴,而化学实验试剂、原材料、法律咨询服务、合同翻译和会展服务、物流服务、废弃物回收等各项产品和服务都属于工业品。

值得注意的是，工业品还包括了使企业运营更便利的产品和服务。例如某大学统一采购复印纸，使其日常运营更便利，同时该大学的食堂还统一采购糖和盐，供食堂的日常经营使用。这些营销活动都是工业品营销活动，该大学在这一过程中所购买的产品和服务都是工业品。

因此，工业品就是企业等组织机构购买之后用于再生产或日常经营的产品或服务。请注意，我们不能简单粗暴地将工业品和消费品割裂开来，有些产品既是工业品又是消费品，而如何定义该产品是工业品还是消费品呢？应该看该产品的购买动机，而不是产品的大小或价值。同样一块玻璃，如果被一个企业购买并用作再生产，或被用来进行该企业的室内装饰，那么这块玻璃就是工业品；但是，如果这块玻璃被个人消费者购买用来改善家居环境，那么这块玻璃就是消费品。如果一台电脑被采购并用于企业的日常经营，那么这台电脑就是工业品；如果这台电脑被购买用于家用娱乐，那么这台电脑就是消费品。如果我们用一种简单的方法去判断该产品或服务是不是工业品，那么我们就观察购买的对象是否是机构，购买之后是否需要开具发票报销或抵税即可。

## 二、工业品的分类

接下来我们一起来了解一下工业品的分类。

### (一)原材料和制造材料

原材料是指自然状态下用于产品生产的基本原料，如石油、原木、原煤等。制造材料也叫作二级原材料，通常是由原材料进一步加工而成的，如由铁矿石加工制成的钢制品、树木加工制成的板材等。举例来说，同样是 A 公司制造的地毯，如果这块地毯卖给汽车公司，汽车公司裁剪完成后应用到汽车上，那么 A 公司所制造的地毯就是制造材料。

### (二)构成部件

构成部件是指不需要进行改造或处理就可以安装进最终产品的部件。举例来说，B 公司制造仪表盘里面使用的特殊螺丝，C 公司制造表盘，D 公司制造指针，E 公司将这些产品组装成一个完整的仪表，那么，特殊螺丝、表盘、指针等就都属于构成部件。

### (三)便利产品

便利产品是指帮助企业或组织实现生产经营目标的产品，这些产品并不是最终产品的一部分。便利产品也可以称为辅助设备，如办公桌椅、办公用纸等。请注意，便利产品同时也包括一些辅助性服务，如银行融资服务、市场咨询服务、财务代理服务、物流运输服务、广告服务等。

### (四)资本设备

资本设备也可以称为装备或设备，是指用于生产的大型设备，这些设备往往需要巨大的资本投资。工业机器人、重型机床、厂房建筑等都属于资本设备。资本设备与便利产品等辅助设备在工业品营销活动中具有一定差别：资本设备相对来说更昂贵，且使用周期更长，因此资本设备的采购流程要比便利产品等辅助设备的采购流程更长，且会涉及更多的利益相关方。

## 第二节　工业品市场

**课前思考**

工业品市场的采购者可能有哪些？都是为了盈利的企业吗？在工业品市场中，采购者每次的购买方式都是一样的吗？工业品市场与普通消费品市场又有哪些不同呢？

### 一、工业品市场的采购者

工业品市场的采购者和普通消费品市场上的采购者有很大的区别。这种区别主要是个人采购者的购买行为是为了个人的消费，而工业品市场的采购者是为了满足组织机构日常生产经营的需要。

工业品市场的采购者一般可以分为消费产品的企业、中间商、政府部门、事业单位和机构等不同类型。

#### (一)消费产品的企业

消费产品的企业具体可分为两类：第一类是原设备制造商；第二类是工业品使用者。

如果一家企业购买某种产品或服务，并将其装配到最终产品中去，那么这家企业就叫作原设备制造商。举例来说，上汽集团购买汽车玻璃并作为挡风玻璃安装到所生产的汽车上，那么上汽集团就是原设备制造商。

如果一家企业，在日常的经营生产活动中，购买并使用某种产品或服务，那么这家企业就叫作工业品使用者。工业品使用者类似于消费者市场中的最终消费者。举例来说，上汽集团购买某公司的办公用纸，并将其应用到日常的生产经营活动中，那么上汽集团就是该办公用纸的使用者。

我们发现，上汽集团既是原设备制造商，同时又是使用者。作为两种不同的角色，上汽集团的购买行为具有一定的相似性，同时也存在着差异性：相似性体现在，上汽集团需要考虑产品的质量和价格；差异性体现在，采购部门、采购流程可能会有所区别和差异。

#### (二)中间商

中间商是指在生产者与消费者之间参与交易，促使双方实现交易行为的组织机构。中间商帮助工业品生产者提高其营销活动效果，连接了生产者与消费者。

例如，贵州瑞天暖通公司作为日本三菱电机空调的代理商之一，为贵州当地的企业提供了企业中央空调一站式安装与售后服务。这些中间商提供与消费品批发商相类似的产品与服务，他们首先大量低价采购产品或服务，然后再以较少的数量和较高的价格，出售给其他原设备制造商、政府部门、事业单位和机构等。

#### (三)政府部门

政府部门包括所在国的中央政府和地方政府。政府是一个具有相当大规模的产品或服务采购者,每年都会采购和使用相当多的产品和服务。在工业品市场中,政府部门具有一些特殊性。首先,政府部门可能是某些工业品产品或服务的唯一购买客户。举例来说,政府可能是武装直升机、军事卫星等武器的唯一采购者和使用者。其次,政府部门的采购过程往往更复杂和漫长。政府的采购活动通常需要公开招投标,在经过比较漫长的层层讨论汇报后,才能进行公示;政府部门的采购结算过程也比较漫长,换句话说,政府部门的项目通常需要更长时间的回款。最后,政府部门的采购过程有时会考虑社会责任。举例来说,一些贫困地区的脱贫致富明星企业,往往更容易获得当地政府部门的采购机会。

### (四)事业单位和机构

事业单位和机构包括的种类较多,如基础教育学段的学校、高等院校、医院、公立养老院、教堂寺庙、慈善组织、非营利性机构等。这些组织的采购程序有时候与政府部门的采购程序相同,但这些组织有时候也会采取一些非标准化的采购程序。

这类组织的采购需求往往具有较大的差异性,因此很多企业会设立专门的营销部门,对该类市场进行营销活动。例如,一些出版社会专门开展针对高等教育机构的营销活动,并安排专门负责对接的销售人员进行营销服务。

## 二、工业品市场的购买类型

工业品市场的购买类型可以分为直接重购、修正重购、新购三类。

### (一)直接重购

直接重构是指在供应商、购买内容等都不变的情况下所进行的重复购买行为。直接重购所购买的产品往往是低值易耗品(如办公文具、卫生纸等),采购者也较稳定,因此供应商不用花费太多成本和时间进行营销活动。例如,A 公司去年买了 100 只黑色的笔作为办公用品,今年从同一个供应商处依旧购买了 100 支黑色的笔,这就是直接重购。

### (二)修正重购

修正重购是指采购者通过改变产品或服务的规格、型号、数量,或改变采购方案、流程,或改变决策流程、决策人数等,进行采购活动。对于变更的环节或部分,供应商需要作出提前预判,确认是否会对今后的业务造成影响。例如,A 公司去年购买了 100 只黑色的笔作为办公用品,今年从同一个供应商处购买了 100 支蓝色的笔,这就是修正重购;亦或是 A 公司去年购买了 100 只黑色的笔作为办公用品,今年从同一个供应商处仅仅购买了 50 支黑色的笔,这也是修正重购。

### (三)新购

新购是指采购者首次购买某种产品或服务。因为是第一次购买,采购者对产品或服务不太了解,需要花费更多的时间进行信息收集分析与购买决策,因此新购所需要花费的时间往往较长。对于供应商来说,促使新的采购者新购自己的产品或服务具有较大难度,需要花费较高费用进行有针对性的营销活动。例如,A 公司去年在 B 供应商处购买了 100 支黑色的笔,今年却在C供应商处购买了100支黑色的笔作为办公用品,对于A公司来说,这就是新购。

## 三、工业品市场的特征

工业品市场不直接面向普通消费者,因此工业品市场具有一些与普通消费品市场不一样的特征。

### (一)采购者数量少、规模大、地理位置集中

工业品市场的采购者数量相对个人消费品市场的采购者数量来说少很多,因为工业品市场的采购者主要来自企业、政府、事业单位与组织等,而真正的目标客户则更少了。但是,由于市场掌握在少数采购者手中,因此每个采购者的单次购买量比较大。举例来说,中国生产的高速动车组列车,在中国的最终客户只有一家:中国国家铁路集团有限公司。另一个案例也能说明同样的情形。工厂为了保证日常的生产运作不受到影响,会一次性购买较多的零件作为备用;同时,由于每一个零件的单价相对较高,因此购买总价也比较高。一些建设项目所需要购置的设备,往往单价就达到了几千万元。对于一些供应商来说,他们只要重点服务好几个大客户,就可以保证衣食无忧了。工业品市场素来有着"三年不开张,开张吃三年"的说法,这也说明了工业品市场的采购者具有较大规模。

另外,在地域分布上,工业品市场的采购者往往具有一定的集中性,因为产业通常会围绕着相关的关键资源进行聚集式发展。例如,长三角区域的纺织业发展具有一定的优势,山东省曹县的棺材制造业也因当地盛产木材而有聚集式发展的特征。值得注意的是,工业品市场虽然具有区域集中性,但是工业品市场的供应商也是以全球竞争为导向的。虽然工业品市场的采购者数量相对较少,但由于单一采购者的规模相对较大,因此工业品市场的业务竞争往往更趋于全球化。更加便利的物流体系、贸易结算体系也使得工业品市场的全球化趋势明显加速。举例来说,100年前钢材的出口,由于物流的限制,受到了种种阻碍;而现在,中国的钢材产品已走向全世界。

### (二)理性购买、标准严格、程序复杂

工业品通常是大宗商品,价格一般较高,因此在购买工业品时,采购者相对来说会更谨慎,将会有多个部门的多位人员参与到购买过程中,通过讨论,意见达成一致后再进行采购。通过讨论达成一致的购买,往往也更加理性,因此工业品市场的购买行为通常是理性购买行为。

在工业品市场上,采购标准也更严格。这主要是因为采购人员需要对采购流程和所采购的产品承担主要责任,他们需要保证所采购的产品符合相关规章制度、成本控制、生产需求等多方面的要求和标准。举例来说,爸爸并不会因为没有带好小孩子而被妈妈解雇,但是采购人员如果不能保证正确地采购相关产品,往往不仅需要承担相关责任,还有可能面临被解雇的风险。

工业品市场的采购程序更复杂,与一般的家庭购买行为有着较大不同。普通消费者的购买决策往往从已有习惯、经验中得出,甚至会有冲动消费的情况发生。但是,工业品市场的采购程序,往往涉及更多的人员和更复杂的流程。举例来说,高校在采购大型实验设备时,

往往需要实际使用部门、财务部门、资产管理与采购部门、行政部门，甚至国际交流与合作部门等各有关部门的层层审批，整个流程下来少则一个月，多则一年。

### (三)多采取直接采购的方式

在工业品市场中，工业品的成交金额较大，因此采购者往往会选择主动与供应商联系，在实地考察之后再进行采购。而供应商为了更好地将产品信息展示给客户，往往也会采取直接与采购者联系的方式进行面对面沟通，通过展示良好的企业形象、卓越的关键技术等，获得采购者的信任，进而完成工业品交易。供应商有多种营销方式可以与采购者建立直接联系，如电子邮件营销、直邮营销、电话营销等。

### (四)定制采购、注重服务

工业品的技术含量往往比较高，采购者有时候对产品或服务也会有特殊的需求，因此采购者有时候会通过招投标的方式选取最合适的供应商，而供应商则会为采购者"量体裁衣"，提供个性化的产品或服务。举例来说，A高校通过招投标的方式确认了B企业为其即将召开的大型学术论坛提供会务服务，该高校对服务总额、服务内容、举办时间等都有详细的规定，而该企业也对此次学术会议提供了定制化的服务，如提供若干人的茶歇，协助为外地参会者提供住宿等。

在这里需要注意的是，由于定制产品或服务不具有通用性，因此生产出来的产品或服务往往难以被其他采购者所使用，这就加大了供应商的生产风险。因此，在定制采购的过程中，供应商需要与采购者签订买卖或服务合同，详细约定双方的权利与义务、产品规格、服务细节、违约责任等。

### (五)技术敏感性较高

在工业品市场上，工业品的更新换代相对于消费品来说要快很多，而且工业品对技术的敏感性也会更高一些。一般来说，只有工业品完成了技术更新，消费品才会产生功能更新。这对于工业品销售人员来说，不仅需要具备营销知识，还需要具备相关领域的专业知识。在医药行业，很多医药公司在招聘销售人员的时候，更偏向于选择医学、药学类专业的毕业生，而不是首选市场营销学专业的毕业生，主要是因为具有医学、药学类专业背景的学生具备相关领域的专业知识和较高的技术敏感性。

### (六)衍生需求、缺乏弹性

工业品供应商需要意识到，采购者对其产品或服务的需求属于衍生需求。衍生需求是指工业品的市场需求来自普通消费者对采购者所生产产品或所提供服务(消费品)的需求。如果消费者没有产生对消费品的需求，那么就不会有消费品对生产设备的需求，也就更不会有对相关原材料的需求。由于工业品市场的需求是衍生需求，因此只要消费品存在需求，那么工业品的需求就会存在，不会受到消费品市场波动的影响。换言之，这种衍生需求是缺乏市场弹性的。举例来说，空调生产企业不会因为空调压缩机的涨价而放弃购买空调压缩机，因为空调生产企业知道，消费者对空调的需求是事实存在的，所以像空调压缩机这样的衍生需求是缺乏弹性的。

**衍生需求与衍生销售**

在市场营销学中，衍生需求与衍生销售是两个不同的概念。衍生需求是指对一种产品的需求来自于另一种产品的需求。生产者之所以对生产最终产品的原材料有需求，是因为消费者对最终产品有需求。衍生销售是双渠道营销的一种形式。双渠道营销是指供应商向个人消费者和组织同时销售同一种产品或服务。衍生销售是指供应商先向组织销售某种产品或服务，组织中的个人在工作场景下使用了该产品或服务后，产生了较好的用户体验和评价，然后就以个人消费者的身份再次购买这种产品或服务，用于个人场景下的消费。

接下来我们具体谈一谈双渠道营销。最常见的双渠道营销方式是，某一种新产品或服务因为具有较高的前期成本，所以先在工业品市场进行销售(毕竟工业品市场的采购者对价格的敏感度没有普通消费者高)；随着销售额和销售量的增加，该产品或服务逐渐形成了规模经济，产品或服务的单价逐渐降低，使得个人消费者也能够消费得起。举例来说，笔记本电脑就是先在工业品市场进行销售，然后再逐步面向个人消费者销售的。需要强调的是，一个产品或服务要想从工业品市场进入个人消费者市场，价格往往需要足够亲民。

衍生销售是双渠道营销的另一种方式。衍生销售不强调产品或服务的价格降低，它强调个人消费者的用户体验。举例来说，如果一名销售人员在出差的时候入住与公司有合作关系的A品牌酒店，并且他也认为该品牌的酒店具有非常好的服务质量，那么他在私人旅游时，大概率也会选择该品牌的酒店。如果一名销售人员在公司使用的是B品牌的汽车，并且他非常喜欢这个品牌的汽车，觉得该品牌的汽车质量可靠、特有面子，那么他有很大概率会自行购买一辆该品牌汽车作为家用。

(资料来源： [1] 肯尼思·E. 克洛，唐纳德·巴克. 广告、促销与整合营销传播[M]. 7 版. 北京： 清华大学出版社，2015.

[2] 肖灵机，费蕾，余鑫. 工业品市场营销学[M]. 武汉： 武汉理工大学出版社，2008.)

# 第三节　工业品购买决策

**课前思考**

哪些人会参与到工业品购买的决策过程中呢？他们会受到哪些因素的影响？一个组织想要进行一次工业品购买活动，需要哪些步骤？

## 一、工业品购买决策的参与者

在工业品的购买决策过程中，会有若干参与者。这些参与者会充当不同的角色，起到不同的作用。在这里需要强调的是，参与者不一定是一个独立的人，也有可能是若干人，甚至是一个部门。另外，在同一个购买决策中，同一个人、同一组人，或者是同一个部门，可能会扮演不同参与者的角色。不同采购者的采购组织拥有不同的形式，规模较大的组织往往建有一个独立的采购部门，而规模较小的组织往往只配备几名采购人员。在一些组织里，采购经理具有较大的权力，能够自行决定所采购产品的规格、数量与供应商。而有些组织的采购经理的权力则较小，只负责将采购订单交付给相关供应商。

一般来说，组织的采购决策由以下五种人共同完成(请再次注意，下文所说的"人"，并不一定是指独立的自然人，也可以拓展理解为"部门")。

### (一)使用者

使用者是指具体使用该项产品或服务的人。企业所购买的机床，其使用者是操作该设备的技术工人；学校为教师购买的笔记本电脑，其使用者是教师。使用者往往是最初提出购买意见和购买需求的人，他们通常会对购买产品的种类、规格、数量、型号起着相当重要的影响作用。

### (二)影响者

影响者是指间接或直接从企业外部或内部影响购买决策的人。举例来说，企业聘请的咨询机构能够对企业的发展提出意见和建议，它们同时也会对企业未来的工业品购买决策产生影响；学校的学生可能并不会使用学校专门为教师购买的电脑，但是，学校为了保证学生的身体安全，可能会考虑购买安全性能更高的电脑产品，因此学生也是工业品购买决策的影响者。另外，某个小微企业的老板想要购置若干个文件柜，老板娘虽然不参与企业的实际经营，亦对此次采购没有决定权，但是老板娘对文件柜颜色和款式的偏好，也可能会影响老板的最终决策。

### (三)采购者

采购者是指具体执行采购行为的人。在一个组织里，采购者往往就是采购部门，其最主要的职能就是进行采购交易的谈判和供应商的选择。在一些比较复杂的采购活动中，采购者甚至还包括企业的高层管理者。

### (四)决策者

决策者是指最终决定购买产品或服务，以及最终决定供应商选择的人。在一般的采购流程中，决策者可能就是采购者。在复杂的采购流程中，决策者可能是公司的最高领导者。

### (五)控制者

控制者是指控制企业或产品信息流向的人，他们可以控制使用者、采购者、决策者之间的会面，甚至可以阻止供应商与其他参与者的会面。控制者对工业品的购买决策具有非常大的影响。举例来说，企业的门卫、保安、秘书等人，都可以阻碍供应商与企业内其他决策参与者的见面。因此，这些人可以被视为控制者。

在此需要强调的是，不是所有的采购流程都需要五种参与者的悉数参与，不同产品或服务的采购流程，参与者的人数也会有所差异。我们可以想象，组织购买一只价值 1 元的铅笔和购买一台价值 9 000 万元的机床，所需要的参与者人数大概率是不一样的。

## 二、影响参与者的因素

工业品购买决策的参与者会受到多种因素的影响，这些因素甚至会改变他们的决策方式,并最终影响组织的工业品购买决策。

## (一)组织因素

组织目前所处的外部环境(如经济环境、政治环境、法律与文化环境等);组织目标;组织的财务状况;所处的市场地位;拥有的人力资本;等等,都作为组织因素影响着组织的工业品购买决策过程。

## (二)个人因素

### 1. 个人目的

个人目的与参与者的个性、态度等个人因素息息相关。个人目的因人而异。个人目的的不同,可能会导致参与者作出有利于自身利益,但并非有利于组织的选择。举例来说,如果某位私企参与者知道私企老板与某供应商具有良好的私人关系,那么无论其他供应商在质量、价格、服务等方面如何具有竞争力,该参与者都不会选择其他供应商,而只会选择与私企老板有私交的供应商。

### 2. 参与度

参与者在购买决策过程中的参与度也会影响组织的购买决定。参与度深的参与者可能会在决策前收集更多信息,向供应商提出更多问题,花更多时间进行分析考虑,进而得出更有说服力的结论。对于参与度深的参与者,供应商应当及时提供关键信息,这有助于他们作出更理性、更准确的购买决策。

### 3. 动机

动机取决于组织目标与参与者个人目标的匹配程度。如果参与者的个人目标是成为营销部门总负责人,那么他有很大概率会参与到影响他个人前途和营销部门绩效的购买决策过程中;如果采购经理提前听到企业此次的采购目标是进一步降低采购成本,那么他很大概率会在购买决策过程中选择最大幅度降低采购成本的方案。

### 4. 风险

在作出购买决策时,参与者有时需要规避潜在的风险。有时,原来的供应商之所以被选中,不是因为该供应商所提供的产品或服务出类拔萃,而是参与者认为这种选择的风险最低,因为更换供应商会带来更多的不确定性风险。对于供应商来说,有时需要向决策参与者强调其低风险因素,因为风险往往伴随着失败,而这会影响对参与者的绩效评价、职位晋升与事业发展等。

### 5. 性格

不同的参与者往往具有不同的个人性格。个人性格不仅会影响参与者自身的行为,也会影响其他参与者的行为。一般而言,性格外向的人更愿意参与到购买决策中,也更愿意花费时间与供应商进行交谈,向供应商提出更多问题。相反,性格内向的人更愿意倾听他人的想法,不善于表达自己的意见。

### 6. 角色

参与者在决策过程中所扮演的角色受到其个人性别、年龄、民族、地域、教育背景等多方面的影响。参与者在与其他人进行沟通交流的过程中，会逐渐明确自己在决策过程中所扮演的角色。参与者对自己在组织中所扮演的角色的看法，也会影响他在购买决策过程中的行为。举例来说，如果某位参与者仅仅认为自己扮演着对决策者"附和"的角色，那么他就会附和决策者的决定，而不会积极自主地提出建设性意见。如果参与者认为自己的角色是尽快促成购买决策，那么他就有很大可能会成为"和事佬"，努力促使各参与者达成一致，进而高效地形成购买决策。

### 7. 权力

参与者的权力大小，取决于他在本次购买决策过程中所扮演的角色、在组织里的职位以及购买决策对其工作的影响程度。如果一次购买决策能够直接影响参与者的切身利益，那么该参与者就会试图在此次购买决策的过程中获取更大的权力，并试图在此次购买决策过程中施加更大的影响。举例来说，在市场推广物料的购买决策过程中，市场部经理就想要获取更大的权力；而在后勤保障物资的购买决策过程中，物业行政部经理就想要获取更大的权力。参与者往往希望能够在与本人相关的采购过程中施加更多的影响，也就是所谓的"事情关己，事必躬亲"。

总之，以上这些因素共同影响着组织的工业品购买决策。供应商的营销团队需要综合考虑影响购买决策的各个因素，有的放矢，有针对性地提出营销方案。

## 三、工业品购买决策的过程

具体而言，工业品的购买决策过程，因购买类型的不同而有所差异。直接重购相对而言比较简单，因此工业品购买决策过程的步骤就相对较少；修正重购的购买决策步骤较多；新购的购买过程较复杂。一般而言，工业品的购买决策过程有以下若干步骤。

### (一) 提出需求

对于采购者而言，需求可以由外部刺激引起，也可以由内部刺激引起。供应商销售人员的推销、新推出的促销活动、产品或服务的广告所引起的新需求等，属于外部刺激。使用者认为自己需要使用新的设备以提高工作效率、自己需要更换新的供应商以降低成本等，属于内部刺激。举例来说，A航空公司发现之前一直使用的X品牌飞机可能存在质量问题，因此可能需要购买其他品牌的飞机，同时X品牌的销售人员出现了"吃拿卡要"等不道德现象，因此在内部刺激和外部刺激的共同作用下，A航空公司提出了购买新品牌飞机的需求。

### (二) 确定规格

确定规格是指工业品采购者确定所需要产品或服务的数量和规格。简单的采购活动往往只需要采购人员确定即可，而相对比较复杂的采购活动则需要多个参与者共同确定。有时候，供应商也会参与其中，帮助采购者确定规格。在修正重购中，采购者也需要对规格进行再次确认，以确保这些规格依旧能够满足现时需求。举例来说，A航空公司认为，根据目前的市场状况，该公司可能需要购买三架空客A320型号的飞机。

### (三) 供应商识别

确定产品的规格后，采购者就可以开始识别潜在供应商了。这时候，采购者可以通知潜在的若干供应商，邀请他们投递标书。多数时候，供应商需要提交书面标书。标书需要具体说明产品的价格、所提供的后续服务、支付方式等有效信息。标书的格式与内容具有同等的重要性，若能够撰写优秀的标书，则意味着供应商就能够有效地提高中标的概率。

### (四)供应商评价

对供应商的评价主要从两个方面来展开。第一个方面是对标书进行初步筛选，将潜在供应商的数量进行适当的压缩。参与标书筛选的人数取决于该项目的重要性与合同金额，项目越重要、招标金额越大，参与筛选的人数往往会越多。第二个方面是对供应商的资质进行审查。审查组的成员通常包括专业人士和采购部门的成员，具体审查供应商是否能够满足产品或服务的质量要求，能否按时交货等。

### (五)供应商选择

筛选好标书和供应商后，采购者就可以进行最终的供应商选择了。供应商的选择需要考虑很多方面，而很少会有供应商能够在每一个方面都成为最优的选择。因此，供应商的营销团队需要着重强调自己的特定优势和长项，扬长避短，实现差异化竞争。需要注意的是，在供应商的选择上，政治因素等其他外部因素也会产生非常大甚至是决定性的影响。举例来说，部分国家的组织在选择供应商时，往往会更加偏向来自发达国家的供应商，而对来自发展中国家的供应商则戴着有色眼镜，无论他们的供应商多么优秀，最终都将会被排除在选项之外。

### (六)合同谈判

此时的合同谈判有时候仅仅是一种形式，因为大多数合同条款在前面的步骤中都已经达成一致了。当然，在该环节中，合同当中的部分条款也会出现一些变动，这时候，只需要供需双方达成一致即可。合同中需要具体列明数量、规格、交付日期、技术要求等。在此步骤中，所有可能会产生歧义的条款，都需要供需双方进行细致、深入、明确的讨论与确认。

现在，越来越多的组织开始采用"一揽子合同"，即采购方和供应商建立长期的合作关系，只要采购方需要货物，供应商就会按照之前约定的价格、方式等及时供货。这种"一揽子合同"对供需双方都形成了双赢的局面。对供应商来说，"一揽子合同"保障了其业务的持续性；对采购者来说，"一揽子合同"减少了多次购买仍需每次分别签订合同的麻烦，同时也减轻了库存压力。购买者实际上是将货物存放在供应商的仓库中，需要进货时直接提供采购单即可，因此有效地减少了库存成本。

### (七)购后评估

购后评估是非常重要的一个环节，但不幸的是，很多组织都会将这一步骤忽略。购后评估是指供应商对采购者提供的售后服务，以及整个购买决策流程结束后，双方对整个购买决策过程中的各个环节和步骤进行复盘。购后评估的重要性在于，供应商通过提供高质量的售后服务(往往可以提高采购者的满意度)促成直接重购，这意味着供应商可以以更小的成本获得更大的收益。请注意，即使是偶然购买产品的采购者，供应商也应当重视购后评估，因为这有助于供应商在采购者进行下一次采购时获得相对竞争优势。

## 本章小结

1. 工业品营销是指向其他政府、企业等组织机构提供产品或服务的营销活动。工业品就是企业等组织机构购买之后用于再生产或日常经营的产品。我们不能简单粗暴地将工业品和消费品割裂开来，有些产品既是工业品又是消费品，而如何定义该产品是工业品还是消费品，则应该看该产品的购买动机，而不是产品的大小或价值。

2. 工业品可以分为原材料、制造材料、构成部件、便利产品和资本设备等。原材料是指自然状态下用于产品生产的基本原料，如石油、原木、原煤等；制造材料通常是由原材料进一步加工而成的；构成部件是指不需要进行改造或处理就可以安装进最终产品的部件；便利产品是指帮助企业或组织实现生产经营目标的产品或服务，如办公桌椅、办公用纸等，这些产品并不是最终产品的一部分；资本设备也可以称为装备或设备，是指用于生产的大型设备，这些设备往往需要巨大的资本投资，如工业机器人、重型机床、厂房建筑等。

3. 工业品市场的采购者和普通消费者市场上的采购者有很大的区别，这种区别主要是个人采购者的购买行为是为了个人的消费，而工业品市场的采购者是为了满足组织机构日常生产经营的需要。工业品市场的采购者一般可以分为消费产品的企业、中间商、政府部门、事业单位与机构等不同类型。

4. 工业品市场的购买类型可以分为直接重购、修正重购、新购三类。直接重构是指在供应商、购买内容等都不变的情况下所进行的重复购买行为；修正重购是指采购者通过改变产品或服务的规格、型号、数量，或改变采购方案、流程，或改变决策流程、决策人数等而进行的采购活动；新购是指采购者首次购买某种产品或服务。

5. 工业品市场不直接面向普通消费者，因此工业品市场具有一些与普通消费品市场不一样的特征：在工业品市场中，采购者数量少、规模大、地理位置集中；采购者理性购买，采购标准严格、程序复杂；采购多采取直接采购的方式；经常出现定制采购的情况，供应商也很注重服务；产品或服务的技术敏感性较高；工业品往往属于衍生需求，缺乏市场弹性。

6. 在工业品的购买决策过程中，会有若干参与者。这些参与者会充当不同的角色，起到不同的作用。一般来说，组织的采购决策由使用者、影响者、采购者、决策者、控制者共同完成。不是所有的采购流程都需要五种参与者的悉数参与，不同产品或服务的采购流程，参与者的人数也会有所差异。

7. 工业品购买决策的参与者会受到多种因素的影响，这些影响甚至会改变他们的决策方式，并最终影响组织的工业品购买决策。从组织的角度出发，组织目前所处的外部环境、组织目标等，都作为组织因素影响着组织的工业品购买决策过程；从个人的角度出发，个人目的、参与度、动机、风险、性格、角色、权力等共同影响着组织的工业品购买决策过程。

8. 工业品的购买决策过程，因购买类型的不同而有所差异。一般而言，工业品的购买决策过程有提出需求、确定规格、供应商识别、供应商评价、供应商选择、合同谈判、购后评估等环节。直接重购相对而言比较简单，因此工业品购买决策过程的步骤相对较少；修正重购的购买决策步骤较多；而新购的购买过程较复杂。

## 练习与思考

### 一、名词解释
1. 工业品
2. 直接重购
3. 修正重购
4. 新购
5. 衍生需求
6. 使用者
7. 影响者
8. 控制者
9. 动机
10. 构成部件

### 二、简答题
1. 工业品和消费品的区别是什么？
2. 哪些产品属于工业品？工业品分为哪些类型？
3. 哪些因素会影响工业品的购买决策？
4. 工业品购买决策的过程是什么？

### 三、单选题
1. 工业品购买决策中，确定规格是指(    )。
   A. 工业品采购者确定所需要产品或服务的数量和规格
   B. 采购者通知潜在的若干供应商，邀请他们投递标书
   C. 对标书进行初步筛选，压缩潜在供应商的数量
   D. 在一揽子合同中确定具体的产品规格与数量
2. 工业品市场具有的特征是(    )。
   A. 采购者地理位置分散       B. 采购者数量众多
   C. 容易出现冲动购买         D. 购买流程相对复杂
3. 工业品市场的供应商具有的特征是(    )。
   A. 以全球竞争为导向         B. 关注产品质量，无所谓服务
   C. 提供的产品技术敏感性不高  D. 采购者对其产品的需求具有较高的市场弹性
4. 工业品市场的采购者不包括(    )。
   A. 上海电机学院             B. 贵州省监狱管理局
   C. 新疆天池管理委员会       D. 个人网红
5. 以下产品中不属于构成部件的是(    )。
   A. 手表的指针               B. 手表的表带

C. 手表的齿轮 　　　　　　　　D. 手表

### 四、多选题

1. 以下各项中，属于工业品中的便利产品的是(　　)。
   A. 单位采购的办公桌　　　　B. 公司采购的打印纸
   C. 学校采购的卫生纸　　　　D. 企业选用的快速贷服务
2. 工业品市场的采购者具有的特征是(　　)。
   A. 地理位置集中　　　　　　B. 可能需要定制采购
   C. 可能需要采取直接采购　　D. 注重供应商的服务
3. 工业品购买决策中，参与者的(　　)会影响其决策。
   A. 参与度　　　　　　　　　B. 动机
   C. 风险　　　　　　　　　　D. 外貌
4. 对供应商的评价主要从哪些方面展开？(　　)
   A. 对标书进行初步的筛选
   B. 对供应商的资质进行审查
   C. 对供应商返还的佣金进行评价
   D. 对标书寄送地址的正确性进行核实
5. 以下各项中，属于工业品的是(　　)。
   A. E监狱向F机构购买的口译服务
   B. G公司向H公司购买的新厂房
   C. J工厂生产出来卖给小明同学的投影仪
   D. H工厂生产出来卖给K大学的笔记本电脑

## 微课视频

扫一扫，获取本章相关微课视频。

1.1 工业品

1.2 工业品市场(1)

1.2 工业品市场(2)

1.3 工业品购买决策(1)

1.3 工业品购买决策(2)

# 第二章　工业品营销环境分析

## 【本章提要】

分析工业品营销环境时，我们需要从宏观、中观、微观三个方面展开。宏观的营销环境(亦称宏观环境)是指企业外部的整体大环境；中观的营销环境(亦称行业环境)是指企业所在行业的环境；微观的营销环境(亦称微观环境)是指企业自身的生产经营环境。宏观环境是指影响行业和企业发展的、不以企业意志为转移的外部宏观因素；行业环境是指某一个特定行业内的相关企业以及与该行业存在相关业务往来企业的总和；微观环境是指企业的内部状况和相关因素，这些状况和因素能够直接影响企业的生产经营活动。分析不同环境时，我们需要使用不同的分析方法。分析宏观的外部环境时，我们可以使用 STEEPLE 分析法。STEEPLE 分析法强调的是，工业品营销人员在对企业的外部环境进行分析时，应当从社会(society)、技术(technology)、经济(economy)、环境(environment)、政治(politics)、法律(law)、道德(ethics)等七个因素着手考虑。分析中观的行业环境时，工业品营销人员可以使用波特五力模型进行分析。波特五力模型具体分为五个力：现有竞争者的竞争力、新进入者的威胁力、替代者的威胁力、供应商的谈判力、采购方的谈判力。分析微观的企业环境时，工业品营销人员可以使用 SWOT 分析方法。该方法有助于我们深入分析当前企业自身的优势(strength)和劣势(weakness)、面临的外部机会(opportunity)和威胁(threat)，并根据分析结果作出营销战略抉择。企业的优势和劣势主要针对企业自身，而机会和威胁主要针对企业外部。

## 【学习目标】

1. 了解工业品外部环境，掌握并运用外部环境分析工具。
2. 了解工业品行业环境，掌握并运用行业环境分析工具。
3. 了解工业品企业环境，掌握并运用企业环境分析工具。
4. 树立实事求是、分类指导的思想。

### 开篇案例与思考

制造业是实体经济的基础。《中华人民共和国国民经济和社会发展第十四个五年规划和2035年远景目标纲要》中提出，加快推进制造强国、质量强国建设，坚持自主可控、安全高效，推进产业基础高级化、产业链现代化。实现由"制造大国"向"制造强国"的跨越。从宏观角度来看，是中国制造业成长的烦恼；就微观视角而言，则是对企业主体尤其是中小企业的系列考验。如何能够招揽并留住人才？要不要坚持自主创新？先扩大规模还是先保证质量？多元化发展还是聚焦一个领域、一种产品？走不出这些困惑，很可能导致有潜力的中小企业中途夭折。

这个问题的微观视角之所以重要，原因在于，强大制造业的基础并非来自几个"巨无霸"。著名管理学家赫尔曼·西蒙提出，"隐形冠军"是构筑制造业竞争力的中坚力量。这些企业规模相对较小，也不为普通消费者所熟知，但在细分市场默默耕耘数十年甚至上百年，以贴近客户、持续创新站稳脚跟，占据狭窄领域的庞大市场份额，在行业中享有盛誉，在产业链条上不可或缺。

"隐形冠军"的提出并日益受到重视，无疑为中国制造业夯基垒台提供了参考。由"大"到"强"的过程，正是补短板、强长板，由追求数量到追求质量的转变过程。2016年工信部印发了《制造业单项冠军企业培育提升专项行动实施方案》，从聚焦有限目标市场、主营产品市场占有率、持续创新能力强等九个方面明确了单项冠军的遴选条件。单项冠军既包含单项冠军示范企业，也包含单项冠军产品，培育单项冠军意在引导制造企业专注创新和产品质量提升。

（资料来源：新华网. 为制造业高质量发展夯基垒台. 2021-08-20.
http://www.xinhuanet.com/2021-08/20/c_1127777959.htm.）

**问题分析：**

1. 对于文中提到的中小企业来说，其宏观的外部环境是怎样的？
2. 你认为这些中小企业的未来会怎样？为什么你会这么认为？
3. 我国政府印发的相关文件，是基于什么原因？基于哪些指导思想？

请结合本章的后续知识点深入思考。

分析工业品营销环境时，我们需要从宏观、中观和微观三个方面展开。宏观的营销环境是指企业外部的整体大环境；中观的营销环境是指企业所在行业的环境；微观的营销环境是指企业自身的生产经营环境。分析不同的环境时，我们需要使用不同的分析方法。

# 第一节　宏观的外部环境分析

分析外部环境时，我们需要考虑哪些因素？考虑经济因素时，我们是否既要考虑经济的"质"，又要考虑经济的"量"？

相关工业品企业的营销活动需要适应外部宏观环境的变化，只有企业适应了外部宏观环境，才能保持较强的竞争力和生命力。因此，企业在开展工业品市场营销活动前，必须对宏观的外部环境进行全方位分析，并根据分析结果采取相应的营销战略。接下来，我们将介绍一种用来分析外部环境的工具：STEEPLE分析法。

## 一、外部环境分析工具：STEEPLE 分析法

一般而言，宏观环境是指影响行业和企业发展的、不以企业意志为转移的外部宏观因素。工业品营销人员应当根据自己所在行业的行业特征、行业周期、经营需求等，对宏观环境作具体分析。我们可以想到，生产铣床的企业和生产拖拉机的企业，其宏观环境并不是完全一样的。STEEPLE 分析法强调的是，工业品营销人员在对企业的外部环境进行分析时，应当从社会(society)、技术(technology)、经济(economy)、环境(environment)、政治(politics)、法律(law)、道德(ethics)等七个因素着手考虑。STEEPLE 也就是这七个因素的英文单词首字母组合。

社会因素主要包括人口特征(如人口规模和人口结构的变化)、生活方式、工作方式、消费方式、采购方的采购偏好、宗教信仰、风俗习惯等。这些因素反映了采购方或最终消费者的需求变化，有助于企业预测产品需求，提供满足未来社会所需要的产品或服务。

技术因素主要强调最新技术对企业生产经营的影响，主要包括：新技术发展给行业带来的机遇和威胁；开发新技术所需要的费用；新技术带来的需求变化；新技术产生的伦理和道德问题等。

在分析经济因素时，工业品营销人员需要了解以下问题：国际经济环境如何；国内经济环境如何；国民收入与支出如何；经济体制是怎样的；经济发展会给行业发展带来什么机遇和挑战；经济环境的变化会对企业的生产经营决策造成哪些影响等。

环境因素主要包括自然资源、地理环境等方面。工业品营销人员需要分析：政府及企业在环境保护与可持续发展方面的目标；采购方与最终消费者对环境保护的诉求；当地政府对环境治理与污染排放的要求；不可再生能源与可再生能源的供给量与需求量；当地的生态多样性问题；碳排放与碳中和理念对企业生产经营的影响；不可预见的自然灾害对企业造成的影响等。

在考虑政治因素时，工业品营销人员需要分析政府行为对企业生产经营所造成的影响。具体而言，工业品营销人员可以分析：政府提出的社会与经济发展目标；政府在市场活动中的角色；政府对企业所在行业的支持程度；立法机构、执法机构、司法机构分别对企业造成的影响；工会的参与程度；政治体制的稳定性；可能存在的政治风险等。

分析法律因素时，工业品营销人员需要考虑当地的法律体系对企业生产经营的影响。举例来说，工业品营销人员需要考虑当地法律法规是如何规定企业与供应商的关系、雇主与雇员的关系、采购方与企业的关系、最终消费者与企业的关系等，同时还要考虑当地法律法规规定的相关禁止性行为对企业生产经营造成的影响、法律法规的适用性与有效性等。

道德因素主要强调在企业生产经营过程中可能产生的道德问题与风险。分析道德因素时，工业品营销人员需要考虑商业伦理与商业道德、公平贸易、对雇员及其他利益相关者的人道待遇、对当地社区及社团的支持，同时还要考虑当地价值观对企业生产经营的影响。

接下来，我们将具体介绍每一种因素，工业品营销人员在进行 STEEPLE 分析时，可以对照以下因素的说明，检查自己的分析内容是否完整、全面。

## 二、STEEPLE 分析法的影响因素

### (一)社会因素

社会因素包括人口特征、工作方式、生活方式、消费方式、采购方的采购偏好、人们的宗教信仰、风俗习惯等。

人口特征包括人口规模、人口结构、人口增长率、人口地理分布等要素。对于一些与最终消费者关系不太密切的工业品(如航天飞机),人口特征分析往往并不重要。但是,如果工业品与最终消费者的关系十分密切(工业品会成为最终消费品,如圆珠笔),那么,人口特征往往会成为工业品营销人员首先需要分析的要素,毕竟市场是由人组成的。需要强调的是,不同的人口结构对工业品的需求也不同,因此企业应当重点分析人口结构,进而更好地选择市场细分策略。人口结构往往包括人口年龄结构、家庭结构、性别结构、收入结构、民族结构等。如果当地的收入结构以低收入家庭为主,那么,制造高质量高溢价厨具的企业就会将"人口结构"这一要素归类为"企业面对的外部威胁"。

对工作方式、生活方式、消费方式、采购方的采购偏好等也需要进行深入分析,以方便工业品营销人员对产品进行差异化定位,并采取适当的工业品营销方式。举例来说,经过分析可知,W 地区采购方的采购方式多为现金直接采购,而 Q 地区的采购方偏好通过银行贷款进行采购,那么,对于追求稳定现金流的 N 企业来说,W 地区的采购方可能会是"外部机遇",而 Q 地区的采购方则可能会是"外部威胁"。

不同的宗教信仰意味着,不同的教徒会有不同的待人处事方式。在一些特别信奉宗教的地区,宗教信仰对工业品营销活动的影响非常大,不同的宗教会有不同的禁忌,这些都限制了教徒的采购与消费行为。

人们在饮食起居、服饰、节日、人际关系等方面都表现出独特的行为方式和生活习性,不同国家的人有不同的风俗习惯,这些都会对采购行为和最终消费行为产生影响。举例来说,带六角形的包装在中东地区是一种禁忌,而在以色列则完全没有问题;在我国,只有在葬礼上才会发白包,而在日本,只有在婚礼上才会发白包。可见,工业品营销人员在分析外部环境时,需要考虑到当地的风土人情。

### (二)技术因素

科技的发展能够为企业的生产经营带来新的机会,也可能给企业带来新的威胁,毕竟新技术的产生,往往意味着旧技术的消失。举例来说,高速铁路技术的出现就影响了长途卧铺汽车的研发。对于部分列车制造公司、铁路建设公司来说,新技术的出现意味着企业有了新的发展机会,而对于长途客车制造企业来说,则会受到高速铁路技术发展的负面影响。

一般而言,工业品营销人员需要从以下三个方面分析技术因素这一外部环境因素对企业生产经营造成的影响。

第一,科学技术的发展速度。当前,科学技术发展的速度越来越快,很多今天司空见惯的科学技术,在 50 年前还没有出现,而未来五年内则又可能会出现一些突破性的新技术,今天的我们甚至无法想象这些新技术会是什么样的。企业在分析技术因素时,需要考虑未来科技发展的速度,如果企业发展速度跟不上科技发展速度的话,那么技术因素往往会成为企

业发展的威胁。

第二，科技的迭代更新。当前研发新技术的成本比较高，点亮一颗新科技树的难度比较大，很多企业不愿意在研发新技术上过于激进、冒险。因此，当前企业在科学技术研发方面出现了这么一个趋势：基于当前的科技成就进行小修小补、延伸改变、版本优化、迭代开发。在分析技术因素时，工业品营销人员需要考虑当前科学技术是处于小修小补的迭代更新阶段，还是处于产生突破性新技术的阶段。

第三，科技研发的预算。当前，企业开发新科学技术的预算越来越高，很多实力一般的企业往往无力承担越来越高的科技研发预算，科技研发往往成为头部企业的专属活动。在分析技术因素这一宏观外部环境时，工业品营销人员需要考虑开发新技术所需的预算及开发方式，企业可以选择自行开发、与其他企业联合开发、从高校等科研机构处进行技术转让等；同时，工业品营销人员也需要考虑该项科技是否处于技术前沿、是否能够应用到未来的生产过程中、是否能够满足采购方或最终消费者的需求等。

### (三)经济因素

经济因素是指企业在开展工业品市场营销活动时所面临的外部宏观经济环境。外部宏观经济环境往往会对工业品市场营销活动产生显著影响。在分析经济因素时，工业品营销人员需要考虑以下两个方面。

第一，当地整体的社会经济发展水平。在进行经济因素的分析时，工业品营销人员需要考虑经济的"量"，即当地的社会经济发展水平。社会经济发展水平有异，对企业产品的需求也会有所不同。一般而言，社会经济发展水平整体较高的地区，对产品的品质更为看重；而社会经济发展水平较低的地区，却对产品的价格更为看重。这意味着，对于企业来说，某个地区可能是一个发展机会，而另一个地区可能是一个威胁。

第二，人均国民收入与支出。人均国民收入与支出是从经济的"质"这个维度出发，衡量当地经济发展程度。人均国民收入与支出较高，往往意味着人民更加富裕，对产品的需求量较大。除了分析人均国民收入与支出的绝对数值以外，工业品营销人员也需要分析人均国民收入与支出的增长速度，以了解当地的经济发展动能。一般而言，增幅越大，经济发展程度越好，对工业品的需求越高。另外，工业品营销人员还需要考虑当地居民或客户的实际购买力。客户的实际购买力受居民收入、储蓄习惯、企业盈利水平、信贷政策等多方面的影响，因此，工业品营销人员在分析经济因素时，还需要考虑到相关经济政策。

### (四)环境因素

环境因素是指作为生产要素投入生产或受到工业品市场营销活动影响的自然资源。一般来说，自然环境、生态禀赋、地理差异、气候条件、地形地貌等与环境有关的要素都会对工业品市场营销活动产生影响，有些甚至能够产生决定性影响。因此，工业品营销人员需要提前对环境因素进行分析，利用好环境因素中的优势，扬长避短、趋利避害，设计差异化的市场营销策略。具体而言，工业品营销人员在考虑环境因素时，需要考虑以下两个方面。

第一，地理环境。当地的地形地貌、气候降雨、日照时数等，往往会对工业品市场产生影响，因此工业品营销人员在进行宏观的外部环境因素分析时，往往需要考虑地理环境要素。举例来说，我国西北地区的气候较为干旱，飞机零部件不容易生锈，对于开展航空飞机长期停放业务的企业来说，这种干旱的地理环境就是一种外部机会；贵州省年均气温适中，特别是夏季的平均气温较其他省份偏低，这特别有利于大数据处理器的散热降温，对于开展大数据处理分析业务的企业来说，这种地理环境就是一种外部机会。需要强调的是，我国地域辽阔，区域之间的地理环境差异较大，在分析地理环境要素时，工业品营销人员最好因地制宜进行考虑，也要进行通盘考虑。

第二，自然资源。自然资源通常包括矿产资源、森林资源、水资源、土地资源、粮食资源、石油资源等。一些资源是可再生的，而一些资源是不可再生的(如石油、煤炭等)。自然资源是企业生存和发展的基础，但是，由于自然资源在地理分布上存在着差异，因此工业品营销人员在分析当地的环境因素时，需要对自然资源进行了解。举例来说，在我国，贵州省和山西省是两个产煤大省，而新疆则是石油生产大户，与传统能源相关的企业在选址时就要优先考虑这三个省份。另外，一些自然资源可能会出现枯竭、被当地政府禁止开采等情况，因此，工业品营销人员在分析自然资源要素时，需要"未雨绸缪"，将自然资源的未来开采与使用趋势考虑在内。再者，当前新能源逐渐得到重视，与新能源相关的产业得到了快速发展，这也意味着，企业如果在新能源上发力，可能会找到新的市场机会。

### (五)政治因素

政治因素是指影响企业开展工业品市场营销活动的外部政治形势及其相关要素。在分析政治因素时，工业品营销人员往往首先需要分析当地的政局稳定性，然后再分析当地政府所制定的与企业生产经营相关的政策(如货币政策、财税政策、劳工政策、能源政策等)。需要注意的是，"政局不稳定"这一要素并不一定是威胁，对于一些企业来说，反而是一个千载难逢的好机会。举例来说，提供海外安保服务的公司，其开展业务的区域往往就是那些政局不稳定的地区。另外，分析政治因素时，工业品营销人员还需要考虑以下两个要素。

第一，政府在市场活动中的角色。如果政府是大政府，干预市场活动较为频繁，在市场活动中占有主导地位，那么企业在开展工业品市场营销活动时就需要特别注意与政府搞好关系，"政商关系"是必须要分析的要素；而如果政府是小政府，市场较为自由，政府干预较少，那么企业甚至可以通过游说或公关相关政府人员以对政府的决策施加影响。换言之，工业品营销人员在分析政治因素时，需要认真分析政府与企业之间的关系。

第二，其他政治参与者的角色。立法机构、司法机构也会对企业的生产经营活动造成影响，一些国家的立法机构甚至会出台一些法律来干预外国企业在本国的工业品市场营销活动(如限制进出口、增加关税、管控外汇、强制企业国有化等)。另外，工会、人民团体等也会对企业的生产经营活动造成影响。强势的工会可能会组织员工集体罢工，为薪资谈判增加筹码，这往往会提高企业的经营成本；一些人民团体(如少数民族社团、环境保护社团、素食主义者社团等)也会因为自身利益与企业行为产生矛盾而进行抗议活动，甚至有些抗议活动会演变成流血冲突。这些都是工业品营销人员在分析政治因素时需要考虑的。

### (六)法律因素

企业的生产经营活动都需要遵守当地的法律法规。一些国家的法律法规比较健全，而一些国家的法律法规尚不完善，执法力度相对比较薄弱，工业品营销人员在进行宏观环境分析时，必须考虑法律因素。具体而言，工业品营销人员需要重点分析以下两个方面。

第一，当地的规章制度。除了一些国家级法律法规需要考虑外，工业品营销人员还需要考虑地方颁布的规章制度，这些地方规章制度与国家法律法规往往具有同等效力。在一些国家，可能还有部落规约、传统村规，有些部落规约对决策的影响甚至超过了国家法律。

第二，不同国家之间的法律差异。在一个国家适用的法律，在另一个国家可能就不适用了；在一个国家合法的行为，在另一个国家可能会被视为非法。另外，一些国家(如美国)的法律甚至具有长臂管辖权，这些都是工业品营销人员在进行宏观环境分析时需要考虑的。

### (七)道德因素

工业品营销人员在分析宏观环境时，还需要考虑当地的价值观、商业伦理等道德因素。价值观的差异往往会导致企业行为的差异。举例来说，在我国某些地区，人们的价值观多是强调奋斗第一、生活第二；而在我国某些地区，人们的价值观多是强调享受人生、劳逸结合、平衡家庭与工作。因此，工业品营销人员需要深入分析道德因素，判断当前的道德环境是否会对企业未来的工业品市场营销活动带来道德问题与风险。

## 第二节 中观的行业环境分析

在分析行业环境时，我们需要分析行业内的哪些企业？这些企业可能会带来哪些威胁？它们会带来机会吗？

如果说宏观环境是企业外部的整体大环境的话，那么中观环境就是企业外部的行业环境。行业环境分析是指工业品营销人员对某一个特定行业内的相关企业以及与该行业存在相关业务往来的企业进行分析。行业环境分析往往需要工业品营销人员调查了解行业内其他相关企业的生产规模、生产状况、竞争状况、产业布局等情况。具体而言，分析中观的行业环境时，工业品营销人员可以使用波特五力模型。

## 一、行业环境分析工具：波特五力模型分析法

分析行业环境，本质就是分析行业内其他企业的竞争状况。行业环境的一个明显特征就是竞争。在分析行业环境时，我们经常用到波特五力模型，该模型可以帮助工业品营销人员更好、更快地对行业环境中的各种机会和威胁进行分析与判断。波特五力模型具体分为五个力：现有竞争者的竞争力、新进入者的威胁力、替代者的威胁力、供应商的谈判力、采购方的谈判力。工业品营销人员应当分别就这五个方面进行行业环境分析，并根据分析结果作出工业品市场营销决策。

接下来我们将具体介绍每一个力，工业品营销人员在使用波特五力模型进行分析时，可以对照以下五力的说明，检查自己的分析内容是否完整、全面。

## 二、波特五力的具体分析

### (一)现有竞争者的竞争力

一般情况下,任何一个企业的产品都会存在竞争者生产的竞争产品。在自由竞争市场,产品往往供过于求,产品之间的竞争相当激烈,企业之间会采取多种方式扩大产品的市场占有率,如发动价格战、发动广告战、开展公关活动、加大促销力度等。一般而言,竞争者的竞争行为会对企业产生明显影响,因此工业品营销人员需要分析竞争者是谁、他们产生的威胁有多大(竞争力有多强),并根据分析结果调整工业品营销策略。

竞争者一般分为四类。一是区别型竞争者,是指提供不同产品,以满足采购者不同需求的竞争者。二是平等型竞争者,是指提供不同产品,以满足采购者同一种需求的竞争者。三是细分型竞争者,是指提供同一种产品的不同细分型号、颜色、规格、款式等,以满足采购者不同需求的竞争者。四是品牌型竞争者,是指提供同一种产品,以满足采购者同一种需求的竞争者(竞争者与企业之间的差别仅仅是品牌的差别)。

工业品营销人员在分析竞争者的竞争力时,需要特别关注竞争者的生产规模、生产能力、产品质量、技术水平、营销能力、竞争者分类等,进而制定自己的工业品营销战略。需要注意的是,对于企业而言,适当的竞争属于外部机会,因为它能够促进企业改进生产方式,提高服务质量。企业应当采取合理、合法的手段与竞争者进行竞争。

### (二)新进入者的威胁力

每一个市场往往都会有新进入者加入竞争,特别是在高速成长或者收益率较高的市场,新进入者的数量往往会更多。俗话说"初生牛犊不怕虎",新进入者往往干劲十足,容易对行业内的已有企业造成威胁。具体而言,第一,新进入者增加了市场的供给,因此在需求相对稳定的前提下,行业内每个企业的收益往往将会减少;第二,新进入者可能会替代行业内的现有企业,完成行业洗牌;第三,新进入者为了在市场站稳脚跟,在前期可能会"赔本赚吆喝",主动发动价格战,进而让已有企业被迫迎战;第四,新进入者往往规模较小,存在"船小好掉头"的优势,容易引入新的资源或更先进的营销模式,进而增加对采购方的吸引力。当然,一些行业外的大型企业会通过收购、兼并行业内已有企业的方式进入该行业,这种新进入者的威胁可能会更大,因为它们有更多的资金和资源投入该行业。对于工业品营销人员来说,在分析行业环境时,需要认真识别哪些是真正的新进入者,它们在未来的竞争中可能会产生多大的威胁。

### (三)替代者的威胁力

替代者是指这样一些企业:它们虽然不参与该行业的竞争,但是其生产的产品具有同样的功能,可以替代行业内已有的产品。需要注意的是,这种"具有同样功能的产品"与"行业内已有的产品"并不是同一种产品,但是由于在功能上具有相互替代的特性,这两种产品互相成了替代品,且替代品之间互相产生威胁。举例来说,生产高速列车的 A 公司和生产民航客机的 B 公司不属于同一个行业,两者并不是直接的竞争对手,但是,高速列车和民航客机这两个产品都具有相同的功能(以较快的速度、合适的价格,将旅客安全地运送到目的地),因此高速列车和民航客机互为替代品,A 公司和 B 公司互为替代者。

替代者产生的威胁主要表现在以下三个方面：第一，替代者生产的替代品比现有产品更方便用户使用(高速列车的安检流程比民航客机更简单)；第二，替代品的价格更低，更能够吸引采购者进行采购(一组高速列车的价格比一架民航客机的价格更低)；第三，为了具备竞争优势，摆脱替代者的威胁，企业要么降低产品售价，要么通过改良工艺提高产品质量，这些都降低了企业的利润，增加了企业的经营成本(研发更省油的民航客机需要企业投入大量的科研经费)。替代者最终能否产生替代作用，往往取决于用户的转换成本有多低，因此工业品营销人员在分析行业环境时，往往需要考虑替代者的竞争强度、用户转换成本等。

### (四)供应商的谈判力

在提供原材料时，供应商具有一定的谈判能力。如果供应商的谈判能力过高，那么企业的盈利能力和产品的竞争力就会受到威胁。一般而言，供应商主要通过提高原料供应价格或降低原料成本实现利润最大化，而前者会影响企业的生产成本，后者会影响企业产品的质量。如果行业内的供应商较少，供应商话语权较大，供需关系不平衡(供小于求)，那么供应商往往会占据主导地位，在市场活动中的威胁就会更大；如果市面上可供选择的供应商较多，供应商之间没有形成价格同盟，供大于求，那么企业就会占据主导地位，供应商对企业造成的威胁就会小很多。对于工业品企业来说，如果供应商的数量较多，供应商之间的竞争较大，那么企业可以选择多家供应商供应原材料，一来可以保证原料的充足供应；二来可以让供应商之间保持竞争，减少来自单一供应商的威胁。

### (五)采购方的谈判力

采购方主要通过压低采购价或要求企业"提质不提价""加量不加价"以实现效益最大化。如果行业内的采购方较少，供大于求，或者采购方单次采购量大，又或者采购方的转换成本较低，那么采购方的谈判力就会很强，对企业造成的威胁也就会很大。一些采购方的单次采购量甚至可以保证企业"三年不开张，开张吃三年"，因此很多企业往往会与采购方签订看似"丧失主权"，实际上能实现"薄利多销"目的的合同。此时，采购方的谈判力可能会达到最大，采购方会要求企业降低报价，同时要求延期付款，以增加现金流。工业品营销人员在分析行业环境时，需要认真分析采购方的谈判力及其可能造成的威胁，正确判断采购方的采购量是确实如此，还是虚张声势。一些采购方可能会在一开始报出非常大的采购量，目的是为了获得最大的谈判力，将报价压到最低，待合同的所有条款都确定后，再将采购量减少到实际数额。这种采购方往往会认为，企业在前期已经付出了大量的精力和时间，不愿意再重新谈判了，因此可以通过较低的价格完成采购。对于这种采购方，工业品营销人员在做环境分析时需要认真甄别。

## 第三节　微观的企业环境分析

分析微观的企业环境时，我们需要分析哪些方面？如何将前两节的分析结果应用到微观的企业环境分析中？

企业生产经营的整体大环境是宏观的外部环境,企业所在的行业环境是中观的外部环境,那么企业自身的生产经营环境就是微观的企业环境了。微观的企业环境是指企业的内部状况和相关因素,这些状况和因素能够直接影响企业的生产经营活动。在开展工业品市场营销活动前,工业品营销人员应当充分分析企业自身的微观环境,并根据分析结果确定适当的工业品营销战略。一般而言,一个企业内部往往会成立多个部门(如技术部、采购部、生产部、质检部、仓储部、市场部、营销部、行政部、财务部等),这些部门相互协调、相互监督、相互配合,其结果往往能够直接影响企业的生产经营活动。

市场营销部门与其他部门之间存在着一定的合作,在合作过程中也会产生矛盾。举例来说,生产部门强调产品的标准化生产,而营销部门往往强调按照客户需求进行定制;营销部门往往需要接地气的销售方案,常常会认为市场部的广告策划方案过于虚无缥缈,而市场部门则认为营销部门的销售方案太过粗俗,与品牌形象不符。因此,工业品营销人员需要对企业内部所面临的优势、劣势进行评价,并结合企业面对的外部机会和威胁作出综合评判,根据评判结果制定相应的工业品营销战略,并统一全员思想,着眼企业整体利益,协调各部门之间的利益和矛盾,严格执行营销战略。

具体而言,分析微观的企业环境时,工业品营销人员可以使用SWOT分析方法。

# 一、企业环境分析工具:SWOT分析法

SWOT分析法有助于我们深入分析当前企业自身的优势(strength)和劣势(weakness),面临的外部机会(opportunity)和威胁(threat),并根据分析结果作出营销战略抉择。SWOT就是这四个方面的英文单词首字母组合。

## (一)SWOT分析概述

企业的优势和劣势主要针对企业自身,而机会和威胁主要针对企业外部。SWOT分析法是将企业的内部条件和外部条件进行结合,并通过综合分析、概括归纳后得出结论。该方法可以帮助企业将有限的资源和精力聚焦在更合适的领域,并采取相应的行动。

需要注意的是,使用SWOT分析法进行分析时,工业品营销人员需要关注的是哪一个方面相比而言更重要,而不是哪一个方面能列出更多的选项。举例来说,有的工业品营销人员在进行分析时,会列出一条优势和十条劣势,并据此认为企业当前的劣势明显大于优势。但事实上,企业的这十条劣势都微不足道,而这一条优势却非常重要,因此最终的结论可能是"企业现在的优势明显大于劣势"。

## (二)SWOT分析步骤

SWOT分析主要有以下四个步骤。

步骤一:确认企业当前采取的战略。通过对优势(S)、劣势(W)、外部机会(O)、威胁(T)进行排列组合,我们可以得到四种战略:一是增长型战略(SO战略),企业采取这种战略主要是因为企业优势明显,而外部环境又为发挥这方面优势提供了非常有利的机会。二是扭转型战略(WO战略),企业采取这种战略主要是因为企业存在较多外部机会,但企业存在的劣势妨碍了其利用这些机会。三是多种经营战略(ST战略),企业采取这种战略主要是因为企业可以利用自身优势,回避或减轻外部威胁所造成的影响。四是防御型战略(WT战略),企业采

取这种战略主要是因为企业目前需要减少内部劣势,同时抵御外部环境威胁。

步骤二:确定企业当前外部的宏观环境与中观环境。分析宏观环境可以使用STEEPLE分析法,分析中观环境可以使用波特五力模型分析法,分析结果即对应SWOT分析中的机会与威胁部分。

步骤三:确定企业自身存在的优势与劣势,可以使用头脑风暴法、小组讨论法、观察法、文本分析法、专家访谈法等多种方式进行确定。

步骤四:通过专家访谈、专家打分、头脑风暴等形式确定SWOT分析的结果(采取哪一种营销战略)。

### (三)SWOT分析的要求

在进行SWOT分析时,工业品营销人员需要做到以下几点。

第一,进行SWOT分析时,工业品营销人员需要实事求是,从实际出发,不杜撰信息。一些工业品营销人员为了拍领导的马屁,可能会过分夸大企业自身优势和外部机遇,这不利于得到最准确的结果,甚至会导致决策错误。举例来说,Z公司生产的铣床质量过硬,但是因为各种原因并没有得到采购方的认可。一些工业品营销人员为了拍领导的马屁,在进行SWOT分析时,只列出优势"产品质量过硬",而不列出劣势"产品没有得到采购方的认可",甚至有工业品营销人员杜撰虚假信息"产品的市场占有率高",这些都不利于领导客观地分析企业的营销环境。

第二,要拓宽分析渠道。在进行营销环境分析时,工业品营销人员应当与其他部门的人员建立合作关系,认真听取他人意见,并根据他人的结论进行综合研判。举例来说,工业品营销人员在进行SWOT分析时,可能需要与行政部门、市场部门、人力资源部门的同事进行沟通,从多个角度对企业当前面临的机会和威胁、企业自身具备的优势和劣势进行分析判断。另外,工业品营销人员还可以与企业外的专家学者进行沟通交流,请他们从局外人和专家的角度对企业的内外部环境进行分析判断。

第三,要全面分析,拓宽分析视野。在进行营销环境分析时,工业品市场营销人员需要将分析范围拓展到现有行业或领域之外。举例来说,工业品营销人员需要分析采购方自身所面临的竞争,进而更好地分析采购方未来可能采取的采购行为。同时,在分析供应商的谈判力时,还需要分析供应商的供应商是否具备较强的谈判力。

第四,要深入了解企业自身。工业品营销人员需要先深入了解自己所在的企业,探寻企业的发展脉络与未来发展趋势,企业在变化的环境中是如何应对各种挑战的,企业能否面对现实并解决当前的问题等。总之,在进行SWOT分析时,工业品营销人员需要从多个角度进行全面思考,进而保证分析结果的可靠性。

## 二、SWOT分析案例

接下来,我们将具体学习一个案例,以更好地应用SWOT分析法。请注意,在该案例中,为了便于阅读和理解,我们简化了分析结论,而在真实的案例分析中,我们应得到更多结论供后续判断。

M公司是一家主要生产传统配电箱的企业,该公司也在考虑是否需要尝试生产新能源产品(电动汽车充电桩)。目前,M公司采用的战略是增长型战略(SO战略)。M公司认为,自身在传统能源行业优势明显,而当前的外部环境(社会对电力产品的需求增加)又为发挥这方面的优势提供了非常有利的机会。

通过使用 STEEPLE 分析法,M 公司分析了企业当前外部的宏观环境,并得到以下结论(既有机会,也有威胁):当地人口规模增加导致对电力产品的需求增加(社会因素);科学技术进步(技术因素);当地经济保持稳定增长(经济因素);当地气候潮湿,对产品的抗腐蚀性能要求高(环境因素);当地产业政策不重点支持传统制造业(政治因素);国家法规给予支持,有利于企业扩大市场(法律因素);当地民众守旧思想较强,不愿意接受新鲜事物(道德因素)。

通过使用波特五力模型分析法,M 公司分析了企业当前外部的中观环境,并得到以下结论(既有机会,也有威胁):竞争对手竞争力强(现有竞争者的竞争力);友商稳定,新进入者没有较大威胁(新进入者的威胁力);新能源行业出现领军企业(替代者的威胁力);原材料价格持续上涨(供应商的谈判力);客户源稳定(采购方的谈判力)。

通过多次小组讨论,M 公司分析了企业当前内部的微观环境,并得到以下结论(既有优势,也有劣势):产品口碑良好;员工业务能力强;企业形象好;企业财力雄厚;企业领导者具有开拓精神;员工对企业转型较为抵触;企业规章制度不完善;经营模式单一。

对企业的宏观、中观、微观营销环境进行分析后,M 公司使用 SWOT 分析法对企业当前的营销环境进行了整体分析,具体如表 2-1 所示。

表 2-1 SWOT 分析

| M 公司 SWOT 分析 | | 内部 ||
|---|---|---|---|
| | | 优势(S)<br>● 产品口碑良好<br>● 员工业务能力强<br>● 企业形象好<br>● 企业财力雄厚<br>● 企业领导者具有开拓精神 | 劣势(W)<br>● 员工对企业转型较为抵触<br>● 企业规章制度不完善<br>● 经营模式单一 |
| 外部 | 机会(O)<br>● 对电力产品的需求增加<br>● 科学技术进步<br>● 当地经济保持稳定增长<br>● 国家法规给予支持<br>● 新进入者没有较大威胁<br>● 客户源稳定 | 增长型战略(SO 战略)<br><br>M 公司具有一些优势,而外部环境又为发挥这方面优势提供了非常有利的机会 | 扭转型战略(WO 战略)<br><br>M 公司存在较多外部机会,但 M 公司的劣势会妨碍其利用这些机会,M 公司需要弥补这些劣势 |
| | 威胁(T)<br>● 当地气候潮湿<br>● 当地产业政策不重点支持<br>● 当地民众守旧思想较强<br>● 竞争对手竞争力强<br>● 新能源行业出现领军企业<br>● 原材料价格持续上涨 | 多种经营战略(ST 战略)<br><br>M 公司需要利用自身优势,减轻外部威胁所造成的影响,同时保持业务的持续开展 | 防御型战略(WT 战略)<br><br>M 公司需要减少内部劣势,同时抵御外部环境威胁,从而摆脱生存危机 |

综合表 2-1 分析,我们可以判断,M 公司在现阶段所处的形势是:机会与威胁数量一致,优势明显多于劣势,但机会的影响大于威胁的影响,劣势的影响大于优势的影响。虽然新能

源产业方兴未艾，但是纯粹依赖传统能源行业继续开展经营具有较大风险，对企业来说形成了较大阻碍，但是 M 公司在能源行业深耕多年，能够同时享受到传统能源行业和新能源行业发展带来的机会。另外，虽然 M 公司具有企业形象、产品质量、客户评价等众多方面的天然优势，但是 M 公司存在着非常明显的短板——经营模式单一，这会严重妨碍其利用这些机会。

因此，将目前的 SO 战略(增长型战略)变更为 WO 战略(扭转型战略)更适合 M 公司。M 公司自身的优势并不能掩盖其劣势，而且劣势已经相当明显；同时，M 公司面对的外部威胁不具有致命性，且发展机会更为突出，因此 SO 战略、ST 战略和 WT 战略现在已经不太适合 M 公司的发展了。M 公司应当紧抓外部机会，充分弥补在新能源市场方面的劣势，尽快实现企业转型与快速发展。

## 本章小结

1. 分析工业品营销环境时，需要从宏观、中观和微观三个方面展开。宏观的营销环境是指企业外部的整体大环境；中观的营销环境是指企业所在行业的环境；微观的营销环境是指企业自身的生产经营环境。分析不同的环境时，需要使用不同的分析方法。

2. 相关工业品企业的营销活动需要适应外部宏观环境的变化，只有企业适应了外部宏观环境，才能够保持较强的竞争力和生命力。因此，企业在开展工业品市场营销活动前，必须对宏观的外部环境进行全方位分析，并根据分析结果采取对应的营销战略。用来分析外部环境的工具有 STEEPLE 分析法。

3. 宏观环境是指影响行业和企业发展的、不以企业意志为转移的外部宏观因素。STEEPLE 分析法强调的是，工业品营销人员在对企业的外部环境进行分析时，应当从社会(society)、技术(technology)、经济(economy)、环境(environment)、政治(politics)、法律(law)、道德(ethics)等七个因素着手考虑。

4. 社会因素包括人口特征、工作方式、生活方式、消费方式、采购方的采购偏好、人民的宗教信仰、风俗习惯等；分析技术因素时往往需要考虑科学技术的发展速度、科技的迭代更新、科技研发的预算；分析经济因素时往往需要考虑当地整体的社会经济发展水平、人均国民收入与支出；环境因素中的自然环境、生态禀赋、地理差异、气候条件、地形地貌等要素都会对工业品市场营销活动产生影响；分析政治因素时往往需要考虑政府在市场活动中的角色、其他政治参与者的角色；分析法律因素时往往需要考虑当地的规章制度、不同国家之间的法律差异；在分析宏观环境时，还需要考虑当地的价值观、商业伦理等道德因素。

5. 中观环境就是企业外部的行业环境。行业环境分析是指工业品营销人员对某一个特定行业内的相关企业以及与该行业存在相关业务往来的企业进行分析。行业环境分析往往需要工业品营销人员调查了解行业内其他相关企业的生产规模、生产状况、竞争状况、产业布局等情况。在分析中观的行业环境时，工业品营销人员可以使用波特五力模型分析法。

6. 波特五力模型具体分为五个力：现有竞争者的竞争力、新进入者的威胁力、替代者的威胁力、供应商的谈判力、采购方的谈判力。工业品营销人员应当分别就这五个力进行行业环境分析，并根据分析结果作出工业品市场营销决策。

7. 微观环境是指企业的内部状况和相关因素，这些状况和因素能够直接影响企业的生产经营活动。市场营销部门与其他部门之间存在着一定的合作，在合作过程中也会产生矛盾。

因此，工业品营销人员需要对企业内部所面临的优势、劣势进行评价，并结合企业面对的外部机会和威胁作出综合评判，根据评判结果制定相应的工业品营销战略，并统一全员思想，着眼企业整体利益，协调各部门之间的利益和矛盾，严格执行营销战略。

8. 在分析微观的企业环境时，往往会用到 SWOT 分析法，该方法有助于我们深入分析当前企业自身的优势(strength)和劣势(weakness)，面临的外部机会(opportunity)和威胁(threat)，并根据分析结果作出营销战略抉择。企业的优势和劣势主要针对企业自身，而机会和威胁主要针对企业外部。

9. 在进行 SWOT 分析时，工业品营销人员需要做到以下几点：①工业品营销人员需要实事求是，从实际出发，不杜撰信息；②要拓宽分析渠道；③要全面分析，拓宽分析视野；④要深入了解企业自身。

# 练习与思考

## 一、名词解释

1. 宏观环境
2. 行业环境
3. 企业环境
4. 环境因素
5. 政治因素
6. 替代者
7. STEEPLE 分析法
8. 波特五力模型分析法
9. SWOT 分析法

## 二、简答题

1. STEEPLE 分析法需要我们从哪几个方面进行分析？
2. 外部环境中的环境因素包括哪些方面？
3. 举例说明替代者的威胁力是什么力。
4. 简述 SWOT 分析的步骤。

## 三、单选题

1. 适合进行宏观外部环境分析的工具是(　　)。
   A. STEEPLE 分析法　　　　B. 波特五力模型分析法
   C. SWOT 分析法　　　　　D. IPA 分析法
2. 适合进行中观行业环境分析的工具是(　　)。
   A. STEEPLE 分析法　　　　B. 波特五力模型分析法
   C. SWOT 分析法　　　　　D. IPA 分析法
3. 适合进行微观企业环境分析的工具是(　　)。
   A. STEEPLE 分析法　　　　B. 波特五力模型分析法

C. SWOT 分析法　　　　　　　　D. IPA 分析法
4. 波特五力模型不包括(　　)。
　　A. 现有竞争者的竞争力　　　　B. 新进入者的威胁力
　　C. 供应商的谈判力　　　　　　D. 企业自身的内驱力
5. 以下关于 SWOT 分析法，说法错误的是(　　)。
　　A. 优势是指企业内部拥有的优势
　　B. 机会是指企业外部面临的机会
　　C. SWOT 分析法往往可以得出五种战略选择
　　D. 可能需要结合 STEEPLE 分析法和波特五力模型分析法使用

## 四、多选题

1. 分析外部环境时，社会因素包括(　　)。
　　A. 人口特征　　　　　　　　　B. 工作方式
　　C. 采购偏好　　　　　　　　　D. 生活方式
2. 分析外部环境的技术因素时，我们需要分析(　　)。
　　A. 科学技术的发展速度　　　　B. 科技的迭代更新
　　C. 科技研发的预算　　　　　　D. 当地的气候条件
3. 波特五力模型包括(　　)。
　　A. 现有竞争者的竞争力　　　　B. 替代者的威胁力
　　C. 供应商的谈判力　　　　　　D. 采购方的谈判力
4. SWOT 分析法包括企业的(　　)。
　　A. 优势分析　　　　　　　　　B. 劣势分析
　　C. 机会分析　　　　　　　　　D. 威胁分析
5. 进行 SWOT 分析时，需要注意的方面有(　　)。
　　A. 实事求是，从实际出发　　　B. 拓宽分析渠道
　　C. 全面分析，拓宽分析视野　　D. 深入了解企业自身

## 微课视频

扫一扫，获取本章相关微课视频。

2.1 外部环境分析(1)

2.1 外部环境分析(2)

2.1 外部环境分析(3)

2.2 行业环境分析

2.3 企业环境分析(1)

2.3 企业环境分析(2)

# 第三章　工业品市场调查

## 【本章提要】

市场调查是指以提高市场营销效益为目的，通过有计划、有步骤地收集、处理、分析市场相关信息与资料，提出问题解决方案与市场营销建议的一种方法。工业品市场调查是以工业品市场的顾客为中心而进行的活动。工业品市场调查活动需要遵循以下基本要求：要牢固树立"调查是为解决问题而进行的"这一思想；要真实反映市场状况；调查的方法要选择得当；要在适当的场合进行工业品市场调查；要严格控制误差；要注意谈话技巧与仪表仪态。工业品市场调查的步骤主要有：确定调查目的；确定调查对象；确定调查项目；确定调查方法；制作调查问卷；确定调查细节；确定分析方法；确定调查保障；确定报告细节等。在进行工业品市场调查问卷设计时，需要掌握一些基本的原则，如目的性、顺序性、可接受性、简明性、可信性等。调查问卷往往包括调查问卷标题、调查说明、回答者的人口统计学信息、调查内容、问卷备注信息等内容。调查问卷的问题可以分为封闭性问题、开放性问题、事实性问题、态度性问题、行为性问题、动机性问题、假设性问题、直接性问题、间接性问题等。每一种问题都有自己的优缺点，因此我们可以同时使用多种类型的提问方式，以提高调查问卷的有效性。问题的答案包括二项选择型答案、多项选择型答案、排序型答案、比较型答案、量表型答案。问卷设计过程中需要避免问题过于笼统；避免使用模棱两可的词汇；避免引导性问题；避免敏感性问题；避免选项重复或留空；计量单位要明确；每次只问一个具体内容；需要设计测试性问题；需要注意问题的排列顺序。

## 【学习目标】

1. 了解工业品市场调查的特征、要求、类型、步骤。
2. 了解工业品市场调查问卷设计的基本原则；熟悉并掌握市场调查问卷的构成内容。
3. 熟悉并掌握调查问题与答案的类型；熟练运用工业品市场调查问卷的设计方法。
4. 构建服务大众的社会责任意识。

### 开篇案例与思考

"刚到中东找不到人，敲不开门，想同客户见上一面都很难。短短几年间，我们借着'一带一路'的东风，搭乘易派客'大船'，在中东的年销售额达到了8 000万美元！"谈起这些年开拓市场的经历,浙江久立公司中东办事处首席代表杜惊感慨。如今,久立已成为中东有较大影响力的特种材料供应商。

杜惊说的"易派客"是个啥?沙特基础工业公司大项目采购部负责人形象地称它为"工业品淘宝"。在这个由中国石化打造的国际业务平台上,小到橡胶零件、塑料管,大到石油钻机、裂解炉,各式工业品琳琅满目,产品来自德国、巴西、俄罗斯等 104 个国家和地区,涉及原料、材料、设备、化工等多个领域。平台还汇聚了超过 1.5 万家全球采购商会员、近 1 500 家线上供应商。

"2019 年,我们借助易派客平台,与国际油田服务公司 Eriell 集团签订了为期 5 年的非约束性购销框架协议,以采购中国制造为主,向乌兹别克斯坦供应油气开采所需的设备材料、化学品和炼化设备材料。"中石化国际事业俄罗斯公司总经理刘长卿告诉记者。据了解,易派客依托所关联的 24 家进出口专业公司,还可以提供全方位的贸易解决方案,覆盖物流、监造、保险、金融等相关环节。

截至 2019 年年底,易派客国际业务平台已与"一带一路"沿线 59 个国家和地区的 125 家供应商、154 家采购商建立合作关系,实现工业品进出口贸易 102 亿美元,占平台贸易总量的 37.5%。"希望借助易派客这座开放共享的'桥梁',让采购更专业,更好地助力中国制造走向国际,让世界精品进入中国。"中石化有关负责人说。

(资料来源:人民网(记者丁怡婷)."工业品淘宝"助力"一带一路"建设.2020-01-08,http://finance.people.com.cn/n1/2020/0108/c1004-31538563.html.)

问题分析:

1. 你认为文中的数据是如何得到的?
2. 这些数据对企业来说,有什么作用?
3. 市场调查对中国的工业品行业发展有什么意义?市场调查结果应当如何服务于行业发展?

请结合本章的后续知识点深入思考。

## 第一节 工业品市场调查基础

你知道工业品市场调查有哪些特征吗?工业品市场调查需要遵循哪些要求?工业品市场调查有哪些类型?工业品市场调查的步骤是什么?

### 一、工业品市场调查的特征与要求

市场调查是指以提高市场营销效益为目的,通过有计划、有步骤地收集、处理、分析市场相关信息与资料,提出问题解决方案与市场营销建议的一种方法。工业品市场调查是以工业品市场的顾客为中心而进行的活动。

### (一)工业品市场调查的特征

工业品市场调查具有以下特征。

第一,工业品市场调查活动与工业品营销管理紧密联系。工业品市场调查这种行为属于工业品营销管理的范围,它与决策、计划、组织、控制、创新等管理职能共同构成了工业品营销管理。工业品市场调查活动需要在工业品营销管理过程中统筹考虑、全盘考虑,不能将工业品市场调查活动视为独立的个体。

第二,工业品市场调查是一个系统性的过程,具有完整的闭环。工业品市场调查不是简单的资料搜集与分析活动;工业品市场调查需要精心策划、认真组织、科学执行,由多个环节、步骤所组成,进而形成一个完整的闭环。工业品市场调查的工作相对比较复杂,包含了科学的调查理论与务实的工作方法。

第三,工业品市场调查是有目的的活动。工业品市场调查主要是工业品行业当中的个人或组织,为了解决工业品市场营销问题,更好地进行工业品营销决策而进行的一系列活动。工业品市场调查不是为了单纯的调查而调查,进行一次工业品营销调查总是抱有一定目的性的。工业品市场调查本身只是一个过程,它不是营销活动的最终目的,其最终目的是为后续的工业品营销决策提供市场信息。

第四,工业品市场调查包括对信息的收集、判断、处理、分析等活动,这些活动对于工业品市场调查来说具有非常重要的意义。这些活动相互联系、相互促进,共同形成工业品市场调查的全过程。只有工业品市场数据的收集与处理是不够的,我们一定要有分析等活动,这样才是一个完整的工业品市场调查活动。

第五,工业品市场调查本质上是工业品市场上与信息、数据相关的工作。工业品市场调查需要使用一些相关技术方法,需要遵循一定的流程,需要通过收集并加工市场信息和数据,为工业品营销决策提供依据。

### (二)工业品市场调查的要求

工业品市场调查活动需要遵循哪些基本要求呢?

第一,要牢固树立"调查是为解决问题而进行的"这一思想,坚持"先有调查,才能产生结论"的原则。坚决杜绝为了某种利益或需求先提出某种结论,然后再根据结论的需要有针对性地进行市场调查的做法。

第二,工业品市场调查要真实反映市场状况,不说假话,坚持说真话。具体而言,调查内容不能有偏好性,不能引导被调查者回答自己想要的答案;调查数据应当真实有效,不能为了调查结果篡改调查数据;调查结果的解读应当全面完整,避免"说一半留一半"和"捡好听的说"等情况的发生。

第三,工业品市场调查的方法要选择得当。无论采用哪一种调查方法,都应该坚持人、财、物的最优配置,要达到工业品市场调查效用的最大化。方法选择得当并不意味着只能选取一种调查方法,有时候,根据实际情况,我们可能还需要同时使用多种工业品调查方法,因此我们强调的是"配置最优",而不是"成本最低"。

第四,在适当的场合进行工业品市场调查。在进行工业品市场调查时,我们要选择好恰当的地点和时间,要为调查对象着想,考虑到被调查者的方便程度。举例来说,工业品市场调查的地点选取在目标企业的工作地,时间选取在工作日,这往往比"选取在周末的火车站"

要适当得多。

第五，工业品市场调查需要严格控制误差。误差本是在所难免的，但是工业品市场调查活动应当尽最大的努力减少误差，提高调查结果的准确性，进而更好地为工业品市场营销决策提供信息。

第六，进行工业品市场调查活动时，需要注意谈话技巧与仪表仪态。调查人员的语气、表情、口吻、仪表、仪态、穿着、举止等，对调查结果往往会造成直接影响，因此调查人员需要在谈话技巧、仪表仪态等方面多加注意。

## 二、工业品市场调查的类型

根据工业品市场调查的目的和深度，我们可以将工业品市场调查分为探索性调查、描述性调查、因果性调查、预测性调查等。接下来，我们具体来介绍这几种调查类型。

### (一)探索性调查

探索性调查又被称为非正式调查。顾名思义，探索性调查就是对市场进行探索、了解，从而使问题、矛盾更加明确的一种调查类型。探索性调查有利于我们将一个模糊、宏观、不清楚的问题逐渐明晰化，进而确定真正的问题，并进一步了解我们真正需要调查的信息。我们可以发现，探索性调查具有相对灵活的特点，这种调查类型特别适用于探知我们不太了解的一些问题。例如，如果我们想要了解市场的整体环境、行业的宏观背景、调查方案的可行性、新研究方法的适用性等，那么探索性调查是非常有用的。探索性调查往往是小规模调查，这是因为工业品市场调查人员通常对问题不甚了解，因此需要有针对性地对某些专家或行业相关人物进行调查访问。举例来说，生产办公家具的 C 公司，去年的销售额有所下降，但是该公司并不知道造成销售额下降的原因，这样，C 公司就可以使用探索性调查来了解问题的真相。C 公司通过访问若干名专家、企业高管、企业销售人员、已有顾客、潜在顾客等，大致了解到当年销售额的下降主要是受到了宏观政策调整和经济增速放缓的影响，而并不是因为企业本身产品质量下降、采购者的采购行为发生改变、物流成本增加等。

### (二)描述性调查

描述性调查主要回答"是谁""在什么时候""在哪里""以怎样的方式""做了什么事情"等问题。描述性调查主要用来客观地描述市场表现。举例来说，通过描述性调查，调查者需要知道，工业品市场的采购者或消费者在需求、行为态度等方面的特征。描述性调查不能告诉我们"为什么"，但是可以告诉我们"是什么"，可以提供一些有用的信息，供工业品营销人员制定营销决策。在实际生产工作中，很多工业品市场调查都属于描述性调查。举例来说，上文提到的 C 公司通过描述性调查了解到，该企业的顾客主要分布于江浙沪地区，且企业规模在 50～100 人。这种描述性调查为该企业提供了重要的信息，企业可以重点关注位于江浙沪区域的中小企业。

### (三)因果性调查

因果性调查主要探索一个变量的变化是否会引起另一个变量的变化以及要素或变量之间的因果关系。在描述性调查的基础上，因果性调查对工业品市场的各种影响要素进行分析，探索要素之间的相关性和要素的发展趋势,进而深入挖掘各种联系的规律。我们可以发现,因果性调查往往比描述性调查更深入,描述性调查回答"是什么"的问题,而因果性调查回答"为什么"的问题。举例来说,C公司想要了解宏观经济增速对销售额的影响程度,以及为什么宏观经济增速放缓会影响当年的销售额。这时,C公司的市场调查人员通过建立数学模型并进行数据计算,了解到宏观经济增速放缓会影响采购者的购买意愿,进而影响销售额。通过因果性调查,该企业的市场调查人员逐步了解到了经济增速与当年销售额之间的影响机制。当然,因果性调查需要调查人员对相关数理统计理论和应用知识有一定程度的了解。

### (四)预测性调查

预测性调查主要是对市场的未来发展趋势所进行的调查。工业品市场调查往往会与工业品市场预测进行结合。预测性调查想要说明"市场未来怎么样""哪些要素会影响未来市场的发展"等问题。预测性市场调查的结果往往具有较高的价值,能够为工业品市场生产者制定营销决策提供充分依据。举例来说,C企业想要了解未来一年销售额的增长情况,以及未来销售额的增长会受到哪些要素的影响,这些调查就属于预测性调查。

## 三、工业品市场调查的步骤

工业品市场调查需要进行认真、通盘考虑,每一个步骤都要以科学的方式进行。工业品市场调查的步骤主要有:确定调查目的;确定调查对象;确定调查项目;确定调查方法;制作调查问卷;确定调查细节;确定分析方法;确定调查保障;确定报告细节等。

### (一)确定调查目的

工业品市场调查人员需要确定本次工业品调查的目的是什么。换言之,我们需要明确"为什么要进行本次工业品市场调查""我们在本次工业品市场调查的过程中,需要解决哪些问题""我们需要通过这次调查获得哪些信息"等。只有确定了市场调查的目的,我们才能确定后续的调查范围、调查题目、调查内容和调查方法。我们判断一次工业品市场调查活动的设计是否符合标准,主要就是看该设计能否满足调查目的。举例来说,C公司进行的某次工业品市场调查的目的可能是:了解该企业所制造产品的哪些方面会重点影响采购者的采购决策。

### (二)确定调查对象

工业品市场调查人员需要确定调查对象。也就是说,我们需要明确此次调查向谁提问,从谁那里获取相关信息。请注意,根据调查目的与内容的不同,调查对象也会有所差异。举例来说,如果C公司的调查目的是了解相关采购者的采购行为有哪些特征,那么调查对象可能就是相关采购者;如果C公司的调查目的是了解本企业原材料供应商的服务质量,那么调查对象可能就是本企业的采购部门。

### (三)确定调查项目

工业品市场调查人员需要确定调查项目,即需要向调查对象了解哪些内容,想要调查对象解决哪些问题。调查项目可以分为数量性调查和品质性调查。数量性调查是指对事物的具体数量进行调查,这种调查的结果往往是具体的数字;品质性调查是指对事物的特征进行调查,这种调查的结果往往是具体的文字,而不是数字。举例来说,C公司想要了解采购者以往的采购数量、采购频率、年盈利额等调查项目属于数量性调查;采购者所在的地理区位、所处的行业等调查项目属于品质性调查。

确定调查项目时,我们还需要注意以下三点。第一,调查项目应该与调查目的一致,同时调查项目的答案应当容易获取。第二,调查项目的表达方式应当清晰、简单、明了,含义应当肯定明确,不要产生歧义,备选答案应当能够包含所有可能性,并且选项之间没有重复或重叠,必要时我们可以备注额外的解释。举例来说,备选答案只有会与不会的话,则缺少"不确定"的可能性;备选答案同时出现运输业和物流业则意味着选项之间有重叠(这两个行业在某种程度上是一个意思)。第三,确定调查目的后,调查项目应当具备一定的相关性。举例来说,当我们需要了解采购者的特征时,调查项目为"当地气候条件"则与有关"采购者"的其他调查项目风马牛不相及。

### (四)确定调查方法

工业品市场调查人员需要确定调查提纲和调查方法。也就是说,我们要知道自己需要调查什么,使用什么样的方式方法,取得什么样的资料等。调查方法包括文献法、访谈法、观察法、实验法等。调查方法没有优劣之分,只有合适与否的区别。应根据调查目的、调查项目、调查提纲,确定合适的调查方法。调查方法需要注意有用性、准确性、全面性,可以将多种调查方式同时并用。

### (五)制作调查问卷

工业品市场调查人员需要制作调查问卷。调查问卷需要根据调查提纲、调查方法进行优化设计。需要注意的是,调查问卷必须进行预测试:将调查问卷发送给部分专家或采购者,请他们完成调查问卷后,对该问卷作出评价并提出改进意见或建议,根据他们的建议优化调查问卷。

### (六)确定调查细节

工业品市场调查人员需要确定调查时间、工作时限、调查地点等。确定调查时间是指需要确定调查对象"从何时到何时期间"的相关资料。确定工作时限是指需要确定整个调查工作的起止时间,以及各步骤所需的时长。工作时限的确定,能够保证调查工作按时完成,提高调查工作的实效性。确定调查地点是指需要确定进行本次调查的地点。调查地点需要根据调查目的、调查对象、调查项目等确定。举例来说,由于C公司的主要采购者位于江浙沪区域,因此C公司进行工业品市场调查的地点可能会更加集中于该区域。

### (七)确定分析方法

工业品市场调查人员需要确定分析方法。分析方法有很多,如定性分析法、定量分析法等。每种分析方法都有其自身的特点和优势,因此我们需要根据此次市场调查活动的特性和要求,选择最适当的市场调查分析方法。定性分析法是对事物的性质进行确定的一种分析方法,主要依靠个人的经验与能力;定量分析法是对事物的数量进行确定的一种分析方法,主要依靠数据与数学模型,通过数学计算后得出分析结论。

### (八)确定调查保障

调查的保障可以分为组织保障和经费保障。组织保障是指为了成功地完成此次工业品市场调查活动,组织需要确定组织机构及其职能、进行人员优化与培训、梳理工作步骤等。经费保障是指此次工业品市场调查的费用要在调查正式开始前得以确定。经费往往包括方案设计费、专家咨询费、劳务费、印刷装订费、交通差旅费、受访者礼品费、数据整理费、数据分析费、资料费、复印费、快递费等。在进行经费安排时需要全面、通盘考虑,而且高效地花好每一分钱,切忌铺张浪费。

### (九)确定报告细节

完成调查后,需要将市场调查结果撰写为调查报告。调查报告需要注意调查报告书的内容、形式、格式、份数、设计等。需要强调的是,一些图表不能仅粘贴于报告上,还需要对这些图表进行分析说明,毕竟不是每一位阅读者都能够很好地理解图表内容。

## 第二节 工业品市场调查问卷设计

在你看来,市场调查问卷需要遵循哪些基本原则?你能想到的有哪些基本要求?一份较好的市场调查问卷需要包括哪些部分?

通过调查问卷,工业品营销人员能够有效地了解市场信息,实现调查目的。调查问卷是一种较为通行的调查方式,能够将被调查者的回答转变为一系列可以测量的编码,因此能够更高效地进行数据处理与分析。同时,由于调查问卷可以高效地引导调查者完成调查,而且提问又可以实现问题与答案的标准化,因此可以减少一定的计算误差。

调查问卷设计合理、科学、有效,能够直接影响调查问卷的回收率与有效率,提高工业品市场调查的真实性、有用性,减少调查误差,进而能够更好地指导工业品市场营销实践,因此我们应当对市场调查问卷给予高度重视。

需要注意的是,工业品市场调查问卷不一定必须为纸质问卷,它还可以是人员访问问卷、电话访问问卷、网上访问问卷等。

## 一、问卷设计的基本原则

在进行工业品市场调查问卷设计时,需要掌握一些基本的原则,如目的性、顺序性、可接受性、简明性、可信性等。

### (一)目的性

目的性是指调查问卷所设置的问题需要具有明确的目的。问题需要与调查主题紧密相关。在进行市场调查问卷设计时,切忌因求全求多而设置一些可有可无的问题,应该确保重点突出、提问具体，直奔此次工业品调查的目的。

### (二)顺序性

顺序性是指调查问卷的排列要遵循一定的逻辑和顺序，要条理清楚，能够提高答题效果。一般来说，调查问卷的问题可以按以下顺序排列：第一，先列出容易回答的问题，然后再列出比较难的问题，之后再列出较为敏感的问题，最后列出关于个人信息的问题。第二，先列出封闭性的选择题，然后再列出开放式的简答题。封闭性的选择题往往有备选答案，因此比较容易；而开放式的简答题往往需要回答者花费一定的时间思考并写下答案，相对较难，因此回答者更容易放弃这种类型的题目。如果我们将开放式的简答题放置在调查问卷的前面，那么回答者很有可能在一开始就放弃填写调查问卷了。第三，调查问卷需要注意逻辑性，可以按时间顺序(如从过去到现在)进行排列，也可以按类别顺序(如先回答有关产品质量的题目，再回答有关购买意愿的题目)进行排列，这样可以让回答者的思路更连贯。

### (三)可接受性

可接受性是指调查问卷的设计要亲切友好，能够让被调查者接受。实事求是地讲，填写调查问卷对回答者来说是一种额外的负担，他们需要花费一定的时间和精力来填写，而从本质上来说，回答者对调查问卷往往有一种抗拒心理。因此，在调查问卷中，我们应当明确地告知回答者此次调查的目的和意义，同时，语言要亲切、自然、温和、有礼貌。我们也可以告知回答者，顺利地完成调查问卷可以获得某种奖励。当然，我们也需要明确告知回答者，其答案和身份将被严格保密，以免除其对个人信息被泄露的担忧。

### (四)简明性

简明性是指调查内容、调查用时、调查形式等要简明扼要、通俗高效。首先，调查问卷的内容要尽量简单，问卷中要尽量避免出现不相关的问题，以最少的问题获取最多的、必要的、完整的信息。其次，调查问卷的填写用时尽量要短，过长的调查用时并不合适。有些调查人员会认为，回答者填写问卷的时间越长，会显得该问卷质量更高，回答者有更深的思考，结论也更加可信。其实不然，调查用时过长往往会招致回答者的反感，进而降低调查结果的准确度。我们可以换位思考，如果现在放在你面前的调查问卷有 10 页之长，需要花费你半小时的时间填写，而你现在正要赶去参加一场户外音乐会，你认为你会很认真地填写这份问卷吗？最后，调查问卷的填写形式要尽量简便，方便回答者作答。如果是使用手机进行网络问卷的填写，那么最好能够让回答者单击最少的次数来完成回答。举例来说，如果每次作答完任意一题后，都会弹出"再次确认"对话框，回答者需要再次单击对话框后，才能进入下一题作答，同时，每一题之间会有大量的加载时间，那么回答者大概率是不会认真地填写这份调查问卷的。

### (五)可信性

可信性是指调查问卷的题项本身和调查问卷的答案是令人信服的。如果一份调查问卷得出的答案明显与常识背离，那么该问卷的可信性就会小很多。我们要怎样提高问卷的可信性呢？最好的办法是进行预测试，并根据预测试的结果进行修改。我们可以邀请几名志愿者对调查问卷进行作答，找到可能会引起理解歧义的题项、表述不甚清楚的内容、逻辑结构不清晰的板块等。预测试的结果也要进行统计分析，并根据分析结果剔除有明显问题的题项。如果改动的地方较多，那么我们可能还需要进行第二次预测试，并对第二次预测试的结果进行统计分析。

## 二、调查问卷的基本内容

调查问卷包括调查问卷的标题、调查问卷的说明、回答者的人口统计学信息、具体的调查内容、调查者的备注信息等内容。具体而言，调查问卷分为三个部分，即表头部分、主体部分和结尾部分。调查问卷的标题、调查问卷的说明等内容属于表头部分；回答者的人口统计学信息、具体的调查内容等属于主体部分；用于对调查人员进行编号、注释的备注内容属于结尾部分。

### (一)调查问卷的标题

调查问卷的标题能够概括性地说明此次调查的主题，让回答者对此次调查有一个初步的了解与预判。调查问卷的标题应当简洁明了、目的明确，最好在一行内显示完毕，回答者能够"一目了然"，进而引起其回答问卷的兴趣。举例来说，我们最好不要使用"调查问卷"这样的标题，这种标题虽然简洁明了，但是并没有明确告知调研目的，难以引起回答者填写问卷的兴趣。我们可以使用"某某产品的市场需求调查"这样的标题，这种标题不仅简洁明了，而且还能够让回答者预知调查目的，从而减少对此次调查的疑虑。

### (二)调查问卷的说明

在调查问卷的标题下方，我们首先应当明确自己的身份，并清楚地阐明此次调查的目的和意义。同时，我们还要说明此次调查问卷有多少道题目、大约需要花费多少时间、如何提交相关问卷等具体信息。另外，我们还需要说明，此次调查的信息与数据仅供市场分析与研究使用，调查人员将会对调查结果作出严格保密。请注意，调查问卷的说明需要言简意赅、开门见山、简洁明了，切忌因文字过多、晦涩难懂、语言生硬而难以引起回答者的兴趣。

### (三)回答者的人口统计学信息

调查问卷需要对回答者的人口统计学信息进行收集，主要包括回答者的年龄、性别、职业、受教育程度、工作岗位等有关个人的基本信息。对企业调查来说，我们可能还需要收集企业名称、企业地址、企业所在区域、企业所有制形式、员工人数、产品销量、年销售额、年盈利额等信息，这些信息对后续的调查具有非常重要的作用。对人口统计学信息进行统计分析，有助于我们了解此次调查问卷的回答者是否具有广泛性、代表性。举例来说，如果我们回收了若干份调查问卷，发现被调查的企业所在地主要集中在华东地区，那么此次调查问卷的结果更能反映华东地区的情况，而不能较好地反映我国其他地区的状况。另外请注意，有些较敏感的信息，可以请回答者在众多选项(范围)中，选择合适的答案。举例来说，关于"企业年盈利额"这一选项，被调查企业往往不愿意如实告知具体数字，此时，我们可以提供"小于100万元""100万元(含)～500万元""500万元(含)～1 000万元""1 000万元(含)及以上"等选项供被调查企业选择。

### (四)具体的调查内容

调查项目是指需要向回答者了解的基本信息,这也是整个调查问卷中最重要的一部分。我们可能需要了解若干个方面的情况,而每个方面都会由若干个问题组成。调查项目的设计是否合理,题项之间是否存在有效逻辑联系,题项是否设计得简洁明了,文字阐述是否清晰易懂,这些都能够直接影响调查结果的准确性。调查项目可以分为对回答者认知的调查(如"您是否知道该车床""您是否有在户外广告牌上看过该车床的广告"等)、对回答者感受的调查(如"您认为这款车床的后续服务是否良好""使用这款车床后,您认为工厂的工作效率是否得到了提高?"等);对回答者行为的调查(如"您是否会继续购买该车床?""您是否会将该车床推荐给其他厂商?"等)。调查问题的设计可以是单选题、多选题、填空题、等级判断题(如使用李克特量表)等,不同的题型需要遵循不同的设计规则。在本章第三节中,我们会具体阐明如何设计调查题项。

### (五)调查者的备注信息

在调查问卷的最后,我们需要设计调查者的相关备注信息填写区域。在该区域里,调查问卷的编号(若需要)、调查员的姓名、访问时间、访问地点等都需要得到明确。这不仅能够更好地确定调查人员的工作绩效,也能够更方便地寻找特定问卷。如果有必要的话,我们还可以在该区域写上回答者的联系方式,以便后期进行面向特定对象的沟通访谈与追踪调查。但是请注意,对于一些涉及回答者隐私的问题,需要尽量避免。有时候,我们可以看到,有一些调查问卷会要求回答者写上自己的身份号码,而这种涉及隐私但又没有太大统计意义的信息,往往会降低回答者提交问卷的意愿和提交真实答案的可能性,进而降低此次调查结果的有效性。

## 第三节 调查题项的设计

> 设计调查题项时,我们可以设计哪些类型的问题?可以设计哪些类型的答案?在设计问卷的过程中,我们需要注意哪些问题?

## 一、问题的主要类型

### (一)封闭性问题、开放性问题

封闭性问题是指列出若干答案选项,并由回答者从中进行选择的问题。举例来说,"请从以下选项中选择最符合目前企业现状的描述""请从以下选项中选择企业年收入所在的区间"等问题就属于封闭性问题。封闭性问题的答案是标准化答案,方便调查者进行数据统计和分析;同时,对于回答者来说,由于仅仅需要从若干选项中选择符合自己的答案,因此可以节省回答者的大量时间,进而提高调查问卷的回收率和有效率;另外,封闭性问题有利于调查者询问一些相对较敏感的问题,因为回答者往往不用多加思考,直接从若干选项中选择最符合的一项即可。但是,封闭性问题也有一些缺点:回答者只能选择问题中提供的选项,因此我们没有办法了解回答者是否还有其他目的、其他想法;同时,我们有时候很难将所有答案都考虑在内(此时预测试就会显得非常重要了)。有时候回答者会随便勾选答案,进而降低答案的真实性;有时候,回答者也可能会漏答、错答,这些都会降低问卷的有效率。

开放性问题是指并不列出答案选项,由回答者进行自由回答的问题。开放性问题适用于各种类型的题目。举例来说,"你认为这一款机床怎么样""你觉得这一款机床还需要在哪些方面有所提升和改进"等问题就属于开放性问题。开放性问题的设计相对比较简单,直接提出想要询问的问题即可;开放性问题可以让回答者充分地发表自己的想法,更有利于其发挥主观能动性;开放性问题特别适用于选项过多,或者是需要探索性了解未知事物的情况。但是,开放性问题也存在一些缺陷:开放性问题的标准化程度较低,答案往往难以归类、整理、分析;同时,由于开放性问题需要回答者书写答案,往往要占用回答者较多的思考和回答时间,因此很容易导致回答者拒绝回答该问题,进而降低调查问卷的回收率和有效率;另外,如果回答者的文化水平较低,则容易产生一些没有价值或者不相关的回答,这也不利于调查问卷的有效性。

### (二)事实性问题、态度性问题、行为性问题、动机性问题

事实性问题是指询问回答者关于事实的问题。举例来说,"您所在的工厂一般在春节后的什么时候开工""贵高校应届毕业生的生源地主要有哪些省份"等问题都是事实性问题,因为这些问题要求回答者回答有关事实,其目的也是为了获得事实性的资料信息。事实性问题的提问方式需要言简意赅、清晰明了,使回答者容易理解并回答。我们所说的调查问卷中,有关人口统计学信息的题项(询问回答者职业、所在行业、性别等)均属于事实性问题。

态度性问题是指询问回答者对某个事物的态度、评价等的问题。举例来说,"贵公司是否认为本工厂生产的办公柜结实耐用""贵学校的教师使用本公司制作的软件时,是否产生过不满情绪"等问题都属于态度性问题。

行为性问题是指询问回答者有关自身行为特征的问题。举例来说,"贵公司是否使用××人才招聘系统""贵公司是否进行过招投标活动"等问题都属于行为性问题。

动机性问题是指询问回答者产生某种行为的原因或动机的问题。举例来说,"您为什么选择该公司的产品""该公司为什么选择从宁波港出口货物"等问题就属于动机性问题。有时候,动机性问题比较难以回答,原因在于人们的行为有时候可能是有意识的动机(回答者明确知道自己为什么这么做),也可能是无意识的动机(回答者自己都不知道为什么自己会这么做)。如果是有意识的动机,那么回答者可能不愿意透露其真实动机;而对于无意识的动机,回答者也不知道自己的真实想法,进而难以回答该问题。

### (三)假设性问题、直接性问题、间接性问题

假设性问题是指通过假设某种场景,向回答者提出问题。举例来说,"目前有人认为,在我们行业,企业并不需要投放太多的广告,您怎么认为的""如果在A产品和B产品当中您只能选择一个,那您会作出怎样的选择呢"等问题都是假设性问题。假设性问题往往可以较好地消除回答者的顾虑;虽然假设性问题是基于事实的,但是回答者会认为这是"假设的",

因此不会有太多顾虑。

直接性问题是指在问卷中直接提问并得到答案的问题。顾名思义，直接性问题"直截了当"，回答者往往也能够直截了当地回答个人的基本情况或意见。举例来说，"您的年龄是多少""贵公司最喜欢使用的招聘渠道是什么"等问题都是直接性问题。

间接性问题是指使用间接的方式提出并得到答案的问题。有一些问题往往不方便直接回答(回答者可能会有所顾虑而不愿意表达自己的真实想法)，这时我们就可以使用间接性问题得到答案。间接性问题往往会将更多的选项列出，回答者只需在多个选项中作出选择。我们来看以下这个案例。

问题一：您认为，您所在企业的招聘流程是否应当优化？

    A. 是                  B. 不是

问题二：关于您所在企业的招聘流程，现在有以下两种观点。观点一，现在的招聘流程挺好，没有必要进行优化；观点二，现在的招聘流程存在一些问题，需要立即进行优化。

对于观点一，您的意见是：

    A. 非常同意        B. 比较同意        C. 不确定

    D. 比较不同意      E. 非常不同意

对于观点二，您的意见是：

    A. 非常同意       B. 比较同意        C. 不确定

    D. 比较不同意      E. 非常不同意

我们可以发现，虽然都是围绕着同一个问题，但是"问题二"这种间接式问题有利于我们收集到更多信息，更好地了解回答者的真实想法。

需要注意的是，每一种问题都有自己的优缺点，因此我们可以同时使用多种类型的提问方式，以提高调查问卷的有效性。在实际的市场调查过程中，不同类型的问题往往是综合在一起使用的。也就是说，在同一个市场调查问卷中，可能既有封闭性问题，又有开放性问题，既有间接性问题，又有直接性问题，我们可以根据具体情况，设计不同的提问方式。具体来说，如果一个问题较复杂，调查者也不清楚有多少个具体的答案，需要进行探索性研究，那么这个时候开放性问题就会更合适一些；如果一个问题相对来说较清楚，答案范围也较明确，那么封闭式问题可能会更合适。需要注意的是，开放式问题往往设置在调查问卷的最后，而且不能过多。如果开放式问题设置在调查问卷的前面，可能回答者一开始看到这种需要动脑筋的题目，就放弃回答整个调查问卷了；如果设置在后面的话，回答者可能会认为，整个调查问卷都已经填写得差不多了，最后再回答一个开放性问题就好。因此，把开放式问题放在最后可以很好地提高问卷的回收率。另外，开放式问题之后预留的答题空间不宜过多，以免回答者过多发挥，填写不相关的信息。有限的空间有利于回答者简明扼要地写出最重要的信息。

## 二、问题的答案设计

### (一)二项选择型答案

二项选择型答案是指答案的选项只有"是""否"或"有""无"两种答案的选择，回答者只能二选一进行回答。两个选项往往是对立互斥的，回答者没有其他的选择。二项选择型答案往往适用于比较简单的事实性问题。举例来说，"您所在的企业现在是否已经注销"这个问题的答案就只有"是"和"否"两个选项。

二项选择型答案的优点是，回答者容易理解并进行选择，同时，调查者容易进行数据统计与分析。但是，二项选择型答案也有一些缺点。举例来说，这种答案没有办法体现回答者之间的程度差异；同时，有些问题可能事实上存在着第三个选项，但是调查者可能难以意识到。举例来说，以往我们会认为"您的性别是什么"这个问题的答案只有"男"和"女"两个选项，但事实上，这个问题的答案可能还有"跨性别""其他""不愿回答"等选项。

### (二)多项选择型答案

多项选择型答案是指有多个选项可供选择，回答者可以从中选择一个或几个选项的答案。举例来说，"在您的企业，行政部门每年购买文具的频率是多少"这一问题中，可能出现的答案选项有"一月一次或更少""一月2～5次""一月6～10次""一月11次及以上"等。

多项选择型答案比二项选择型答案的强制性二选一来说，有了更大的选择范围，同时，也便于调查者进行数据处理与分析。但是，多项选择型答案也有可能出现一些问题。举例来说，调查者可能并不会考虑所有的选项，有一些情况可能会被遗漏；有一些选项之间可能会出现重复的含义；回答者往往喜欢选择第一个答案，进而使调查误差增加；如果选项较多，回答者很容易没有耐心看完所有的选项，这也会增加调查误差。

对于这些缺点，我们也有一些解决办法。我们可以进行预测试，来完善答案选项，避免出现遗漏或重复的情况；我们的答案选项可以控制在八个以内，保证回答者有足够的耐心看完所有的选项，而不至于产生厌烦情绪；我们可以多制作几个版本的调查问卷，每一个版本的调查问卷中，选项的顺序会有所不同，进而避免回答者偏好选择第一个答案的情况；我们可以在答案选项的最后，增加一个"其他"选项，这样一来，即使前面的所有选项都不符合回答者的实际情况，回答者也可以通过勾选"其他"这一选项完成回答。

### (三)排序型答案

排序型答案是指调查者列出若干选项，回答者按照一定的顺序进行排序的答案选项。排序型答案可以分为两种形式：一种是要求回答者对全部选项进行排序；另一种是要求回答者先选出某些选项，然后再对这些选项进行排序。具体使用哪种形式，需要根据具体情况来决定。举例来说，在"作为企业采购人员，您采购备用配件时最关注哪些方面？请从以下选项中选择三个方面并按照重要性顺序进行排序(填写1、2、3)"这个问题中，我们可以提供"价格""质量""物流""品牌""服务""产地""其他"等选项，供回答者排序。

排序型答案可以使回答者更好地展示其想法、意见、态度、偏好等，但是排序型答案也存在一些缺陷。举例来说，如果选项过多，回答者往往难以进行比较和排序；调查者往往难以对排序型答案进行统计分析；排序型答案的出现顺序也有可能对回答者产生某种暗示，让回答者直接选择前三个选项。

对于这些缺陷，我们也有一些解决办法。我们可以制作多个版本的调查问卷，将选项的出现顺序进行改动即可。

### (四)比较型答案

比较型答案是指通过使用对比提问的方式，使回答者就每组选项作出选择，进而对产品的质量或效用作出评价的答案。我们来看以下这个案例。

请比较以下会计师事务所，选择一组您认为更值得信赖的会计师事务所。

组一：普华永道 VS 安永

组二：安永 VS 德勤

组三：德勤 VS 毕马威

组四：毕马威 VS 立信

组五：立信 VS 天健

组六：天健 VS 普华永道

使用比较型答案时需要注意，回答者要对所有选项有所了解，否则会导致无法选择比较的"空项"情况发生。在上一例子中，如果回答者不知道"普华永道"这个企业，那么"组一"和"组六"就无法进行选择了。

### (五)量表型答案

如果需要了解回答者的态度、意见、感受等主观心理活动，我们可以使用量表型答案。通过使用量表型答案，我们可以将态度、意见、感受等主观心理活动转化为具体的数字，进而有利于调查者进行数据统计与分析。量表型答案是指将选项转换为量表分值进行评价的答案。量表型答案可以较精确地测量出回答者的主观态度。一般而言，我们可以使用里克特量表(五个或七个选项)进行测量。我们来看以下这个案例。

整体而言，您对本企业生产的液压起重机是否感到满意？

    A. 非常满意        B. 比较满意        C. 一般

    D. 比较不满意     E. 非常不满意

在这个案例中，我们可以将"非常满意"赋值为5分，将"非常不满意"赋值为1分。这样，我们就可以得到回答者满意度的平均分。当然，我们也可以将"非常满意"赋值为2分，"比较满意"赋值为1分，"一般"赋值为0分，"比较不满意"赋值为-1分，"非常不满意"赋值为-2分，进而求出回答者的平均满意度得分。

## 三、问卷设计过程中需要注意的问题

总体而言，问卷设计需要注意表达简明扼要、概念清晰准确，避免似是而非、模棱两可。具体而言，调查问卷还需要注意以下几个问题。

### (一)避免问题过于笼统

调查问卷的问题需要具体，避免过于笼统、泛泛而谈、提出一般性的问题。举例来说，"您认为这款货架怎么样"这样的问题就过于笼统，让回答者难以回答。如果我们将这个题目扩充为"您认为这款货架质量怎样""您认为这款货架价格怎样""您认为安装这款货架的师傅的服务态度怎样"等问题，就可以将问题具体化，使回答者容易回答。

### (二)避免使用模棱两可的词汇

调查问卷的用词需要精准,避免使用一些模棱两可、容易让人产生歧义或误解的词汇,如"经常""普通""好看""不错""优秀"等。举例来说,"您是否经常使用本企业提供的招聘系统"这个问题就容易产生歧义,因为回答者不能确定"经常"到底有多经常,是一周一次,还是一个月一次,还是一年一次?如果我们将问题改为"您一年使用多少次本企业提供的招聘系统",那么问题就会变得更加精确,避免产生歧义或误解。

需要注意的是,有些时候,有些词语本身并不会让人产生误解,但是若干词语同时使用时,则会让问句本身产生歧义。举例来说,"贵公司的团建形式是户外旅游还是桌游"这一问题就容易让人产生误解,因为户外旅游过程中可能就会有桌游活动。换言之,桌游也是户外旅游的一种形式。因此,我们可以将这个问题改为"贵公司的团建形式是户外娱乐还是室内娱乐",这样就可以较好地消除歧义了。

### (三)避免引导性问题

有些问题可能会暗示调查者的观点,进而引导回答者赞同这种观点,这种引导性的提问需要极力避免。举例来说,"您是否也像其他企业一样认为,本公司生产的变压器要比其他公司生产的变压器更值得信赖""有调查认为,采购新能源汽车的企业具有更好的企业形象。贵企业是否愿意购买新能源汽车"等问题,就属于引导性问题。引导性问题需要避免,因为它容易让回答者避免回答其真实想法,进而降低问卷的可信度。引导性问题常常会得到与事实相反的结论。

### (四)避免敏感性问题

有些问题可能会涉及个人隐私,直接提问会使回答者显得尴尬。举例来说,"作为法人,您之前成立的企业倒闭了多少家""企业倒闭是谁的责任""您的个人婚姻不幸福,这是否影响了企业的经营"等问题,相对来说较敏感,容易让回答者难堪。如果这些敏感性问题与市场调查目的不直接相关,我们则应当避免直接提出敏感性问题。另外,直接询问女士的年龄也容易造成尴尬的情况,此时,我们可以提供若干时间段的选项,供回答者进行选择。

### (五)避免选项重复或留空

在设计选项时,我们既要考虑所有的方面,又要保证选项之间的含义没有重复、交集。举例来说,在"您的年龄是多少"这一问题中,我们提供了"20~30周岁""30~40周岁""40周岁以上"三个选项。而此时,前两个选项具有交集(如果回答者刚好30周岁,那需要选择哪一个选项呢?),同时,我们的选项又没有覆盖到所有的方面(如果回答者没有满20周岁,那又能选择哪一个选项呢?)。因此,在设计选项时,我们要考虑全面,避免选项之间有交集,也要避免选项不能涵盖所有的方面。

### (六)计量单位要明确

一些调查项目,如收入、年龄等,容易在计量单位上产生歧义。举例来说,收入有"年收入""月收入"等不一样的理解,有"税前收入""税后收入"等不一样的理解,更有"综合收入"和"基本工资收入"(不含绩效奖金、年终奖等)等不一样的理解。年龄也有"周岁"

"虚岁"等不一样的理解。因此，问题和选项需要明确计量单位。

### (七)每次只问一个具体内容

一个问题只问一个具体的内容；如果一个问题包括了较多的内容，那么回答者可能无法回答，进而降低问卷的可信度。举例来说，"您为什么不用A产品而用B产品"这个问题就问了较多的内容，该问题其实包含了"您为什么不用A产品""您为什么使用B产品""您为什么会在两者之间作出选择"等三个问题；而事实上，回答者可能不用A产品和B产品而用C产品，因此会造成回答者无法回答该问题的情况。请记住，每一个问题都应该言简意赅，只问一个具体内容。

### (八)需要设计测试性问题

有时候，回答者单纯地为了完成调查任务，会不假思索地全部勾选第一个选项。那么，我们应当如何判别该回答者是不假思索地随意勾选第一个选项，还是深思熟虑之后再勾选第一个选项的呢？我们可以设计一个测试性问题，该测试性问题与之前的某一问题具备相反含义。如果意义相反的两个问题，回答者都勾选了同样的答案，那么该回答者就是随意勾选的；但如果两个意义相反的问题回答者勾选了相反的答案，那么就可以判定，该回答者是深思熟虑后勾选答案的。举例来说，我们可以在调查问卷的第一题设置"我认为该公司生产的A产品质量很好"这一问题，并设置"非常同意""一般同意""一般""不太同意""非常不同意"等选项。然后我们在第十题设置"我认为该公司生产的A产品质量堪忧"这一问题，并依旧设置"非常同意""一般同意""一般""不太同意""非常不同意"等选项。如果回答者的答案相反，那么则可以判定该问卷有效。

### (九)需要注意问题的排列顺序

一般而言，我们先提出封闭式问题，然后再提出开放式问题；开放式问题需要花费更多的时间，容易引起回答者的厌倦；如果直接放在开头，回答者可能会立即拒绝答题。同时，我们首先会提出一般性问题，然后再提出敏感性问题；同理，敏感性问题容易引起回答者的反感，如果我们先提出一般性问题，降低回答者对此次调查的警惕性，那么回答者往往更愿意回答后面的敏感性问题。我们要先提出简单的问题，然后再提出较难的问题。测试性问题往往需要与原题有一定的间隔，这样才能起到检验可信度的效果。

### 知识窗

**市场调查问卷案例分析**

我们一起来看下面这个市场调查问卷，分析一下哪里有问题，哪里又值得我们借鉴。

**《采购者采购行为的市场调查问卷》**

尊敬的女士/先生您好：

感谢您参加本次调研，本次调研旨在对本企业采购者的采购行为进行相关调查，结果仅作市场分析使用，您的相关信息将被严格保密。请以您所在的企业为背景进行作答，在符合您情况的选项处打"√"。本问卷需用时约3分钟,共26大题,感谢您的支持与配合!

有关您的基本信息:

1. 您的年龄:20周岁及以下 21~60周岁 61周岁及以上
2. 您的性别:男 女 其他
3. 您的学历:大专及以下 学士 硕士
4. 您的年总收入:2 000元及以下 2 001~4 000元 4 001~6 000元 6 001~8 000元 8 001~10 000元 10 001元及以上
5. 您的职业:学生 工人 农民 军人 个体经营者 机关及事业单位工作人员 企业专业技术人员 企业管理人员 服务或销售人员 离退休
6. 您在本企业是否有过采购经历:有 无

(说明:以下题目的选项均为"完全同意""基本同意""有点同意""不确定""有点不同意""基本不同意""完全不同意"七个。因版面限制,在此不分别列出各题选项。在实际编制市场调查问卷时,我们最好将每一题的选项都分别列出,以方便回答者选择。)

7. 该企业具有较低知名度
8. 该企业能够按时提供服务
9. 该企业提供的服务很专业
……
15. 我能记住该企业的名称
16. 该企业形象鲜明,容易识别
……

感谢您的回答!


填写时间:
填写地点:
工作人员:
问卷编号:


我们来分析一下该市场调查问卷。

"年龄"这个题项有问题吗?有。第二个选项"21~60周岁"过于宽泛,我们甚至可以预料到,回答该问卷的绝大部分人都在这个年龄区间内。我们可以将该选项拓展为"21~30岁""31~40岁""41~50岁""51~60岁"等选项。

"性别"这个题项有问题吗?有。"其他"这个选项删去。

"学历"这个题项有问题吗?有。选项没有覆盖到所有的学历,我们只需增加"博士"这个选项即可。

"年总收入"这个选项有问题吗?有。从选项上来看,年收入2 000元人民币,在目前来看似乎不太现实。我们要么将"年总收入"改为"月平均税前总收入",要么根据行业的实际情况将数值进行适当的调整,如将"2 000元及以下"改为"20 000元及以下"。

"职业"这个选项有问题吗？有。选项没有覆盖到所有的职业，我们只需增加"其他"这个选项即可。

第7～16题有问题吗？没有。值得我们借鉴的是，第7题和第15题互为测试性问题。在以后的问卷设计中，我们需要注意添加至少一个测试性问题。

## 本章小结

1. 市场调查是指以提高市场营销效益为目的，通过有计划、有步骤地收集、处理、分析市场相关信息与资料，提出问题解决方案与市场营销建议的一种方法。工业品市场调查是以工业品市场的顾客为中心而进行的活动。

2. 工业品市场调查具有以下特征：工业品市场调查活动与工业品营销管理紧密联系；工业品市场调查是一个系统性的过程，具有完整的闭环；工业品市场调查是有目的的活动；工业品市场调查包括对信息的收集、判断、处理、分析等活动；工业品市场调查本质上是工业品市场上与信息、数据相关的工作。

3. 工业品市场调查活动需要遵循以下基本要求：要牢固树立"调查是为解决问题而进行的"这一思想；要真实反映市场状况，不说假话，坚持说真话；调查的方法要选择得当；要在适当的场合进行工业品市场调查；要严格控制误差；要注意谈话技巧与仪表仪态。

4. 根据工业品市场调查的目的和深度，我们可以将工业品市场调查分为探索性调查、描述性调查、因果性调查、预测性调查等。工业品市场调查需要进行认真、通盘考虑，每一个步骤都要以科学的方式进行。工业品市场调查的步骤主要有：确定调查目的；确定调查对象；确定调查项目；确定调查方法；制作调查问卷；确定调查细节；确定分析方法；确定调查保障；确定报告细节等。

5. 通过调查问卷能够有效地了解市场信息，实现调查目的。调查问卷由于可以高效地引导调查者完成调查，且可以实现问题与答案的标准化，因此可以减少一定的计算误差。在进行工业品市场调查问卷设计时，需要掌握一些基本的原则，如目的性、顺序性、可接受性、简明性、可信性等。

6. 调查问卷往往包括调查问卷的标题、调查问卷的说明、回答者的人口统计学信息、具体的调查内容、调查者的备注信息等内容。具体而言，调查问卷分为三个部分，即表头部分、主体部分、结尾部分。调查问卷的标题、调查问卷的说明等内容属于表头部分；回答者的人口统计学信息、具体的调查内容等属于主体部分；用于对调查人员进行编号、注释的备注内容属于结尾部分。

7. 调查问卷的问题可以分为封闭性问题、开放性问题、事实性问题、态度性问题、行为性问题、动机性问题、假设性问题、直接性问题、间接性问题等。每一种问题都有自己的优缺点，因此我们可以同时使用多种类型的提问方式，以提高调查问卷的有效性。问题的答案包括二项选择型答案、多项选择型答案、排序型答案、比较型答案、量表型答案。

8. 问卷设计过程中需要避免问题过于笼统；避免使用模棱两可的词汇；避免引导性问题；避免敏感性问题；避免选项重复或留空；计量单位要明确；每次只问一个具体内容；需要设计测试性问题；需要注意问题的排列顺序。

**练习与思考**

一、名词解释

1. 市场调查
2. 探索性调查
3. 描述性调查
4. 因果性调查
5. 预测性调查
6. 封闭性问题
7. 开放性问题
8. 二项选择型答案
9. 多项选择型答案
10. 量表型答案

二、简答题

1. 工业品市场调查有哪些特征?
2. 工业品市场调查需要遵循哪些基本要求?
3. 工业品市场调查的步骤有哪些?
4. 问卷设计需要遵守哪些原则?

三、单选题

1. 某企业想要通过市场调查了解明年的行业整体供需状况,这种调查属于( )。
   A. 探索性调查　　　　　　　　B. 描述性调查
   C. 因果性调查　　　　　　　　D. 预测性调查

2. 询问回答者对某个事物的态度、评价等的问题属于( )。
   A. 事实性问题　　　　　　　　B. 态度性问题
   C. 行为性问题　　　　　　　　D. 动机性问题

3. 使用间接的方式提出,并得到答案的问题属于( )。
   A. 假设性问题　　　　　　　　B. 直接性问题
   C. 间接性问题　　　　　　　　D. 婉转性问题

4. 通过使用对比提问的方式,回答者就每组选项作出选择的答案属于( )。
   A. 二项选择型答案　　　　　　B. 多项选择型答案
   C. 排序型答案　　　　　　　　D. 比较型答案

5. 问卷设计过程中,以下说法正确的是( )。
   A. 问题笼统点比较好
   B. 题目中使用"不错"一词没什么问题
   C. "18岁以下"这个选项没什么问题
   D. 每次只问一个内容

## 四、多选题

1. 工业品市场调查过程中，调查保障主要可以分为(　　)两种。
   A. 组织保障　　　　　　　　B. 经费保障
   C. 思想保障　　　　　　　　D. 能力保障

2. 问卷设计需要遵守(　　)等原则。
   A. 目的性　　　　　　　　　B. 简明性
   C. 可信性　　　　　　　　　D. 顺序性

3. 调查问卷的基本内容包括(　　)。
   A. 标题　　　　　　　　　　B. 说明
   C. 内容　　　　　　　　　　D. 备注

4. 问卷设计过程中，以下说法正确的是(　　)。
   A. 需要设计测试性问题　　　B. 需要注意问题的排列顺序
   C. 需要明确计量单位　　　　D. 避免选项之间有重复含义

5. 市场调查问卷中，以下答案选项不恰当的有(　　)。
   A. "年龄"题项中的"不关你事"选项
   B. "性别"题项中的"不男不女"选项
   C. "年盈利额"题项中的"保密"选项
   D. "职业"题项中的"其他"选项

## 微课视频

扫一扫，获取本章相关微课视频。

3.1 工业品市场调查基础(1)

3.1 工业品市场调查基础(2)

3.1 工业品市场调查基础(3)

3.2 工业品市场调查问卷设计(1)

3.2 工业品市场调查问卷设计(2)

3.3 调查题项的设计(1)

3.3 调查题项的设计(2)

3.3 调查题项的设计(3)

# 第四章 工业品市场预测

【本章提要】

工业品市场预测的本质是对影响工业品市场供求变化的各种要素进行研究。工业品市场预测的内容是通过使用科学的研究方法,分析、评估、预测未来工业品市场的商品供求变化趋势以及各种相关要素的时空变化。工业品市场预测的目的是最大程度地降低不确定因素带来的风险与负面影响,并为工业品营销决策提供科学依据。总体而言,工业品市场预测活动需要保证经济性、持续性、科学性、客观性、及时性、全面性等要求。工业品市场预测一般分为五个步骤,即确定预测目标;收集相关资料;选择预测方法并建立预测模型;分析预测误差;编写预测报告等。工业品市场的预测方法主要可以分为定性预测分析方法和定量预测分析方法两类。定性预测分析方法与定量预测分析方法存在着一些差异,主要在于这两种预测方法的适用背景有所不同。我们有时需要探索性地了解事物本身,确定事物的性质,而此时,我们就可以使用定性预测分析方法进行预测了。定性预测分析方法包括指标法、专家预测法、销售人员意见综合预测法、购买意向调查预测法等。定量预测分析方法是指根据市场的历史数据,通过选择适当的数学方法,建立预测模型并进行计算,进而预测事物未来变化趋势的一种预测方法。定量预测分析方法包括简单平均预测法、指数平滑预测法、移动平均预测法、回归分析预测法等。

【学习目标】

1. 了解市场预测的要求、步骤。
2. 熟悉定性预测分析方法和定量预测分析方法,了解两种预测分析方法的区别。
3. 熟练应用各种具体的定性预测方法。
4. 熟练应用各种具体的定量预测方法。
5. 树立精准思维,精准地解决工作学习中的突出问题,养成精准思维习惯。

### 开篇案例与思考

2020年12月,由中国碳论坛等组织机构共同编写的《2020年中国碳价调查报告》(下称"报告")发布。报告称,目前我国重点排放企业已在为碳市场的建立积极筹备,业内普遍认为,全国碳排放交易体系预计将在未来五年内趋于成熟与完善。

这一报告收集了近六百位各行业人士对于中国碳市场预期的反馈。在受访者之中，约有32%来自当前我国碳市场试点地区。报告结果显示，约半数的受访者预计，电力行业将是首先纳入交易的重点领域，随后碳市场涵盖范围最有可能纳入水泥、钢铁、化工、电解铝等重点排放行业。同时，超过70%的受访者认为，在2025年前我国能够建立一个成熟完善的碳市场。

报告预测称，在建立之初，全国碳排放权交易价格预期约为49元/吨，到2030年碳价有望达到93元/吨，并于21世纪中叶超过167元/吨。同时，考虑到我国在调查开展之后作出了碳中和承诺，报告认为，最新价格预期很可能高于调查结果。

在2013—2016年期间，我国已在北京、重庆、上海、天津、深圳五个城市以及广东、湖北和福建三个省份相继启动碳市场试点，在配额分配机制、覆盖行业、抵消机制等方面进行了尝试。在2020年11月，生态环境部发布《全国碳排放权交易管理办法(试行)》和《全国碳排放权登记交易结算管理办法(试行)》，并就两个文件公开征求意见，也成为了自碳市场试点启动以来首次发布的国家层面系统性规则。

(资料来源：人民网.调查报告：全国碳市场预计五年内趋于成熟.2020-12-16，https://baijiahao.baidu.com/s?id=1686194578793893279&wfr=spider&for=pc.)

问题分析：

1. 你认为这些受访者的回答令人信服吗？为什么？
2. 这些预测结果是基于什么因素、变量、条件的？
3. 中国相关部门的相关行为，会对未来的市场产生影响吗？会产生什么影响？在未来，中国相关部门可能还会有哪些后续行动？

请结合本章的后续知识点深入思考。

# 第一节　工业品市场预测基础

**课前思考**

> 对工业品市场进行预测，需要注意哪些方面？进行工业品市场预测时，可能有哪些步骤？有哪些方法可以对工业品市场的发展趋势进行预测？

工业品市场预测的本质是对影响工业品市场供求变化的各种要素进行研究。工业品市场预测的内容是通过使用科学的研究方法，分析、评估、预测未来工业品市场的商品供求变化趋势以及各种相关要素的时空变化。工业品市场预测的目的是最大程度地降低不确定因素带来的风险与负面影响，并为工业品营销决策提供科学依据。

工业品市场调查和工业品市场预测存在着一定的差异。它们之间的区别在于，工业品市场调查的目的是了解当前的工业品市场状况；而市场预测的目的是探索未来的工业品市场状况。

## 一、工业品市场预测的要求

如果工业品市场预测的精确度越高，那么预测结果也就能够更好地运用于工业品营销实践中。但是，需要注意的是，工业品市场预测是基于现有数据与条件的，预测结果存在误差的概率非常大。因此，为了提高预测结果的精确度，我们需要掌握工业品市场预测活动的一些基本要求。总体而言，工业品市场预测活动需要保证经济性、持续性、科学性、客观性、及时性、全面性等要求。

经济性体现在工业品市场预测活动需要消耗一定的资源，如金钱、时间、人力等，因此工业品市场预测活动需要因地制宜、因人而异、量力而行、量体裁衣，避免盲目求大求全，而应当追求经济效益最大化。

持续性体现在市场是不断变化的，不会在某一个具体的时间点上停留不动，因此，工业品市场预测活动也需要有一定的持续性。工业品市场预测活动是一场持久的马拉松，不能够做完一次工业品市场预测活动之后就万事大吉、束之高阁、置之不理了。

科学性体现在工业品市场预测活动所需要的资料、信息、数据等，需要通过筛选、归纳、总结等过程，科学地反映市场环境、预测对象及其活动规律。工业品市场预测过程中所建立的模型也需要具备科学性，在正式预测前需要进行预测试，以提高预测的科学性，让预测人员更好地理解事物的本质。另外，资料的选取也要具备一定科学性。近期资料、数据对预测结果的影响更大，而时间久远的资料、数据对预测结果的影响相对较小；发表在高水平科学期刊上的学术论文比发表在普通期刊上的科普论文往往更具有科学性，等等。

客观性体现在，工业品市场预测的内容是客观的市场活动及其影响要素，但是，工业品市场预测这种行为本身就是人的主观活动，因此，工业品市场预测活动要求人不能随意预测，预测时不能带有主观偏见，更不能对预测结果弄虚作假。

及时性体现在，工业品市场预测结果需要及时地让工业品市场营销人员知晓。任何一条预测信息对于工业品营销人员来说，都是可能的机会或风险，越早把握并分析预测信息，营销人员就越能更有效地作出市场预判和相应对策。信息越及时，可预料的因素就越多，未知性就越少，预测误差就越小，风险也就越少。

全面性体现在，影响工业品市场活动的因素包括很多，如经济、政治、地理、社会、文化、科技、伦理等，这些因素共同作用，使工业品市场活动显得较复杂。因此，工业品市场预测人员需要具备全面性的知识和经验，能从不同领域、不同角度，全面性地归纳市场活动及其变化趋势，进而作出全面性的预测，避免出现以偏概全、管中窥豹的情况。

## 二、工业品市场预测的步骤

工业品市场预测一般分为五个步骤，即确定预测目标、收集相关资料、选择预测方法并建立预测模型、分析预测误差、编写预测报告等。完整地进行五个步骤，可以更好地保证工业品市场预测结果的准确性。现在，我们来具体了解一下这五个步骤。

### (一)确定预测目标

第一个步骤：确定预测目标。确定具体的预测目标，目的是为了更好地了解研究对象与预测重点，进而提高工业品市场预测的效率。举例来说，我们想要预测某一款机床明年的需求量，就是一个相当具体的预测目标。预测目标确定之后，我们才能够更有针对性地收集相关资料，分析市场环境，选择预测方案，确定技术手段。配备所需资源，编制所需预算等。

### (二)收集相关资料

第二个步骤：收集相关资料。收集包括信息、数据、文本在内的各种资料是工业品市场预测过程中的重要基础工作，只有充分地收集有用的资料，才能够为后续的工业品市场预测提供理论依据。工业品市场预测所需要的资料主要包括两类，分别是现实资料和历史资料。现实资料是指在进行工业品市场预测时，当前市场活动及各种影响要素的相关资料。现实资料可以是市场预测人员根据实际情况，对市场进行调研或调查的结果，也可以是从各种调查统计机构处(如国家统计局等)获得的第三方资料。历史资料是指在进行工业品市场预测时，之前的一段历史时期内，市场及各种影响要素的相关资料。历史资料反映了市场以及各种影响要素在以前一段时间内的变化情况和发展规律。

### (三)选择预测方法并建立预测模型

第三个步骤：选择预测方法并建立预测模型。在工业品市场预测过程中，我们可以用到很多种方法，每一种方法都被证明是有用的，但是请注意，并不是每一种方法都适用于任何一个被预测的情境。预测方法选取不当，可能会严重影响预测结果的准确性和可靠性，进而使工业品市场营销人员作出不当甚至是错误的营销决策。因此，工业品市场营销人员需要根据工业品市场预测的时间、目的、费用、条件、资源等多方面的因素，综合考虑最合适的预测方法。一般来说，对于同一个预测目标，我们可以同时使用两种甚至更多的预测方法，通过比较采用不同预测方法所得到的结果，我们可以选择最合适的预测结果，以提高预测活动的准确性。进行工业品市场预测时，我们可能还需要根据实际情况建立合适的预测模型。预测模型需要满足预测要求，并且尽量简单易懂、通俗实用。

### (四)分析预测误差

第四个步骤：分析预测误差。预测本身就是一种估计、推测，它与真实情境之间存在着一定误差。同时，预测模型又是一种简化了的数学模型，往往不可能包括所有的影响要素，因此，出现误差是非常常见的。产生预测误差的原因有很多，举例来说，预测人员在收集相关数据时，可能会对被访问者施加影响，透露其个人偏好，进而让被访问者作出不真实甚至是错误的回答；收集的资料不全面、有遗漏；有偏见性地忽略某些统计数据，篡改某些统计数据的值；预测流程的设计不完整，预测方法的选择不得当，预测模型的建立有缺陷，等等。所以，在进行预测之后，我们往往需要将数学模型所计算出的理论值与过去同期的实际值进行比较，计算预测误差，估计预算结果的可信度；同时，我们还要分析数学模型所产生的误差大小，以便对模型作出后续的改进。

一般而言，步骤三(选择预测方法并建立预测模型)与步骤四(分析预测误差)是可以同步进行的。

以上几个工业品市场预测步骤联系密切，可以同时进行、分步进行、交叉进行。工业品市场预测人员可以根据预测的具体实际和目标，对各个步骤进行灵活、统筹安排。

### (五)编写预测报告

第五个步骤：编写预测报告。工业品市场预测报告是对预测工作所进行的书面总结，一般而言，预测报告主要用来向利益相关者进行预测结果的汇报与展示。关于预测报告的内容，除了要直观地展示预测数字、预测结果外(最好使用图表进行可视化展示)，还应该包括资料与数据的收集和处理过程(证明对相关领域的了解程度与数据筛选的正确性)、选用的预测方法与建立的预测模型(证明方法与模型在理论上的正确性)、对预测模型的检验(证明预测模型的可行性)、对预测结果的描述与分析(结论分析需要通俗易懂、直白明了)、其他需要说明的意见或建议、本次预测活动可能存在的问题等。

## 三、工业品市场预测分析方法的选择

预测方法没有好坏、优劣之分，只有合适与不合适的区别。工业品市场的预测方法主要可以分为定性预测分析方法和定量预测分析方法这两类。目前，在工业品市场预测方法的选择上，存在着这样一个趋势：同时使用定性预测分析方法和定量预测分析方法，并更多地结合大数据、区块链、云计算、机器学习、人工智能等技术，进行综合性、复杂性的市场预测。

### (一)定性预测分析方法

定性预测分析方法是指通过依赖人在该领域的相关经验与知识，判断事物未来发展趋势的一种预测方法。我们可以简单地理解为，定性预测分析方法就是确定事物性质的一种预测方法。定性预测分析方法需要预测人员首先对已有信息进行理解与归纳，然后基于相关知识和理解进行个人预测与判断，因此，这要求预测人员具备一定的主观判断能力。

定性预测分析方法往往适用于以下这些情况：在当前情境下，一些事物只能模糊地观察到现象或状态，无法很好地探究其本质，更无法通过数据统计进行描述；或者一些事物的发展趋势需要由预测人员进行集体研判。在定性研究中，集体进行预测非常有用，因为它能够保证"集中力量办大事"，集中绝大部分预测人员的智慧，减小因个人主观性与片面性所造成的预测误差。

定性预测分析方法往往要求预测人员具有相关领域或行业的生产、工作经验，同时，也要有从事预测活动的相关经验。另外，预测人员需要善于收集相关信息和数据资料，而且能够从这些信息、数据资料中，寻找"蛛丝马迹"，全面、客观地分析事物的发展趋势。当然了，预测人员还需要尊重客观实际，避免将主观情绪强加于工业品市场预测活动中，进而增加预测误差。

定性预测分析方法较简便，容易学习并上手；定性预测分析方法的用时较少，费用相对较低，应用范围较广。举例来说，当我们想要进行探索性分析时(如轴承厂想要知道下一年的市场可能会出现哪些变化)，往往会采用定性预测分析方法，且预测效果也较明显。但是，我们也很容易发现，在使用定性预测分析方法进行工业品市场预测时，往往会遇到一些棘手的问题，如预测过程往往会包含较多的个人主观因素；对数量的分析较少(对数字不敏感)；定性预测分析方法的精确度会受到一定的影响等。因此，使用定性预测分析方法时，人们往往会同时结合定量分析方法，进而让工业品市场预测的结果更全面、更科学、更准确。

具体而言，定性预测分析方法可以细分为指标法、专家预测法、销售人员意见综合预测法、购买意向调查预测法等，在本章第二节中，我们将会进行更详细的应用展示。

### (二)定量预测分析方法

定量预测分析方法是指通过使用数学方法，利用计算机技术，对数据资料进行分析，进而对事物发展的趋势进行数量方面预测的一种方法。我们可以简单地理解为，定量预测分析方法就是确定事物数量的一种预测方法。与定性预测分析方法相比，定量预测分析方法具有一些显著的优点。举例来说，定量预测分析方法更加依靠数据，因此相对来说更客观；同时，定量预测分析方法是通过建立数学模型，进行数学计算后得出预测结果的，因此相对来说更容易令人信服。目前，定量预测分析方法已经大量运用于工业品市场预测活动中。

定量预测分析方法主要是通过分析市场上的各个影响要素，找到要素间或变量间的相关关系(也称为相关性)或因果关系(也称为因果性)，建立数学模型，进行一定的数字运算，进而得出预测结果。举例来说，在龙门吊这一工业品行业里，产品龙门吊的销售量决定了其销售额。如果销售量是自变量(能够影响其他变量的一个变量)，那么我们可以将其设为 $X$，此时，销售额是因变量(随其他变量变动而产生变化的一个变量)，我们将其设为 $Y$，那么，它们之间的关系可以用函数式 $Y=f(X)$ 来进行表示，该函数式展现了销售额与销售量之间的关系。具体而言，如果变量之间的关系不能够确定地描述，那么这种关系就称为相关关系；如果变量之间的关系能够确定地描述，那么这种关系则称为因果关系。

使用定量预测分析方法需要注意：需要有较为充足的数据、资料；影响预测对象变化的要素相对来说要较稳定；能从要素或变量之间的联系中找出一定的规律，并通过这种规律建立起数学模型。当然了，定量预测分析方法仍然存在着一些局限性：在实际的工业品市场预测活动中，由于影响预测对象变化的要素往往较多，我们不可能将所有的要素全盘考虑到，因此，所构建的数学模型往往难以包含所有的要素；另外，有些数据可能非常难以获取，甚至有些数据的真实性令人存疑，因此，定量预测分析方法的可信度也难以得到绝对保证。

具体而言，定量预测分析方法可以细分为简单平均预测法、移动平均预测法、指数平滑预测法、回归分析预测法等，在本章第三节中我们将会进行详细阐述。

### (三)两种预测分析方法的区别

定性预测分析方法与定量预测分析方法存在着一些差异，主要在于这两种预测方法的适用背景有所不同。定性预测分析方法的适用背景是：相关市场的数据和资料较少甚至没有，需要依靠预测人员的理论素养、实践经历、分析能力、判断能力等，对事物的发展趋势作出预测。定量预测分析方法的适用背景是：当前市场的数据和资料相对较充足，可以基于市场当前或之前的表现，通过分析不同的影响要素或变量间的关系，预测未来事物的发展变化趋势。

另外，这两种预测方法的使用难度也有所差异。定性预测分析方法相对比较容易掌握，灵活性往往也比较高。举例来说，当我们要对未来事物发展趋势的具体数量进行预测时，如果想要使用定性预测分析方法的话，我们往往会使用更灵活的主观判断、分析形式，而不是使用数据统计和建模运算。与之相比，定量预测分析方法相对比较难以掌握，因为预测人员需要具备一定的数学计算能力和软件操作技能。

## 第二节　定性预测分析方法

你认为什么叫作"定性预测"呢？定性预测有什么特点？我们可以怎么做，以进行"定性预测"呢？

有时候，我们难以完全找到预测对象的影响要素，难以分清各影响要素的主次关系，难以用函数式表达主要要素，难以建立数学模型进行预测。换言之，我们有时需要探索性地了解事物本身，确定事物的性质，而此时，我们就可以使用定性预测分析方法进行预测了。定性预测分析方法在工业品营销领域中有着较广泛的应用，预测人员基于自己的理论知识、行业背景、过往经验、已有资料、分析能力等，对事物的发展趋势作出预测。接下来，我们将重点介绍几种工业品市场预测的定性分析方法：指标法、专家预测法、销售人员意见综合预测法、购买意向调查预测法。

## 一、指标法

指标法是指基于有限的数据资料，通过对比一些统计指标，利用最简单的数据处理方法，进行预测判断的一种定性预测分析方法。指标法用到的统计指标往往包括平均数、平均增减量、增减量等。

预测其实就是提前预知预测对象未来的变化，但是预测对象往往不可直接被观察到，或者当我们观察到其变化时，我们已经不用再预测了(因为预测对象已经事实上发生变化了)。因此，我们可以观察其他与预测对象具有相似性的变量指标，当我们观察到那些变量发生变化时，我们就能判断我们真正想要预测的对象的变化了，而这就是指标法为何具有有效性的原因。

我们可以将与预测对象的变化具有一定相似性的变量分为三类。第一类变量被称为领先指标。领先指标出现波峰或波谷的时间(也就是产生变化的时间)往往早于预测对象。第二类指标被称为同步指标。同步指标出现波峰或波谷的时间往往与预测对象的变化时间相一致。第三类指标被称为滞后指标。滞后指标产生变化的时间往往要比预测对象产生变化的时间要晚。举例来说，上海市计划在全市范围内修建公租房，防水卷材、工地木方、建筑钢跳板等建筑材料需求量的领先指标可以是上海市基础设施建设投资预算。一般而言，政府往往会提前公布当年的基础设施建设投资预算，然后再进行基础设施建设，因此我们可以使用"基础设施建设投资预算"这一领先指标，来预测建筑材料的需求量。而上海市进行公租房建设所需要的防水卷材、工地木方、建筑钢跳板等建筑材料的需求量彼此之间互为同步指标，而且相互之间存在着一定的比例关系，如果某一种建筑材料的需求量有所增加，那么就意味着另外两种建筑材料的需求量也会有所增加。因此，通过分析同步指标的变化情况，可以预测其他同步指标的变化趋势。国内生产总值或地区生产总值可以被看作是建筑材料需求量的滞后指标，当进行基础设施建设后，当地经济往往会得到发展，地区生产总值往往会有所提高，因此，滞后指标能够帮助我们验证领先指标所表示的趋势是否是真实的。

在这里，我们着重介绍使用领先指标的预测，因为这种预测方法是最简单的。很多事物都可以被认为是随着时间推移而不断变化发展的变量，这些变量的变化曲线往往存在着一定的相似性。因此，我们可以把以前某种事物的变化情况作为参照，进而对相似事物稍后将会发生的趋势进行预测。

那么，领先指标法的具体预测步骤是怎样的呢？步骤一：根据预测目标，找到领先指标。举例来说，位于新疆乌鲁木齐市的工业品营销人员想要预测本地塑料产品未来的价格变动趋势，那么可以把国际石油价格的变动当作领先指标(塑料是从石油中提炼出来的)。步骤二：画出领先指标的时间变化曲线。这一步骤需要工业品预测人员对已有数据和行业经验进行归纳和总结。步骤三：确定领先指标的领先时间段。举例来说，我们通过搜集、分析行业数据可以得知，国际石油价格产生变动的三个月后(假设)，乌鲁木齐本地塑料产品的价格便会应声而动，因此，领先时间段就可以设定为三个月。步骤四：使用领先指标法进行预测。举例来说，通过已有经验判定，国际石油价格将从5月起开始上涨，那么，根据在之前步骤中得出的结论，可以预测，乌鲁木齐本地塑料产品的价格将会在8月起开始上涨。

请注意，指标之间的关系是通过已有经验或数据确立的，而国家政策的变化可能会改变这种关系；同时，领先指标和预测对象之间的领先时间段也不是固定不变的。因此，我们需要认真分析，确认指标之间的关系和领先时间段是否仍然存在，这有助于我们减少预测过程中产生的风险与误差。在工业品行业，领先指标法还可以用于对制成品价格变动的预测(原材料价格的变动为领先指标)。

## 二、专家预测法

专家预测法是指工业品市场营销人员对专家进行访谈，基于专家的专业知识与行业经验，获取相关信息，然后再通过分析外部环境，对事物的发展规律进行预测。有时候，我们甚至可以直接向专家请教，请他们直接对事物的发展规律进行预测。专家预测法具体包括个人判断法、集体判断法、德尔菲法等。

### (一)个人判断法

个人判断法是指工业品市场营销人员对专家个人直接进行调查访问的一种方法。这种方法依靠个别专家的专业知识与行业经验，对事物的发展趋势直接进行预测。个人判断法的优点是：专家的个人能动性得到了极大发挥；外界干扰较小；简单方便易操作；成本相对较低等。但是，个人判断法也有一些缺点，举例来说，专家的知识面、个人偏好、对行业的了解程度、对已有资料的收集充分程度、个人对该事件的预测兴趣与能力等，都会对预测的准确性带来不确定性影响。所以，当我们使用个人判断法进行预测时，最好与该专家进行多次沟通，优化预测方案；同时，个人判断法最好与其他预测方法同时结合使用，以提高预测结果的精确度。

### (二)集体判断法

我们可以这样简单地理解：集体判断法是个人判断法的升级版本。集体判断法是指将多个专家集合在一起，通过召开集体会议，对事物的发展趋势进行判断并得出一致结论的一种判断方法。由于有多位专家同时参与判断过程，因此，整个预测过程所掌握的信息量往往大于个人判断法所掌握的信息量，而且还能汇聚多人的集体智慧，弥补了个人判断法的不足。但是，集体判断法也存在着一些明显的缺点，举例来说，与会的专家可能存在着利益相关性，一些位高权重专家的意见可能占有更大的比例，而一些地位低、权力小的专家为了迎合该专家，可能会作出违心的判断；同时，集体会议的过程中会有各种意外状况发生，专家的讨论或辩论可能会让会议进入冲突、矛盾的状态。因此，使用集体判断法时，需要注意每一位参与会议的专家都须受到同等的对待，每个人的意见都可以得到毫无保留的表达；同时，会议时长需要严格控制，时间过长会降低讨论效率，进而提高预测误差。

### (三)德尔菲法

德尔菲法是指这样一种方法：通过聘请一些专家，请他们通过不会面的形式，分别与预测人员进行交流，独立地回答预测人员所提出的问题，并以独立匿名的形式，对事物的发展作出预测；然后预测人员对不同专家的预测结果进行计算，并将答案分别反馈给各位专家；经过多次征询、修改、反馈，最终预测人员确定预测结果。德尔菲法的优点是，它避免了集体判断法的缺陷。在德尔菲法中，专家们可以独立地发表意见，不用为了迎合某位"位高权重"的专家而作出违心的决策。

使用德尔菲法进行预测，一般有以下四个步骤。第一步：资料准备。搜集相关性数据和资料，准备好需要向各位专家提出的问题。第二步：初步征询。邀请相关领域的专家若干名，并成立专家小组，将问题分别发送给各位专家，请他们进行匿名评审，各位专家之间不要进行沟通交流。待各位专家分别对相关问题作出初次分析预测后，在规定日期内反馈答案。第三步：修改与再征询。首先将各位专家寄回的意见进行总结，归纳出各种可能的预测结论，并对各预测结论予以说明解释；然后，将各结论再次发送给专家，请他们按照第二步的方式，比较自己与他人的意见后，修改自己的预测判断，并独立匿名地作出新的预测判断，然后按时反馈给预测人员。如此反复多次，直到每一位专家不再修改自己的预测意见为止。一般而言，经过 3~4 次的征询与修改，各位专家的预测判断便不会再有变动。第四步：确定预测值。综合各位专家的预测意见，经过数学运算，得出市场预测的结论。

下面我们具体来看一个案例。A 公司主要向全国各高校出售商科实训软件，该公司的市场预测人员需要对下一年的销售额进行预测。他们征询了七位专家的意见，使用德尔菲法进行征询、修改，得出的结果如表 4-1 所示。

表 4-1 销售额预测值

单位：万元

| 征询次数 | 专家 | | | | | | | 中位数 | 极差 |
| --- | --- | --- | --- | --- | --- | --- | --- | --- | --- |
| | 1 | 2 | 3 | 4 | 5 | 6 | 7 | | |
| 1 | 100 | 100 | 80 | 73 | 50 | 75 | 45 | 75 | 55 |
| 2 | 90 | 100 | 80 | 70 | 59 | 75 | 55 | 75 | 45 |
| 3 | 86 | 90 | 80 | 78 | 70 | 76 | 65 | 78 | 25 |
| 4 | 86 | 90 | 80 | 78 | 70 | 76 | 65 | 78 | 25 |

我们可以发现，在进行第一次征询之后，专家们汇总得到的中位数是 75 万元，级差达到了 55 万元，这意味着，专家们的意见相对而言比较分散。之后，预测人员将各轮的结果分别反馈给各位专家，专家们基于反馈意见，对自己的预测值进行了修改，且修改后的预测值与中位数越来越接近，这导致极差逐渐减小。在进行第四次征询之后，每位专家都确定了自己的预测值，且不再进行修改，此时，我们可以得到最终的预测值，即下一年的销售额约为 78 万元。

## 三、销售人员意见综合预测法

销售人员意见综合预测法是指工业品市场预测人员直接询问销售人员的意见，以进行预测的方法。销售人员是最接近一线市场的人,所谓"春江水暖鸭先知",就是这个道理。销售人员包括直接从事一线销售的人员、销售部门的主管、其他相关业务部门的工作与管理人员等。使用这种预测法时,每一名销售人员都需要基于自己的知识与对行业的理解,给出自己所认为预测对象可能的最高值、最低值、最可能值,且各位销售人员需要就所预测的最高值、最低值、最可能值出现的概率形成一致意见。

销售人员意见综合预测法的计算过程为:现在有 $n$ 名销售人员进行预测,$j=1$,$j=2$,$j=3$,分别表示预测的最高值、最低值、最可能值($j=1, 2, 3$),最高预测值的概率为 $P_1$,最低预测值的概率为 $P_2$,最可能预测值的概率为 $P_3$。其中第 $i$ 名销售人员($i=1, 2, 3, \cdots, n$)给出的预测值是 $V_{ij}$,那么,第 $i$ 名销售人员的预测值是 $P_i = \sum_{j=1}^{2} P_j V_{ij}$。如果第 $i$ 名销售人员的个人意见权重(各个销售人员的意见权重可以由预测人员自行确定)为 $W_i$,那么,最终的预测结果是 $V_i = \sum_{i=1}^{n} W_i V_i$。

接下来,我们一起来看一个案例。A 公司主要向全国各高校出售商科实训软件,该公司的市场预测人员需要对下一年的销售额进行预测。他们征询了该公司销售部总经理、副经理、销售专员三个人的意见,且他们认为,总经理的行业经验更丰富,知识储备更充足,因此总经理的意见权重相对要更高一些。他们还认为,最可能预测值的出现概率要比最高值和最低值的出现概率大一些。相关数据如表 4-2 所示。

表 4-2 销售额预测值

单位:万元

| 销售人员 | 最高值 | 最低值 | 最可能值 | 意见权重 |
| --- | --- | --- | --- | --- |
| 总经理 | 90 | 70 | 80 | 0.6 |
| 副经理 | 100 | 60 | 70 | 0.3 |
| 销售专员 | 80 | 40 | 60 | 0.1 |
| 概率 | 0.3 | 0.3 | 0.4 | |

此时,总经理的预测值是 $V_i = 0.3 \times 90 + 0.3 \times 70 + 0.4 \times 80 = 80$(万元),副经理的预测值是 $V_2 = 0.3 \times 100 + 0.3 \times 60 + 0.4 \times 70 = 76$(万元),销售专员的预测值是 $V_2 = 0.3 \times 80 + 0.3 \times 40 + 0.4 \times 60 = 60$(万元)。最终的预测值是 $V = 0.6 \times 80 + 0.3 \times 76 + 0.1 \times 60 = 76.8$(万元)。

## 四、购买意向调查预测法

工业品市场预测人员还可以通过发放问卷,征询潜在采购者在未来一段时期内的购买意向或购买数量,进而预测事物的发展趋势。在工业品行业中,采购者产生了市场需求,因此征询潜在采购者的真实购买意向,有利于预测人员更好地做出市场预测。这种方法适用于大多数工业品行业,因为工业品行业的多数产品或服务属于生产资料或耐用品,影响采购者购买意向的因素相对于日常消费品的因素来说要相对少一些。

我们来看一个案例。依旧还是向全国各高校出售商科实训软件的 A 公司,该公司想要预测下一年的合同签订数。该公司的市场预测人员随机对高校的 200 个相关采购人员进行了调查(即样本为 200 个),调查结果如表 4-3 所示。

表4-3 预计合同签订意向

| 签订意向 | 样本数/个 | 样本占比/% |
| --- | --- | --- |
| 一定会签订 | 30 | 15 |
| 可能会签订 | 40 | 20 |
| 尚未确定 | 60 | 30 |
| 可能不会签订 | 50 | 25 |
| 一定不会签订 | 20 | 10 |
| 总计 | 200 | 100 |

对于上述调查，我们需要进行加权处理，因为购买意向与实际购买行为会存在一定的区别。回答"一定会签订"和"可能会签订"的采购者可能会夸大采购倾向，这是因为他们的回答可能没有经过仔细考虑，只是碍于"面子"而给采购人员肯定的答复，所以，我们不能够完全相信他们的答案。同时对于回答"可能不会签订"和"一定不会签订"的采购者，我们也不能够完全相信他们的答案，因为他们可能"嘴上说着不要，行动却很诚实"，他们可能最终会因为各种各样的原因而签订合同。因此，我们需要对不同的答案进行加权处理。举例来说，我们可以根据自己的已有知识和行业经验，对各选项进行人工赋权：对"一定会签订"的采购者赋权0.8，对"一定不会签订"的采购者赋权0.02，具体我们可以参考表4-4。

表4-4 加权百分比计算

| 签订意向 | 样本占比/% | 人工加权 | 加权百分比/% |
| --- | --- | --- | --- |
| 一定会签订 | 15 | 0.8 | 12 |
| 可能会签订 | 20 | 0.5 | 10 |
| 尚未确定 | 30 | 0.2 | 6 |
| 可能不会签订 | 25 | 0.05 | 1.25 |
| 一定不会签订 | 10 | 0.02 | 0.2 |

此时，平均签订的可能性 P=12%+10%+6%+1.25%+0.2%=29.45%。我们知道，未来一年的合同签订数=地区高校总数量×平均签订的可能性，而通过行业内部资料，该企业的预测人员可以查询到，该地区的高校总数量约为120所，因此，未来该公司的合同签订数量约为120×29.45%≈35(所)。

当然了，如果觉得手工计算比较麻烦，可以使用Excel进行计算。

## 第三节 定量预测分析方法

> **课前思考**
>
> 你认为什么叫作"定量预测"呢？定量预测有什么特点？我们可以怎么做，以进行"定量预测"呢？

定量预测分析方法是指根据市场的历史数据，通过选择适当的数学方法，建立预测模型并进行计算，进而预测事物未来变化趋势的一种预测方法。定量预测分析方法包括简单平均预测法、移动平均预测法、指数平滑预测法、回归分析预测法等。

## 一、简单平均预测法

简单平均预测法，顾名思义，就是一种非常简单的，通过计算平均数，以预测事物发展趋势的一种方法。简单平均预测法是指通过计算观察周期内所有相关数据的平均数，并以此平均数作为预测值的方法。在 $n$ 个观察周期中，各周期的观察值为 $Y_i$，简单平均数的计算公式为 $\bar{Y} = \dfrac{\sum_{i=0}^{n} Y_i}{n}$，而这个平均数就是下一期的预测值了。

下面我们具体来看一个案例。B 公司主要向全国各汽车制造企业提供员工培训服务，该公司的市场调研人员需要对下一年的销售额进行预测。该公司在之前的几年间，已经对当年的销售额进行过预测，同时也与当年的实际销售额进行了对比，具体数据如表 4-5 所示。由于该方法较简单，因此我们采用手工计算进行讲解，暂不使用 Excel。

表 4-5  B 公司销售额变动

单位：万元

| 年度 | 预测销售额 | 实际销售额 | 预测误差 |
| --- | --- | --- | --- |
| 第一年 | 40 | 38 | −2 |
| 第二年 | 42 | 40 | −2 |
| 第三年 | 40 | 43 | +3 |
| 第四年 | 45 | 44 | −1 |
| 第五年 | 46 | 42 | −4 |
| 第六年 | 46 | 48 | +2 |
| 第七年 | 46 | 46 | 0 |
| 第八年 | 48 | 50 | +2 |
| 第九年 | 52 | 51 | −1 |
| 第十年 | 53 | 54 | +1 |

前十年的平均值为：$\bar{Y} = \dfrac{\sum_{i=0}^{n} Y_i}{n} = \dfrac{38+40+43+44+42+48+46+50+51+54}{10} = 45.6$ 万元，因此，下一年的预测值即为 45.6 万元。如果计算平均绝对误差，那么误差 $= \dfrac{\sum |e_i|}{n} = \dfrac{2+2+3+1+4+2+0+2+1+1}{10} = 1.8$ 万元；如果用标准差指标测量预算误差，那么误差 $= \sqrt{\dfrac{\sum e_i^2}{n}} = \sqrt{\dfrac{4+4+9+1+16+4+0+4+1+1}{10}} = \sqrt{4.4} \approx 2.10$ 万元。

我们可以发现，基于简单平均预测法算出的第 11 年销售额预测值约为 45.6 万元，预测的标准误差约为 1.8 万元(或 2.1 万元)。这说明，简单平均预测法对短期趋势的测量具有一定的误差。这种方法没有办法观测到观察值的变动趋势，如果观察值在观察时期内的变动范围较大的话，那么，通过这种方法得到的预测结果，其精确度往往会有所降低。

## 二、移动平均预测法

移动平均预测法是指根据新发生的实际数字，不断地修改平均值的预测方法。换言之，就是相继移动地计算若干时期的平均值,并作为下一期的预测值。接下来我们将具体说明,如何通过 Excel,使用移动平均预测法进行定量预测分析。

在使用 Excel 前,我们需要先安装分析数据库,分析数据库的安装过程如下(在接下来的几种方法中会再次用到分析数据库)。以安装在 Windows 操作系统的 Microsoft Excel 为例,在"文件"主菜单中选择"选项"命令,打开"Excel 选项"对话框,选择"加载项"选项,单击下方的"转到"按钮,打开"加载项"对话框。在"可用加载项"选项区域中选择"分析工具库"选项,单击"确定"按钮。这时,我们回到"数据"主菜单,会看到"数据分析"按钮。"Excel 选项"对话框、"加载项"对话框和"数据分析"按钮分别如图 4-1、图 4-2、图 4-3 所示。

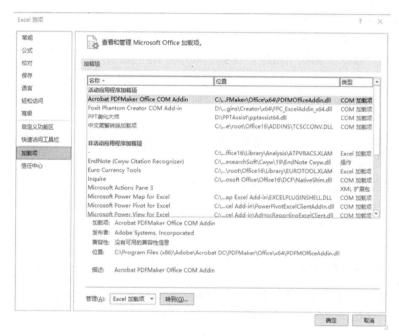

图 4-1 "Excel 选项"对话框

图 4-2 "加载项"对话框

图 4-3 "数据分析"按钮

### (一)使用移动平均预测法预测短期趋势

我们来看以下案例：B 公司主要向全国各汽车制造企业提供员工培训服务，该公司的市场调研人员需要对下一年的销售额进行预测。

步骤一：如图 4-4 所示，在 Excel 表中输入相关数据。选择"数据"主菜单的"数据分析"命令，打开"数据分析"对话框，选择"移动平均"选项，然后单击"确定"按钮，如图 4-5 所示。

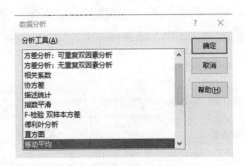

图 4-4 案例数据　　　　图 4-5 "数据分析"对话框

步骤二：在"移动平均"对话框中，按照图 4-6 进行参数设置，然后单击"确定"按钮，返回主界面，得到如图 4-7 所示的结果。

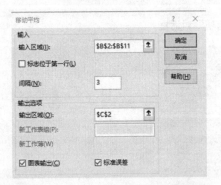
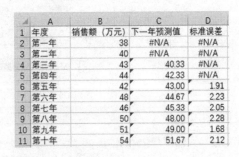

图 4-6 "移动平均"对话框中的参数设置　　图 4-7 分析结果

我们可以发现，基于移动平均预测法计算出的第 11 年销售额预测值约为 51.67 万元，预测的标准误差约为 2.12 万元。

### (二)使用移动平均预测法预测长期趋势

我们来看以下案例。依旧是主要向全国各汽车制造企业提供员工培训服务的 B 公司，该公司的市场调研人员现在掌握了更详细的数据(见图 4-8)，他们需要对未来若干个月的销售额进行预测。在这个案例中，我们将使用散点图进行预测。

| | A | B | C | D |
|---|---|---|---|---|
| 1 | | 第八年 | 第九年 | 第十年 |
| 2 | 1月 | 2.1 | 2.0 | 2.2 |
| 3 | 2月 | 1.3 | 1.4 | 1.2 |
| 4 | 3月 | 3.1 | 3.5 | 3.6 |
| 5 | 4月 | 4.4 | 4.3 | 4.5 |
| 6 | 5月 | 5.0 | 5.8 | 5.9 |
| 7 | 6月 | 5.6 | 5.8 | 6.2 |
| 8 | 7月 | 6.2 | 6.0 | 6.9 |
| 9 | 8月 | 6.9 | 6.8 | 7.1 |
| 10 | 9月 | 5.6 | 6.9 | 6.9 |
| 11 | 10月 | 3.3 | 3.2 | 3.4 |
| 12 | 11月 | 4.8 | 3.3 | 3.9 |
| 13 | 12月 | 1.7 | 2.0 | 2.2 |

图 4-8　案例详细数据

步骤一：如图 4-9 所示，我们需要将图 4-8 中的数据进行重新编辑，将"月份"转变为"月数"：第 9 年的 1 月变为总计第 13 月，第 10 年的 1 月变为总计第 25 月，第 10 年的 12 月变为总计第 36 月。

| | A | B | C |
|---|---|---|---|
| 1 | 年份 | 月数 | 销售额 |
| 2 | 第八年 | 1 | 2.1 |
| 3 | | 2 | 1.3 |
| 4 | | 3 | 3.1 |
| 5 | | 4 | 4.4 |
| 6 | | 5 | 5.0 |
| 7 | | 6 | 5.6 |
| 8 | | 7 | 6.2 |
| 9 | | 8 | 6.9 |
| 10 | | 9 | 5.6 |
| 11 | | 10 | 3.3 |
| 12 | | 11 | 4.8 |
| 13 | | 12 | 1.7 |
| 14 | 第九年 | 13 | 2.0 |
| 15 | | 14 | 1.4 |
| 16 | | 15 | 3.5 |
| 17 | | 16 | 4.3 |
| 18 | | 17 | 5.8 |

图 4-9　重新编辑后的数据

步骤二：选择"插入"主菜单的"散点图"命令，选择第 1 个选项"散点图"(其实选择其他种类的散点图也是可以的，根据个人喜好而定)，单击选择新生成的散点图。选择"设计"主菜单的"选择数据"命令，在弹出的"选择数据源"对话框中单击左侧"图例项(系列)"框中的"添加"按钮。

步骤三：弹出"编辑数据系列"对话框，在"X 轴系列值"列表框中选择 B2 至 B37 列，在"Y 轴系列值"列表框中选择 C2 至 C37 列，如图 4-10 所示。选择完成后单击"确定"按钮。请注意，每个人的工作表可能会有所差异。在该案例中，我们将数据输在了 Excel 工作簿的"表三(Sheet3)"中，因此，"X 轴系列值"和"Y 轴系列值"框中显示了 Sheet3。如果你将数据输在了 Excel 工作簿的"表一(Sheet1)"中，那么，"X 轴系列值"和"Y 轴系列值"框中应当显示 Sheet1。

图 4-10 "编辑数据系列"对话框

步骤四：返回到"选择数据源"对话框，在"图例项(系列)"列表框中选中"销售额"复选框，如图 4-11 所示，然后单击"确定"按钮。

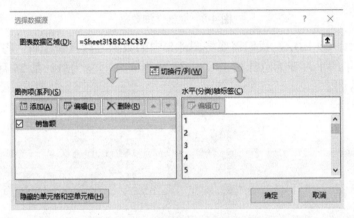

图 4-11 "选择数据源"对话框

步骤五：右击散点图中的任意一个点，从弹出的快捷菜单中选择"添加趋势线"命令，在"趋势线选项"选项组中选择"移动平均"单选按钮，将"周期"设置为 12，如图 4-12 所示。"周期"之所以是 12，是因为我们以一年的 12 个月为一个周期进行测算的。如果我们的数据是以一年的四个季度为一个周期进行统计的话，那么我们应该将"周期"更改为"4"，按回车键，便可以得到最终的趋势线图，如图 4-13 所示。

图 4-12 设置趋势线格式

工业品市场预测

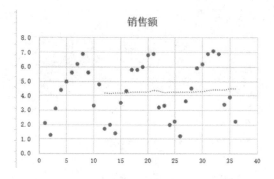

图 4-13 趋势线图

我们可以发现，如果仅以最近三年的数据为依据的话，该公司未来的发展趋势为"平稳发展、稳中见升"。

## 三、指数平滑预测法

指数平滑预测法在工业品营销领域很常用。这种方法经常用来预测事物中短期发展的趋势。指数平滑预测法给予距离预测期最近的观察值最大的权重，然后依次递减，对距离预测期最远的观察值则会给予最小的权重。

来看以下案例：简单平均预测法案例中的 B 公司，现在要使用指数平滑预测法对下一年的销售额进行预测，相关数据如图 4-4 所示。

步骤一：在 Excel 表中输入图 4-4 所示的数据。选择"数据"主菜单的"数据分析"命令，在打开的"数据分析"对话框中选择"指数平滑"选项，单击"确定"按钮，如图 4-14 所示。

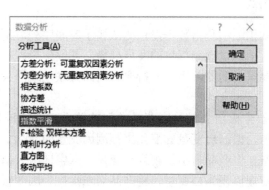

图 4-14 "数据分析"对话框

步骤二：打开"指数平滑"对话框，按图 4-15 进行参数设置。阻尼系数设定为 0.2～0.3 都是合理的。该值表明，应当将当前的预测调整 20%～30%，用来修正前期预测所造成的误差。单击"确定"按钮，返回到主界面，得到的结果如图 4-16 所示。

我们可以发现，基于指数平滑预测法计算出的第 11 年销售额预测值约为 50.65 万元，预测的标准误差约为 2.48 万元。

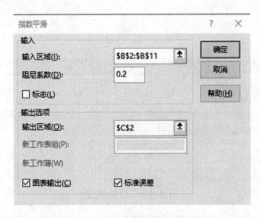

图 4-15 "指数平滑"对话框

| | A | B | C | D |
|---|---|---|---|---|
| 1 | 年度 | 销售额（万元） | 下一年预测值 | 标准误差 |
| 2 | 第一年 | 38 | #N/A | #N/A |
| 3 | 第二年 | 40 | 38.00 | #N/A |
| 4 | 第三年 | 43 | 39.60 | #N/A |
| 5 | 第四年 | 44 | 42.32 | #N/A |
| 6 | 第五年 | 42 | 43.66 | 2.48 |
| 7 | 第六年 | 48 | 42.33 | 2.39 |
| 8 | 第七年 | 46 | 46.87 | 3.55 |
| 9 | 第八年 | 50 | 46.17 | 3.45 |
| 10 | 第九年 | 51 | 49.23 | 3.98 |
| 11 | 第十年 | 54 | 50.65 | 2.48 |

图 4-16 分析结果

## 四、回归分析预测法

前面所说的移动平均预测法和指数平滑预测法属于时间序列分析预测法。时间序列分析预测法主要从时间因素入手，以预测事物的发展趋势，其数学模型往往是时间的函数。而回归分析预测法主要考虑要素之间的关系，分析要素间的关联性或因果性，并据此对事物的发展进行预测。

回归分析预测法主要分析自变量与因变量之间的关系，并通过建立变量之间的回归方程，将方程作为预测模型，根据自变量的变化来预测因变量的变化。举例来说，我们可以将地区人口数量视为自变量，将产品需求量视为因变量，探索地区人口数量变动对产品需求的影响；我们也可以将行业规模视为自变量，将产品需求量视为因变量，探索行业规模变动对产品需求的影响。

在这里，我们将介绍两种回归分析预测法：一元回归分析预测法和二次多项式回归分析预测法。

### （一）一元回归分析预测法

一元回归分析预测法是指根据一个自变量的变化，预测一个因变量变化的预测方法。

来看以下案例。依旧是 B 公司，现在要使用一元回归分析预测法，对第 11 年的销售额进行预测，相关数据如图 4-4 所示。在该案例中，我们设定"年度"为自变量，"销售额"

为因变量(即销售额随着年度的变化而产生变化)。

步骤一：如图 4-17 所示输入相关数据。在该案例中，我们将“年度”转化“年数”。当然，我们也可以直接将自变量“年度”更改为具体的年份数字，如 1998、2035 等。选择“数据”主菜单的“数据分析”命令，在打开的“数据分析”对话框中选择“回归”选项，单击“确定”按钮，如图 4-18 所示。

| | A | B | C |
|---|---|---|---|
| 1 | 年度 | 年数 | 销售额（万元） |
| 2 | 第一年 | 1 | 38 |
| 3 | 第二年 | 2 | 40 |
| 4 | 第三年 | 3 | 43 |
| 5 | 第四年 | 4 | 44 |
| 6 | 第五年 | 5 | 42 |
| 7 | 第六年 | 6 | 48 |
| 8 | 第七年 | 7 | 46 |
| 9 | 第八年 | 8 | 50 |
| 10 | 第九年 | 9 | 51 |
| 11 | 第十年 | 10 | 54 |
| 12 | 第十一年 | 11 | |

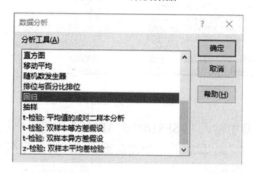

图 4-17　案例数据

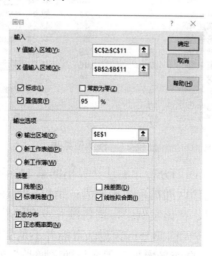

图 4-18　“数据分析”对话框

步骤二：打开“回归”对话框，按照图 4-19 进行参数设置，然后单击“确定”按钮。返回到主界面，得到的结果如图 4-20 所示。

图 4-19　“回归”对话框

| E | F | G | H | I | J | K | L | M |
|---|---|---|---|---|---|---|---|---|
| SUMMARY OUTPUT | | | | | | | | |
| 回归统计 | | | | | | | | |
| Multiple R | 0.944389 | | | | | | | |
| R Square | 0.891871 | | | | | | | |
| Adjusted R | 0.876424 | | | | | | | |
| 标准误差 | 1.631048 | | | | | | | |
| 观测值 | 9 | | | | | | | |
| 方差分析 | | | | | | | | |
| | df | SS | MS | F | ignificance F | | | |
| 回归分析 | 1 | 153.6 | 153.6 | 57.73747 | 0.000126 | | | |
| 残差 | 7 | 18.62222 | 2.660317 | | | | | |
| 总计 | 8 | 172.2222 | | | | | | |
| | Coefficients | 标准误差 | t Stat | P-value | Lower 95% | Upper 95% | 下限 95.0% | 上限 95.0% |
| Intercept | 36.84444 | 1.37542 | 26.78777 | 2.59E-08 | 33.59209 | 40.0968 | 33.59209 | 40.0968 |
| 1 | 1.6 | 0.210567 | 7.598518 | 0.000126 | 1.102087 | 2.097913 | 1.102087 | 2.097913 |
| RESIDUAL OUTPUT | | | | | PROBABILITY OUTPUT | | | |
| 观测值 | 预测 38 | 残差 | 标准残差 | | 百分比排位 | 38 | | |
| 1 | 40.04444 | -0.04444 | -0.02913 | | 5.555556 | 40 | | |
| 2 | 41.64444 | 1.355556 | 0.888478 | | 16.66667 | 42 | | |
| 3 | 43.24444 | 0.755556 | 0.495217 | | 27.77778 | 43 | | |
| 4 | 44.84444 | -2.84444 | -1.86435 | | 38.88889 | 44 | | |
| 5 | 46.44444 | 1.555556 | 1.019565 | | 50 | 46 | | |
| 6 | 48.04444 | -2.04444 | -1.34 | | 61.11111 | 48 | | |
| 7 | 49.64444 | 0.355556 | 0.233043 | | 72.22222 | 50 | | |
| 8 | 51.24444 | -0.24444 | -0.16022 | | 83.33333 | 51 | | |
| 9 | 52.84444 | 1.155556 | 0.757391 | | 94.44444 | 54 | | |

图 4-20　分析结果

步骤三：在 D2 单元格中输入“=$F$18*B2+$F$17”，然后把鼠标指针移动到 D2 单元格的右下方，当指针变为“十”字形状时，按住左键不动，将鼠标拖至 D12 单元格，得到该年的预测值结果，如图 4-21 所示。

| | A | B | C | D | E |
|---|---|---|---|---|---|
| 1 | 年度 | 年数 | 销售额（万元） | 该年预测值 | SUMMARY |
| 2 | 第一年 | 1 | 38 | 38.44 | |
| 3 | 第二年 | 2 | 40 | 40.04 | 回归 |
| 4 | 第三年 | 3 | 43 | 41.64 | Multiple R |
| 5 | 第四年 | 4 | 44 | 43.24 | R Square |
| 6 | 第五年 | 5 | 42 | 44.84 | Adjusted R |
| 7 | 第六年 | 6 | 48 | 46.44 | 标准误差 |
| 8 | 第七年 | 7 | 46 | 48.04 | 观测值 |
| 9 | 第八年 | 8 | 50 | 49.64 | |
| 10 | 第九年 | 9 | 51 | 51.24 | 方差分析 |
| 11 | 第十年 | 10 | 54 | 52.84 | |
| 12 | 第十一年 | 11 | | 54.44 | 回归分析 |

图 4-21　预测值结果

我们可以发现，基于一元回归分析预测法计算出的第 11 年销售额预测值约为 54.44，置信区间为 95%(我们可以将置信区间简单地理解为：销售额的最终实际值，有 95%的概率为 54.44)。但是，我们可以发现，在该案例中，销售额并没有随着时间的增长而增长(事实上，销售额出现了波动)，因此，一元回归分析预测法可能并不是非常适用于 B 公司，毕竟一元回归分析预测法更加适用于“自变量增长，因变量随之增长”的情况。B 公司的案例可能更适用于接下来要介绍的二次多项式回归分析预测法。

## (二)二次多项式回归分析预测法

很多时候,自变量和因变量的变化并不是按线性增长的,因此,我们可以使用曲线的回归方程进行预测,而二次多项式回归方程就是一种曲线回归方程。

我们再来看 B 公司的案例,该公司要对未来若干年的销售额进行较长期的预测。在这个案例中,我们将使用散点图进行预测。

步骤一:在 Excel 表中输入图 4-17 所示的数据。在该案例中,我们依旧需要将"年度"转化"年数"。

步骤二:选择"插入"主菜单的"散点图"命令,在打开的对话框中选择"散点图"(选择其他种类的散点图也是可以的,可以根据个人喜好而定)命令,单击新生成的散点图,选择"设计"主菜单的"选择数据"命令,在弹出的"选择数据源"对话框中单击左侧"图例项(系列)"框中的"添加"按钮。

步骤三:弹出"编辑数据系列"对话框,在"X 轴系列值"列表框中选择 B2 至 B11 列,在"Y 轴系列值"列表框中选择 C2 至 C11 列,如图 4-22 所示。选择完成后,单击"确定"按钮。请注意,每个人的工作表都有所差异。在该案例中,我们将数据输在了 Excel 工作簿的"表四(Sheet4)"中,因此"X 轴系列值"和"Y 轴系列值"框中显示了 Sheet4;如果你将数据输在了 Excel 工作簿的"表一(Sheet1)"中,那么,"X 轴系列值"和"Y 轴系列值"框中应当显示为 Sheet1。

图 4-22 "编辑数据系列"对话框

步骤四:返回到"选择数据源"对话框,在"图例项(系列)"列表框中选中"二次多项式"复选框,如图 4-23 所示,然后单击"确定"按钮。

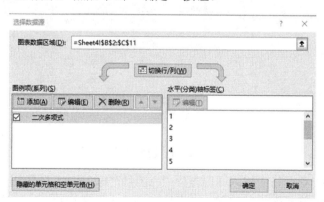

图 4-23 "选择数据源"对话框

步骤五：右击散点图中的任意一个点，从弹出的快捷菜单中选择"添加趋势线"命令，在"趋势线选项"选项组中选择"多项式"单选按钮，将"阶数"设置为 2，其他设置如图 4-24 所示。按回车键，便可以得到最终的趋势线图和回归方程，如图 4-25 所示。由于我们将"年数"作为自变量，将"销售额"作为因变量，因此，回归方程中的 $X$ 为年数，$Y$ 为销售额。可以发现，判定系数为 0.9246，因此回归方程显著，可以进行后续预测。

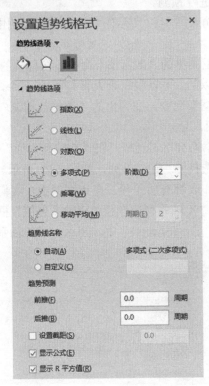

图 4-24 "趋势线选项"对话框

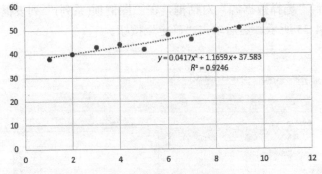

图 4-25 趋势线图

步骤六：在 D2 单元格中输入回归方程"=0.0417*B2*B2+1.1659*B2+37.583"，然后把鼠标指针移动到 D2 单元格的右下方，当指针变为"十"字形状时，按住左键不动，将鼠标拖至 D12 单元格，得到该年的预测值，如图 4-26 所示。

| | A | B | C | D |
|---|---|---|---|---|
| 1 | 年度 | 年数 | 销售额（万元） | 该年预测值 |
| 2 | 第一年 | 1 | 38 | 38.79 |
| 3 | 第二年 | 2 | 40 | 40.08 |
| 4 | 第三年 | 3 | 43 | 41.46 |
| 5 | 第四年 | 4 | 44 | 42.91 |
| 6 | 第五年 | 5 | 42 | 44.46 |
| 7 | 第六年 | 6 | 48 | 46.08 |
| 8 | 第七年 | 7 | 46 | 47.79 |
| 9 | 第八年 | 8 | 50 | 49.58 |
| 10 | 第九年 | 9 | 51 | 51.45 |
| 11 | 第十年 | 10 | 54 | 53.41 |
| 12 | 第十一年 | 11 | | 55.45 |

图 4-26　分析结果

我们可以发现，基于二次多项式回归分析预测法计算出的第 11 年销售额预测值约为 55.45。

## 本章小结

1. 工业品市场预测的本质是对影响工业品市场供求变化的各种要素进行研究。工业品市场预测的内容是通过使用科学的研究方法，分析、评估、预测未来工业品市场的商品供求变化趋势以及各种相关要素的时空变化。工业品市场预测的目的是最大程度地降低不确定因素带来的风险与负面影响，并为工业品营销决策提供科学依据。工业品市场调查和工业品市场预测存在着一定的差异。它们之间的区别在于，工业品市场调查的目的是了解当前的工业品市场状况；而市场预测的目的是探索未来的工业品市场状况。

2. 工业品市场预测是基于现有的数据与条件，预测结果有非常大的概率存在误差。因此，为了提高预测结果的精确度，我们需要掌握工业品市场预测活动的一些基本要求。总体而言，工业品市场预测活动需要保证经济性、持续性、科学性、客观性、及时性、全面性等要求。

3. 工业品市场预测一般分为五个步骤，即确定预测目标；收集相关资料；选择预测方法并建立预测模型；分析预测误差；编写预测报告等。完整地进行五个步骤，可以更好地保证工业品市场预测结果的准确性。

4. 预测方法没有好坏、优劣之分，只有合适与不合适的区别。工业品市场的预测方法主要可以分为定性预测分析方法和定量预测分析方法两类。目前，在工业品市场预测方法的选择上，存在着这样一个趋势：同时使用定性预测分析方法和定量预测分析方法，并更多地结合大数据、区块链、云计算、机器学习、人工智能等技术，进行综合性、复杂性的市场预测。

5. 有时候，我们难以完全找到预测对象的影响要素，难以分清各影响要素的主次关系，难以用函数式表达主要要素，难以建立数学模型进行预测。换言之，我们有时需要探索性地了解事物本身，确定事物的性质，而此时，我们就可以使用定性预测分析方法进行预测了。定性预测分析方法在工业品营销领域有着较广泛的应用，预测人员基于自己的理论知识、行业背景、过往经验、已有资料、分析能力等，对事物的发展趋势作出预测。

6. 指标法是指基于有限的数据资料，通过对比一些统计指标，利用最简单的数据处理方法，进行预测判断的一种定性预测分析方法。专家预测法是指工业品市场营销人员对专家进行访谈，基于专家的专业知识与行业经验来获取相关信息，然后再通过分析外部环境，对事物的发展规律进行预测。销售人员意见综合预测法是指工业品市场预测人员直接询问销售人员的意见，以进行预测的方法。购买意向调查预测法是指工业品市场预测人员通过发放问卷、征询潜在采购者在未来一段时期内的购买意向或购买数量，进而预测事物发展趋势的方法。

7. 定量预测分析方法是指根据市场的历史数据，通过选择适当的数学方法，建立预测模型并进行计算，进而预测事物未来变化趋势的一种预测方法。简单平均预测法是指通过计算观察周期内所有数据的平均数，并以此平均数作为预测值的方法。移动平均预测法是指根据新发生的实际数字，不断地修改平均值的预测方法。换言之，就是相继移动地计算若干时期的平均值，并作为下一期的预测值。指数平滑预测法给予距离预测期最近的观察值最大的权重，然后依次递减，对距离预测期最远的观察值则会给予最小的权重。回归分析预测法主要分析自变量与因变量之间的关系，并通过建立变量之间的回归方程，将方程作为预测模型，根据自变量的变化来预测因变量的变化。

## 练习与思考

### 一、名词解释

1. 定性预测
2. 定量预测
3. 指标法
4. 个人判断法
5. 集体判断法
6. 德尔菲法
7. 一元回归分析预测法
8. 二次多项式回归分析预测法

### 二、简答题

1. 定性预测分析方法和定量预测分析方法的区别是什么？
2. 定性预测分析方法有哪些？
3. 定量预测分析方法有哪些？
4. 目前，在工业品市场预测方法的选择上，存在着什么趋势？

### 三、单选题

1. 以下说法错误的是(　　)。
   A. 预测方法没有好坏、优劣之分
   B. 预测方法只有合适与不合适的区别
   C. 工业品市场的预测方法可分为定性和定量预测分析方法两类
   D. 定性和定量预测分析方法不能同时使用
2. 定性预测分析方法主要依赖(　　)。
   A. 数据　　　　B. 机器　　　　C. 冥想　　　　D. 经验

3. 定量预测分析方法主要依赖( )。
   A. 数据                    B. 历史
   C. 冥想                    D. 经验
4. 以下预测方法更主观的是( )。
   A. 德尔菲法                B. 移动平均预测法
   C. 指数平滑预测法          D. 简单平均预测法
5. 以下预测方法更客观的是( )。
   A. 集体判断法              B. 德尔菲法
   C. 销售人员意见综合预测法  D. 简单平均预测法

## 四、多选题

1. 工业品市场预测的要求包括( )。
   A. 经济性      B. 客观性      C. 及时性      D. 全面性
2. 工业品市场预测的步骤包括( )。
   A. 确定预测目标            B. 收集相关资料
   C. 选择预测方法并建立预测模型  D. 分析预测误差
3. 以下是定性预测分析方法的有( )。
   A. 购买意向调查预测法      B. 销售人员意见综合预测法
   C. 专家预测法              D. 指标法
4. 以下是定量预测分析方法的有( )。
   A. 回归分析预测法          B. 移动平均预测法
   C. 指数平滑预测法          D. 简单平均预测法
5. 以下说法错误的是( )。
   A. 定性预测分析方法不会使用到计算
   B. 定量预测分析方法不可预测中长期结果
   C. 定量预测分析方法比定性预测分析方法更好
   D. 可以使用 Excel 对定性和定量分析方法进行计算

## 微课视频

扫一扫，获取本章相关微课视频。

4.1 工业品市场预测基础(1)    4.1 工业品市场预测基础(2)    4.2 定性预测分析方法(1)    4.2 定性预测分析方法(2)    4.2 定性预测分析方法(3)    4.3 定量预测分析方法

# 第五章　工业品营销战略

## 【本章提要】

工业品市场细分是指基于工业品采购者的需求、兴趣、态度等，识别某个特定采购群体的过程。通过进行工业品市场细分活动，我们可以找到合适的工业品细分市场。工业品市场细分的方法有行业细分法、顾客规模细分法、企业性质细分法、产品用途细分法、地理位置细分法、顾客价值细分法、采购方式细分法等。工业品目标市场是指企业将有针对性地开展市场营销活动的工业品市场。企业确定其目标市场的范围(覆盖哪些细分市场)时，可以选择产品专门化覆盖模式、市场专门化覆盖模式、选择性覆盖模式、单一的集中覆盖模式、完全覆盖模式等。企业决定以怎样的形式为哪些细分市场的采购者提供产品或服务时，可以有三种目标市场的营销方法：无差异目标市场营销方法、差异化目标市场营销方法、集中式目标市场营销方法。产品定位是指企业希望采购者认为该企业及其产品应该是怎样的形象。产品定位可能并不代表企业或产品的真实情况，而是企业希望将产品展示给采购者的形象。企业对产品进行定位可以使用以下方法：产品属性定位、产品用途定位、性价比定位、竞争对手定位、产品类别定位、使用者定位、文化象征定位等。一般来说，企业可以采取两到三种方法对产品进行定位，但是，最好的办法是企业只使用一种或两种定位方法对产品进行定位。

## 【学习目标】

1. 掌握并应用工业品市场细分方法。
2. 熟悉并掌握工业品目标市场的覆盖模式；掌握并应用工业品目标市场营销方法。
3. 了解产品定位的含义；掌握并应用工业品产品定位方法。
4. 构建工业品营销战略制定过程中需要具备的人文情怀和工匠精神。

### 开篇案例与思考

2018 环保产业创新发展大会在京召开，以"绿色新时代 推动环保产业高质量发展"为主题，汇聚行业权威声音，研判行业发展形势。期间，北京京城环保股份有限公司(以下简称京城环保)副总经理郭漫宇表示，环保企业应该苦练企业内功，把固有的优势保持好，继而提高，在固有的优势基础之上量体裁衣。

京城环保是一家有 30 多年从业史的环保企业，主要从事业务板块以固废为主，涉足的领域包括危废、医废、污泥、生活垃圾、餐厨和一些技术壁垒比较高的污水治理。

谈及目前企业发展过程中遇到的问题，郭漫宇认为低价竞争、低价中标是其中一个突出的方面。真正靠低价是干不好项目的，甲方也好，乙方也好，一定要慎重对待，千万不能把低价作为重要的衡量标尺，这个误区要改变。郭漫宇还表示，国内环保企业应该向国际先进的环保企业学习它们的规范化经营模式，国内很多从业企业还是缺乏精益求精的精神，企业要发展一定要往精处去做，方方面面都要细致入微。把好的东西学来，把本土优势发挥出来，珠联璧合，做好环保这件事。

此外，对环保从业者或企业来说，应该感觉到压力。"如今宏观环境非常好，市场会很大，我们要迎难而上，把握好这个机会，当然机遇与挑战是并存的"郭漫宇分析。"企业要找准环保的市场定位，打出特色、打出水平"郭漫宇如是说。

(资料来源：新华网. 京城环保：苦练企业内功 找准市场定位打出特色和水平. 2018-06-13，
http://www.xinhuanet.com/energy/2018/06/13/c_1122979916.htm.)

**问题分析：**
1. 京城环保的目标市场是什么？为什么选择这个(些)市场？
2. 企业要找准定位，需要注意哪些方面？或者说，企业需要做些什么？
3. 在找准定位的过程中，企业需要树立哪些企业精神？
请结合本章的后续知识点深入思考。

在之前的章节里，我们学习了如何通过定性或定量的方法对市场进行调查和预测，并基于调查结果发现市场机会。接下来，作为工业品市场营销人员，我们需要基于调查结果，对市场进行细分，选择适当的目标市场，明确产品或服务的市场定位。完成市场细分、选择目标市场、确定市场定位，这三个步骤也就是我们所说的市场战略(即 STP 战略)。本章我们将分别对这三个步骤进行说明。

# 第一节　工业品市场细分

什么是工业品市场细分？怎样的市场可以算作合适的细分市场？如何进行市场细分呢？

## 一、工业品细分市场的特征

工业品细分市场和工业品市场细分是两个略有区别的概念。工业品细分市场是指一个工业品市场，在这个工业品市场里的企业具有一定的相似性。工业品市场细分是指基于工业品采购者的需求、兴趣、态度等，识别某个特定采购群体的过程。通过进行工业品市场细分活动，我们可以找到合适的工业品细分市场。

为什么要进行工业品市场细分呢？简而言之，一个行业市场规模往往比较大，而且在一一般情况下,该行业内的企业具有不同的特征和需求;同时,一般情况下,几乎没有任何一个企业能够满足该行业内所有企业所有的、各种各样的、个性化的需求。因此,企业往往只能针对该行业内的一部分客户(细分市场)提供产品或服务,满足该细分市场内的部分企业的部分需求。

那么,有的企业可能会认为,如果一个行业内的采购者具有各种各样的、个性化的需求,那么,作为企业,我就可以且应该将该市场进行足够细的细分,甚至细分到不能再细分为止,这样就可以满足各个采购者的各种各样的个性化需求了。请问,这种想法可行吗?显然不可行。如果企业将这个行业细分为若干个足够小的细分市场,在这些非常小的细分市场中,企业甚至没有盈利的可能(细分市场小到可能已经没有盈利点了),那么,即使该细分市场真实存在,也没有任何意义可言。

那么,怎样的细分市场是大小合适的呢?或者说,合适的细分市场具有哪些特征呢?如果一个细分市场满足以下几个条件,我们就可以认为该细分市场是比较合适的。

第一,该细分市场虽然足够"细分",但也应该足够大,保证企业进入该细分市场时,可以有机会获取足够多的利润。举例来说,如果一个企业将市场细分得过细,这个细分市场里可能只存在一个采购者,那么,这个细分市场并不是很合适的,因为该企业很有可能无法从该细分市场中保持长久获利。

第二,该细分市场内的采购者本质上具有一定的相似性,他们的兴趣、需求、行为、观念、态度等往往具有趋同性。换言之,细分市场内的采购者具有同质性。如果该细分市场的采购者彼此之间存在着较大的差异,那么,企业可能无法更好地聚焦目标客户并确定自身的定位,无法针对目标群体提供他们所需要的产品或服务。

第三,该细分市场与其他细分市场具有明显的差异,该细分市场的采购者与其他细分市场的采购者,在兴趣、需求、观念、行为、态度等方面存在着明显不同。换言之,细分市场内的采购者与细分市场外的采购者具有差异性。如果该细分市场的采购者与其他细分市场的采购者具有很多相似性的话,那么,企业也就没有必要再单独为这些采购者划出一个细分市场了。

第四,企业可以通过各种各样的营销方式,接触到该细分市场的采购者。我们可以想象,如果一个中国企业想要开拓南美市场,但是它根本没有办法接触、联系到南美市场的采购者,那么,即使这个细分市场有足够大的吸引力,该企业也没有办法对这个细分市场开展活动,进而获取利润。

工业品营销人员往往需要花费大量的时间、资源、金钱,寻找并确定可以进入的细分市场。对工业品市场进行市场细分,最主要的目的就是能够将具有同质性的采购者归为一类,为其提供更好的产品或服务,进而获取更大的收益。

## 二、工业品市场细分方法

接下来,我们来看一下工业品市场细分的方法。

### (一)行业细分法

工业品营销人员可以根据采购者所在的行业进行市场细分。这种细分方法相对而言比较简便。但是,行业细分法容易造成一个问题:如果工业品营销人员对行业不太熟悉,那么,其很有可能会遗漏一些行业。另外，一个大行业内可能还会有若干较小的细分行业，且每个细分行业又具有自身的特征，完全有可能被划为若干个新的细分市场，但是，如果工业品营销人员对这些细分行业不甚了解的话，那么使用行业细分法往往不能够得到最精准合适的细分市场。

那么，作为工业品营销人员，我们可以怎么做，来解决这些问题呢？在我国，有一种比较简单便捷的方法，就是查阅行业专业报告或者相关统计年鉴。举例来说，我们可以到当地图书馆或者登录中国知网，查询相关统计年鉴，如《中国工业统计年鉴》《中国造纸年鉴》《中国重型机械工业年鉴》《中国船舶工业年鉴》《中国食品工业年鉴》《中国统计年鉴》《中国民用航空工业统计年鉴》《中国农业机械工业年鉴》《中国钢铁工业年鉴》等，这些报告或年鉴往往都会写明细分行业。以《中国统计年鉴》为例，其每一章标题都明确地告诉了我们细分的行业，如工业、建筑业、批发和零售业、运输业、邮电业、软件业、住宿餐饮业、金融业、房地产业等。我们还可以仔细查阅每一章的表格数据，有一些数据会告诉我们，如何将这些行业再划分为更小的细分市场。举例来说，教育业就可以细分为高等教育、普通高中、普通小学、特殊教育等细分市场。

### (二)顾客规模细分法

工业品营销人员可以根据采购者的规模进行市场细分。企业规模可以根据企业的销售额或者员工的数量进行细分。我们可以想象，虽然对于拥有员工总数超1万人的中国烟草总公司和员工总数只有四人的小区便利店来说，两者都是企业，但是，它们的采购流程、采购需求可以说是完全不一样的。因此，工业品营销人员需要针对不同企业规模的细分市场采取不一样的营销方式。举例来说，针对大规模企业的细分市场，工业品营销人员可能需要主动登门拜访；针对中等规模企业的细分市场，工业品营销人员可以先通过电话或网络沟通的方式进行交流，待客户表现出采购意愿后，再登门拜访；而针对小规模企业的细分市场，工业品营销人员可以更频繁地利用电子邮件、微信、电话等方式与客户进行沟通，且登门拜访的频率可以相对较低，因为登门拜访的成本相对较高，而单个小规模采购者能够为企业带来的利润相对较少，如果登门拜访频率较高的话，企业很有可能会造成亏损。

### (三)企业性质细分法

在我国，工业品营销人员还可以根据企业的所有制性质进行市场细分。企业的所有制性质包括国有制企业、民营企业、外资企业等，不同所有制性质的企业，在工作方式、采购流程上往往有所不同。举例来说，国有制企业的采购流程往往比较长，且相比民营企业而言，可能更有官僚化的气息。另外，国有企业的采购活动有时候可能还需要考虑政治因素，因此，面对国有制企业这种细分市场，工业品营销人员可能更需要具备耐心，而且也要考虑到除经济活动以外的政治任务等因素。相对而言，民营企业的采购流程比较灵活，但是采购流程相比其他两种性质的企业来说往往不太规范，某个领导个人的偏好往往能够决定采购结果。因此，面对民营企业这种细分市场，工业品营销人员更需要具备较高的灵活性和公关能力。相对而言，外资企业这种细分市场的采购流程比较固定，采购规章制度也比较健全完善，因此，工业品营销人员面对外资企业这种细分市场时，可能更需要遵守规则与流程。

### (四)产品用途细分法

产品用途细分法是指企业根据产品或服务的最终使用方法,来进行市场细分的一种方法。即使是同一种产品或服务,不同的采购者也会有不同的使用方式,而针对不同的使用需求和方式,企业可以有针对性地进行工业品市场营销活动。举例来说,同样都是电脑显示器,一些窗口服务行业的采购方往往希望显示器的屏幕足够大,方便其服务对象更好地看到显示器上的内容;而设计行业的采购方可能更关注显示器显示颜色的真实性和还原度,这样才能保证设计稿的颜色与最终成品的颜色一致,尽量减少色彩误差;教育行业的采购方可能更关注显示器的性价比,只要显示器物美价廉、经久耐用即可。因此,生产电脑显示器的企业,可以针对不同的细分市场,关注各细分市场对产品用途的主要诉求,突出重点,有的放矢地准备营销材料、开展营销活动。

### (五)地理位置细分法

地理位置细分法是指工业品营销人员简单地根据采购者所在的地理区域对市场进行细分。如果行业内的众多采购者都集中在相对集中的区域,那么,采用地理位置细分法进行市场细分往往比较有用。举例来说,在我国江苏省的苏南区域(如苏州等地),有众多生产家具的工厂。现在,生产原木的A企业想要将其原木出售给尽可能多的家具厂,如果它在全国范围内进行营销活动,那么,其成本可能相对较高,收益可能相对较低。而如果A企业采用了地理位置细分法,那么,它可以将营销活动重点集中在苏州等苏南区域,这样一来,其营销效率和收益往往会高很多。再举一例,在我国,小龙虾的产地有江苏盱眙、湖北黄冈等地,当地发展的小龙虾产业,有效地帮助了当地农户脱贫致富。现在,从事收购与分销小龙虾的B公司想要开展小龙虾的收购业务,那么,该公司可以重点关注江苏和湖北这两个细分市场,而非西藏这个细分市场(毕竟西藏不是我国养殖小龙虾的重点产地)。

地理位置细分法具有一些优势。第一,企业关注重点的细分市场,有利于其有的放矢,获得更高的利润;第二,较大的、重点的细分市场往往容易出现行业里的领导者和意见领袖,这些意见领袖往往能够对其他小型采购者产生采购影响,因此,工业品市场营销人员一旦服务好这些意见领袖,就容易产生示范效应,进而可以更容易地接触其他小型采购者,并说服其采购自己的产品或服务。

但是,地理位置细分法也可能会产生一些问题。如果企业过分依赖地理位置来细分市场,只重点关注该地理区域的采购者,那么,一旦该地理区域的采购者发生突然的重大变化,企业很有可能会出现经营困难。举例来说,C公司是一家位于贵州的、主要挖掘当地煤矿并出售煤矿产品的企业,通过地理位置细分法,该企业确定其细分市场为贵州省的发电企业。在正常情况下,贵州省发电企业的采购量完全能够满足C公司的经营发展需要。但是,如果某一天贵州本省的发电企业突然决定大力发展风能发电,降低煤炭等传统能源产品的采购量,那么C公司可能就会面临严重的生产经营困难。

### (六)顾客价值细分法

顾客价值细分法是指以采购者(顾客)实际能够为企业带来的价值为依据,进行市场细分的方法。值得注意的是,顾客规模有时候并不能直接等同于顾客价值。举例来说,对于生产并销售文具的企业来说,相比年营业额上千万元的工厂,位于学校旁边小卖部的顾客价值可能更大。学校旁边的小卖部对文具的采购量较大，给文具企业带来的价值也较多；而企业规模较大的工厂，由于自动化办公水平较高，对文具的采购量反而并不会太大，因此，给文具企业带来的价值可能还不如小卖部。

工业品营销人员根据以往的销售数据，可以明确地将采购者划分为高价值细分市场、中价值细分市场和低价值细分市场，并对不同的细分市场采取不同的营销行为。举例来说，对于高价值细分市场，企业应当投入更多的精力和资源进行营销活动，甚至可以采取一对一人工客服、24 小时全年无休客服的形式进行营销；而对于低价值细分市场，企业可以采用"热线电话"的形式进行营销，当采购者有采购需求时，请采购者主动拨打热线电话联系企业即可，这样可以有效地降低企业的营销成本。

### (七)采购方式细分法

有些时候，不同的采购者会有不同的采购方式，工业品市场营销人员可以根据采购者不同的采购方式确定细分市场。举例来说，有一些采购者更希望以租赁产品的形式，而不是直接购买产品的形式使用产品；有一些采购者的采购方式会受到国家政策的影响；有一些采购者更倾向于向多个供应商而不是单一供应商进行采购；有一些采购者的采购流程必须通过招投标的形式进行，而不能通过谈判的形式进行。因此，工业品营销人员可以根据不同的采购方式，确定不同的细分市场，进而采取不同的营销行为。举例来说，在民用航空运输市场，一些航空公司倾向于直接购买飞机，而另一些企业则倾向于租赁飞机，此时，飞机制造商或出售飞机的相关企业，可以将市场细分为直接购买市场和租赁市场，并对这两个细分市场采取不一样的营销方式。

请注意，工业品营销人员在确定具体的细分市场时，需要将细分市场与企业的产品或服务进行匹配，以实现最合适的产品或服务面向最合适的市场，最大化满足该细分市场的需求。举例来说，如果一个企业根据地理位置细分法细分出了广东市场，却派出一名只会说上海话的营销人员在广东细分市场进行营销活动，那么，这并不是最合适的匹配方案，该细分市场的需求也难以得到充分满足。另外，在进行市场细分时，并不是只能使用一种细分方法，有时，企业也可以同时使用多种细分方法。举例来说，企业可以同时使用顾客价值细分法和地理位置细分法。生产工业软件的 Z 公司，可以将市场细分为海外高净值细分市场、海外中低净值细分市场、国内高净值细分市场、国内中低净值细分市场等若干个细分市场，并根据这些细分市场的特点，分别进行市场营销活动。

## 第二节 工业品目标市场选择

如何确定目标市场的大小或范围？如何在目标市场开展工业品营销活动？为什么采取这些方法？企业怎样进入一个新的目标市场呢？

确定细分市场后，企业就可以有针对性地选择某一细分市场，并在该细分市场开展市场营销活动。企业所进入的某一细分市场即我们所说的目标市场。工业品目标市场是指企业将有针对性地开展市场营销活动的工业品市场。目标市场是细分市场，该目标市场内的采购者具有一定的相似性。企业可以在该行业细分出若干个市场，而企业需要从中选择出最合适的目标市场(可能是一个，也可能是若干个)并开展工业品营销活动，以提高其营销活动的效率，增加企业收益。

## 一、确定工业品目标市场的范围

企业细分市场后，往往需要开始考虑，接下来要进入哪些细分市场，进入多少个细分市场。那么，企业到底是要选择一个细分市场作为目标市场，还是选择若干个细分市场作为目标市场，甚至选择所有的细分市场作为目标市场呢？如果企业选择进入若干个细分市场，那么，需要进入哪些细分市场呢？这时候，企业就要确定其目标市场的范围(进入并覆盖哪些细分市场)，即确定其市场覆盖的模式。举例来说，上文中提到的生产工业软件的 Z 公司具体生产了两种产品(即 $C_1$、$C_2$)，它可以服务两种不同类型的顾客(即 $G_1$、$G_2$)，此时，我们可以认为，该企业最多可以覆盖四个细分市场，具体如图 5-1 所示。图中的阴影也就是企业能够覆盖的目标市场的范围。接下来我们一起来看一下覆盖目标市场的五种模式。

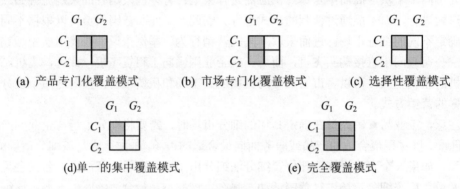

图 5-1　细分市场的覆盖模式

### (一)产品专门化覆盖模式

产品专门化覆盖模式是指企业只专门生产一种产品，然后面向不同类型的顾客群体，就该产品开展市场营销活动。这种模式强调的是"专门针对一种产品"。举例来说，B 公司生产的算量软件这一产品，可能会同时面向大专院校和房地产公司这两种不同的客户开展市场营销活动。使用这种覆盖模式时，企业往往在该领域中具有主导地位，对各个客户群体的了解较充分，或者产品的专用性较强。这种覆盖模式的好处是，企业可以最大化地发挥自身的技术和生产优势，有利于进一步提高企业的知名度和名誉。但是，一旦该领域出现突发变化(如市场突然萎缩、新技术或替代品突然出现等)，那么，企业可能会面临着较大的生产经营困难。

### (二)市场专门化覆盖模式

市场专门化覆盖模式是指企业生产多种产品，然后只面向同一种类型的顾客群体，就多种产品开展市场营销活动。这种模式强调的是"专门针对一个市场"。举例来说，B 公司不仅生产算量软件，还生产化学药品，而算量软件和化学药品都只面向大专院校的客户进行销售。使用这种覆盖模式的企业，往往在技术方面具有独特的优势，或者在该市场具有一定的垄断优势，或者企业在该类采购者中具有较高的声望和知名度。但是，如果采购者购买力突然发生下降，那么，企业也有可能面临较大的生产经营风险。

### (三)选择性覆盖模式

选择性覆盖模式是指企业有选择性地生产一些产品，且产品之间的关联性较低，同时这些产品将会服务于不同的顾客，且这些顾客的相关性也较低。举例来说，B公司现在生产算量软件和化学药品，并分别将算量软件出售给房地产公司，将化学药品出售给大专院校的实验室。算量软件和化学药品的相关性较低，同时房地产公司和大专院校实验室的相关性也较低。事实上，如果企业使用选择性覆盖模式确定不同的目标市场的话，虽然这些目标市场之间可能完全不存在联系，企业经营业务的关联性也不大，但是，从吸引力和盈利机会上来看，这些完全没有联系的细分市场和产品可能各自都会具备非常高的开发经营价值，因此，企业最终还是能够盈利的。使用选择性覆盖模式的企业往往是综合性企业，会在多个方面开展业务，或者是综合利用型企业，将同一流水线上生产出来的不同产品进行综合利用。举例来说，制糖厂生产出来的甘蔗汁可以用来制作白糖(进入白糖市场)，甘蔗渣可以用来制作纸(进入造纸市场)，而纸渣则可以用于制作建筑材料(进入建筑材料市场)。

选择性覆盖模式有利于分散企业的经营风险，即使在某一个细分市场折戟沉沙，企业也可以在其他细分市场大展拳脚。但是，选择哪几个、多少个、多大的细分市场，取决于企业的已有资源和综合能力，如果盲目地"小牛拉大车"，那么企业的经营可能会受到影响，出现什么都在做、什么都不精、什么都在拖后腿的问题。

### (四)单一的集中覆盖模式

单一的集中覆盖模式是指企业只生产一种产品，并只使用这一种产品服务某一类型的顾客，满足某一个特定细分市场。举例来说，B公司只生产算量软件，不生产其他产品，且该算量软件只面向大专院校销售。采取这种模式覆盖细分市场的企业，要么该细分市场没有其他竞争对手，要么在该细分市场上拥有全套产品，要么企业资源有限，其精力只能深耕这一个细分市场。一般而言，规模较小的企业或者初创企业经常使用这种覆盖模式确定其目标市场的范围。同时，一些大企业在刚进入某一新兴领域时，可能也会使用这种覆盖模式，因为该企业可能并不确定自己在这一细分市场中能够获取竞争优势，于是"先摸着石头过河"，为下一步营销决策作铺垫。

### (五)完全覆盖模式

完全覆盖模式是指企业生产各种各样的产品，服务所有的顾客群体，覆盖所有的目标市场。举例来说，B公司不仅生产算量软件，还生产钢筋混凝土，且算量软件和钢筋混凝土同时都向其顾客大专院校和房地产公司销售。如果一个企业的竞争力很强，资源丰富，或者在市场中居于主导甚至垄断地位，那么该企业往往可以采用完全覆盖模式、确定目标市场的范围。使用完全覆盖模式确定目标市场范围的企业，实力往往比较雄厚。小公司很难选择这种覆盖模式确定目标市场的范围，因为其资源、能力往往与那么大的目标市场不相匹配。

## 二、工业品目标市场的营销方法

确定好工业品目标市场的范围后,企业就要开始采取一些针对性的营销措施,对工业品目标市场展开营销活动。工业品目标市场的营销方法是指企业以怎样的形式为哪些细分市场的采购者提供产品并进行服务。具体而言,有三种目标市场的营销方法。

### (一)无差异目标市场营销方法

无差异目标市场营销方法是指企业在进行市场细分之后,不考虑各个细分市场的特性,而只关注各个细分市场的共性,并向各个细分市场只推出单一产品或服务,使用单一的市场营销组合方法,尽可能满足各个细分市场采购者的多种需求。无差异目标市场营销方法讲究的是对待各个细分市场的采购者"一碗水端平、大家都一样",对待各采购者的营销方式是"一招鲜,吃遍天"。举例来说,生产钢卷尺的F企业,将市场细分为大型商业超市市场、小型五金便利店市场这两种细分市场。F企业通过市场调查得知,大型商业超市的最终消费者主要为普通个人,而五金便利店的最终消费者主要为行业工人。这两种细分市场对钢卷尺的需求是有差异的:行业工人对钢卷尺的需求相对较简单,只要卷尺的米数够长、丈量精准就行;而普通个人对钢卷尺的需求可能较多,除了米数长度有不同的需求外,对钢卷尺的颜色、型号、设计等,也有不一样的需求。而F企业无视这些差异,只针对这两种细分市场的共性(具有较长的米数、测量刻度精准),推出了长5米的黄色圆柱形钢卷尺。对于该企业来说,其使用了无差异目标市场营销方法,选择了所有细分市场,并通过单一的市场营销组合,向各个细分市场提供统一的产品和服务。

无差异目标市场营销方法具有一些优点:由于企业强调各个细分市场的共性,推出的产品在品种、规格、型号、标准等方面比较单一,有利于企业进行标准化大规模生产,进而降低设计、生产、运输、研发、营销等各方面的费用。但是,无差异目标市场营销方法也存在着比较明显的缺点,那就是"一招鲜,吃遍天"和"一碗水端平"这种营销方法并不能够让所有的采购者都满意。另外,如果在某一个或几个细分市场中,同时出现几家企业都选择了无差异目标市场营销方法,那么,这些企业在这些细分市场中的竞争就会特别激烈,进而导致利润降低。

无差异目标市场营销方法往往出现在该细分市场的竞争者较少的情况下,企业可以通过"一招鲜,吃遍天"和"对待大家都一样"的方式,无忧无虑地获取利润。但是,一旦竞争增加,利润减小,企业往往会开始关注较小的细分市场,或者满足采购者的其他需求,而这也就是接下来要讲的其他目标市场营销方法。

### (二)差异化目标市场营销方法

差异化目标市场营销方法是指企业同时选择几个细分市场,针对不同的细分市场,分别提供不同的产品或服务,采取不一样的营销方案,以适应各个细分市场的具体需求。差异化目标市场营销方法强调的是"因地制宜、因人而异"。举例来说,生产钢卷尺的F企业,将市场细分为大型商业超市市场和小型五金便利店市场这两个细分市场,且F企业通过前期调研发现,两个细分市场具有不同的需求:大型商业超市市场对钢卷尺的外观设计更看重,希望F企业提供不同的产品类型,且单次进货量较大;而小型五金便利店市场对钢卷尺的价格更看重，并不太在意是否有多样化的产品类型，且进货呈现出"少量多频"的特征。因此，对于大型商业超市市场，F 企业提供了更多的产品组合；而对于小型五金便利店市场，F 企业则重点提供了高性价比的入门级产品。

这种"因地制宜、因人而异"的差异化目标市场营销方法具有一些优势，举例来说，如果企业同时在几个细分市场都具有一定优势的话，那么，分别提供满足不同细分市场需求的产品，有利于提高各细分市场采购者的重复购买率，并增加企业的销售总额。

但是，差异化目标市场营销方法也存在着一些缺点：由于企业需要采取"因地制宜、因人而异"的营销方式，企业的生产成本和市场营销费用往往会明显增加。如果企业过度细分市场，并对各细分市场采取全然不一样的营销方式的话，那么，企业很有可能会发生在任何一个细分市场都无法获利的情况。

### (三)集中式目标市场营销方法

我们发现，差异化目标市场营销方法有可能导致企业的营销成本上升，企业利润降低，因此，有些企业在进入目标市场时，使用了集中式目标市场营销方法。集中式目标市场营销方法是指企业集中自身的所有资源，有针对性地集中在一个或少数几个相似的细分市场中开展市场营销活动。集中式目标市场营销方法是一种相对来说较"专一的"营销方法，类似于我们平日所说的"弱水三千，只取一瓢饮"：无论其他细分市场多么美好，企业只要用心付出，把握住其中一个便已足够。举例来说，F 企业将市场细分为大型商业超市市场和小型五金便利店市场，通过对自身条件、已有资源进行分析，F 企业认为，目前其无法满足大型商业超市市场的需求，因此，直接放弃该市场，转而主攻小型五金便利店市场，尽最大努力满足该市场的各种需求。

集中式目标市场营销方法具有一定的优势：由于市场对象比较集中，企业对这一个细分市场的了解程度更深入，且能够更具针对性地提供产品或服务，采取更具针对性的市场营销方法，因此，企业往往可以比较高效地在该目标市场获得发展。如果该目标市场的选择合适，企业往往可以在较短的时间内获得较高的收益。换言之，集中式目标市场营销方法有助于企业在一个或极少数几个细分市场上提高市场占有率，获取更大利润。一般而言，使用集中式目标市场营销方法的企业，往往是资源较少的中小型甚至是创业型企业，或者是初次进入该市场的大型企业。使用该方法进入目标市场的企业，往往可以将有限的资源集中到一起，"拧成一股绳，劲往一处使"，集中攻克某一个目标市场。

但是，集中式目标市场营销方法也有一些缺陷：如果该目标市场较小，企业可能难以获得较大利润；同时，如果该细分市场突然发生变化，那么，企业可能会突然陷入经营困难。举例来说，对于 F 企业主攻的小型五金便利店市场，如果某一天，小型五金便利店市场因电商行业快速发展而导致大幅度萎缩，那么，F 企业很有可能会面临巨大的经营风险。

## 三、确定目标市场营销方法时需要考虑的因素

上文我们说到，对目标市场开展营销活动时，可以选择三种营销方法，这三种营销方法各有利弊，不同的企业需要考虑多个因素后，再选择最合适的目标市场营销方法。那么，企业在确定针对目标市场的营销方法时，需要考虑哪些因素呢？

### (一)企业的自身资源

如果企业拥有的资源比较多,企业实力较强,那么,企业可以使用差异化目标市场营销方法。但是,如果企业自身的资源有限,条件和资质一般,那么,企业可以尝试选择无差异目标市场营销方法和集中式目标市场营销方法。

### (二)竞争对手的行为

企业可以预先判定竞争对手可能的行为,然后再采取相应的营销方法。一般而言,企业所采取的目标市场营销方法,往往应当与竞争者有所区别,甚至与其大相径庭。如果企业的竞争对手相对较弱,那么,企业可以采取与竞争对手一致的战略,通过资源优势打败竞争对手。但是,如果企业面临的竞争对手比较强大,且竞争对手使用的是无差异目标市场营销方法,那么,企业就可以考虑采取集中式目标市场营销方法或差异化目标市场营销方法。

### (三)市场的同质性

如果不同细分市场上的采购者在某一段时期内具有相似的需求和偏好,对市场营销活动产生的刺激和反应也具有相似性,那么,我们可以认为这些细分市场具有同质性,企业此时可以选择无差异目标市场营销方法。但是,如果采购者的偏好和需求差异较大,市场的同质性较弱,那么,企业可以采取差异化目标市场营销方法和集中式目标市场营销方法。

### (四)产品的同质性

如果当前市面上的各种产品或服务在特点、性能等方面具有较高的相似度,那么,我们可以认为这些产品具有同质性,此时,企业可以选择无差异目标市场营销方法(反正产品都差不多,采购者也采购不了其他具有差异化的产品)。但是,如果产品的差异较大,企业则可以选择差异化目标市场营销方法和集中式目标市场营销方法。

### (五)产品所在的生命周期

对于比较新的产品,工业品营销人员的营销重点可能是培育市场,引导采购者形成对该新产品的偏好和需求,此时,企业可以选择无差异目标市场营销方法,也可以针对某一个特定的细分市场,采取集中式目标市场营销方法。当产品逐渐成熟,市场竞争逐渐白热化,采购者的需求逐渐多样化时,企业可以采取差异化目标市场营销方法。

## 四、进入目标市场的途径

企业进入目标市场主要有以下三种途径。

### (一)自力更生、独立自主

企业依靠自身的力量,独立自主地进入目标市场。使用这种途径进入目标市场的企业往往具有一定的实力,这样才能在通过详尽的市场调查和预测之后,设计并制造出适合目标市场需要的产品或服务。依靠自身力量自力更生、独立自主进入目标市场的这种方式,往往需要企业具有较多的资源,付出较大的努力,同时,也有利于巩固企业的市场地位。但是,需要注意的是,通过这种途径进入目标市场的企业,往往也容易面临着更大的经营风险。

## (二)与其他企业进行合作

企业与目标市场内或目标市场外的其他企业进行合作，依靠别人的力量进入目标市场。与其他企业进行合作，有利于企业之间互相取长补短，形成协同作用。对于一些仅凭自身力量无法进入目标市场的企业来说，与其他企业进行合作，不仅可以高效率地进入新的目标市场，还可以降低经营风险。合作的方式有很多，小到贴牌加工，大到形成战略联盟等，都是企业之间合作的方式。需要注意的是，在正式合作前，企业之间应当谈妥各项条款，避免在之后的合作中出现推诿、扯皮的情况。

## (三)收购目标市场内的企业

企业还可以通过收购已经进入目标市场的企业进入目标市场。采取这种途径进入目标市场的企业，往往对这个行业还不甚了解，如果仅仅依靠自身的力量和资源进入新的目标市场，则可能会遇到各种前所未有的阻碍，进而降低在目标市场的竞争力。通过收购已经进入目标市场的企业，企业可以减少遇到各种困难的可能性。但是，需要注意的是，有时候该目标市场可能没有可以被收购的企业，因此会耽误企业进入目标市场的机会；或者收购成本过高，被收购企业资质欠佳，从而降低企业在目标市场的竞争力。

## 第三节 工业品市场的产品定位

什么是产品定位？产品定位重要吗？产品定位能改变吗？有哪些方法可以帮助企业进行产品定位？

## 一、产品定位概述

对于企业而言，选择某一个细分市场的原因之一是因为该企业的产品或服务与该细分市场相匹配。也就是说，产品定位与目标市场是相符的。产品定位是指采购者所感知到的该企业及其产品所具备的性质或特征。换言之，产品定位是指企业希望采购者认为该企业及其产品应该是怎样的形象。需要强调的是，产品定位可能并不代表企业或产品的真实情况，而是企业希望将产品展示给采购者的形象，也就是我们俗称的"凹人设"。在日常生活中，我们有时候可以看到一些明星在努力给自己凹人设：有些明星给自己设定了学霸人设、高级知识分子人设、好老婆人设等。而这些人设是明星自己刻意打造出来的，希望普通人对其产生有这样的感知，但实际上，这些给自己凹"学霸""高级知识分子""好老婆"等人设的明星，可能并不是他们所营造那样的形象。而所谓的这些"人设"，就是明星给自己树立的定位。在工业品领域，产品也需要"凹人设"，确定自己的定位。上文中，B公司给自己生产的算量软件设立了"专业"的人设特征，即树立了专业的产品定位，希望采购者对该公司生产的算量软件有着专业化的认识。但实际上，很有可能该公司生产的算量软件非常"业余"，并没有公司所标榜的那么专业。

工业品营销活动必须要强化产品的定位(即强化采购者对其产品特征的认知)，树立产品定位也更有利于企业正确地选择目标市场。请注意，如果企业需要对某一个产品进行重新定位，那么，企业需要审慎考虑新的产品定位是否与已有的细分市场相匹配。举例来说，生产鼓风机的G公司，其生产的鼓风机原本的定位是"高性价比"，且该产品主要面向低端市场，此时，G公司想要将鼓风机改为"高奢"定位，那么，这个定位很明显与已有的低端市场不相匹配。

产品定位对于企业来说重要吗？答案是非常重要，特别是对于那些拥有不同产品品牌的企业来说。举例来说，生产儿童推车的H公司拥有A、B、C三个品牌，A品牌的定位是"高性价比"，B品牌的定位是"高质量"，C品牌的定位是"美观时尚"，无论ABC这三个品牌的产品本质上是否有差异，这三个品牌所针对的细分市场很明显是存在一定差异的。三个不同定位的品牌，在三个不同的细分市场中展开市场营销活动，有效地避免了这三个品牌之间的互相竞争。

那么，产品的定位是一直固定不变的吗？并不是。市场的发展、消费者需求的变化、采购者采购方式的变化等，都会导致产品的定位发生改变。另外，在国际市场中，合适的产品定位非常重要，在一个国家已经成功使用的产品定位，在另一个国家中可能并不会产生相同的效果，甚至会产生适得其反的效果。因此，在进入新的目标市场时，工业品市场营销人员需要仔细调查新的目标市场的情况，从而更好地进行产品定位。但是，需要注意的是，无论国家文化之间的差异有多大，产品的总体定位应当一致、相似，避免出现"南辕北辙、大相径庭"的情况。

## 二、产品定位方法

以下多种方法可以对产品进行定位。一般来说，企业可以采取两到三种方法对产品进行定位。但是，如果采用的定位方法过多，很容易让采购者陷入"云里雾里，不知所云"的状态。最好的解决方式是：企业只使用一种或两种定位方法对产品进行定位。

### (一)产品属性定位

产品属性定位是指该产品强调自己的特征及其与其他产品的不同，树立"我有特点"的人设。举例来说，G企业生产的笔记本电脑主要面向企业顾客，其笔记本电脑的定位强调"轻薄属性"：该企业生产的笔记本电脑能够让员工更轻松地携带笔记本电脑开会或出差。同时，该企业生产的商用投影仪强调其"专业"定位：该企业生产的商用投影仪能够在没有窗帘、光线较亮的商务场合中表现专业，让参会人能够一眼看清投影幕布上的内容。使用产品属性进行定位的产品，往往会强调自己在某一方面优于竞争对手。

### (二)产品用途定位

产品用途定位是指给产品创造令采购者印象深刻的用途，满足某些采购者的特殊需求，树立"只能用我"的人设。有时候，我们可以制造出具有新用途的新产品，也可以为一种老产品找到新用途，进而通过这种新用途树立"只能用我"的定位。举例来说，J公司生产文件密封袋，其强调该文件袋的尺寸与材质特别适用于招投标活动，进而为该产品树立了"招投标活动专用"的定位。

## (三)性价比定位

性价比定位是指企业可以强调产品的价格或质量,树立"我价格低廉""我质量特棒"或"我性价比特高"的人设。产品定价较高的企业可以强调自己产品的质量特别好,产品定价较低的企业可以强调自己的产品价格具有吸引力,而产品质量和价格都不处于两端的企业则可以树立性价比高的定位。举例来说,K 公司生产 70 克、80 克、100 克三种类型的打印用纸,70 克的打印用纸相对较薄,但价格最便宜;100 克的打印用纸相对较厚,但是价格也最高。对于 70 克用纸,K 公司强调其"便宜实惠"的定位,针对的采购者也是那些"只要能打印普通文档,将就用用即可"的采购者;而对于 100 克用纸,K 公司强调其"质量上乘"的定位,针对的也是那些对纸张质量要求非常高的采购者;而对于 80 克用纸,K 公司强调其"性价比高、可用范围广"的定位,面向的采购者也比较广泛。

## (四)竞争对手定位

企业可以拿竞争对手说事,通过比较本企业的产品与竞争对手的产品,进而确定自己产品不一样的定位,树立"我和同行不一样"的人设。举例来说,G 企业生产的电脑键盘主要面向信息技术公司(IT 公司),其最终用户主要是信息技术公司中的程序员。该企业一直强调自己不是电脑键盘行业的领军人物,只是一个国产品牌,虽然不能带给采购者太多惊喜,但也没有竞争对手存在的问题。另外,该企业还强调自己的产品价格合理,也能恰到好处地满足采购者的需求。与竞争对手相比,承认自己不是行业龙头,而只是追随者,进而实现自己的差异化定位,也是一种有效的产品定位方法。这种定位方法有助于企业避开与竞争者的直接竞争,有助于该产品在采购者和最终消费者心中树立良好的形象。但是,需要注意的是,企业需要提前做市场调研,了解采购者和最终使用者对于产品的差异化定位是否存在明确的偏好,如果采购者和最终消费者对这种差异化定位并不买账,那么,企业通过与竞争对手对比所确定的产品差异化定位就是不合适的。

## (五)产品类别定位

产品类别定位是指企业强调产品与日常所认为的同类型其他产品并不属于同一个产品类别,自己的产品属于另一种类别,进而树立"我在这类产品中最棒"的人设。举例来说,上文提到的生产电脑键盘的 G 企业,其最终用户多是信息技术公司中的程序员。该企业强调自己所生产的电脑键盘并非普遍意义上理解的电脑键盘,而是"符合人体工程学的专业机械键盘",进而强调自己在该类别中处于领先地位。

有时候,一个企业可能会同时建立若干个品牌,哪怕都是买同样的一个产品,不同品牌也会强调自己所处的产品类别不一样。举例来说,G 企业可能同时使用 A、B、C 三个品牌销售同一款键盘,但是,每个品牌都在强调自己与其他两个品牌不一样:A 品牌强调自己的产品类别为"游戏键盘",B 品牌强调自己的产品类别为"机械键盘",C 品牌强调自己的产品类别为"标准键盘"。这样一来,采购者就可以较轻松地选择对应的品牌了(哪怕实际上这三个品牌卖的产品都是一样的)。

## (六)使用者定位

使用者定位是指产品可以明确说明其服务对象或使用者,以突出产品的定位。根据使用者进行定位,是将产品与使用者的特性进行匹配链接,让使用者感觉这个产品是专门为自己生产的，最适合被自己使用，进而树立"我最懂你、只给你用"的人设。根据使用者进行定位，往往可以满足采购者或使用者的心理需求，进而对该产品产生依赖感和信任感。举例来说，工业品采购平台K公司的客户主要是中小企业，其产品和服务往往更加强调自己是"中小企业的好助手"，极力营造"中小企业管家"的形象定位。

### (七)文化象征定位

文化象征定位是指企业将产品与一定的文化或亚文化挂钩，树立"爱××就买我"的人设。利用文化象征对产品进行定位相对较难，因为存在着采购者对该文化不买账、不在乎的情况。更可怕的是，如果采购者不认同该文化象征，甚至排斥、厌恶这种文化象征，那么，该产品可能还会受到波及。但是，如果利用文化象征进行成功定位，那么，企业可能会获得非常大的竞争优势。举例来说，生产电脑键盘的G公司一直强调自己是本土民族企业，这样一来，确实收获了一波偏爱国货的采购者的订单。另外，生产钢板的L公司，强调自己是日本企业，希望通过日本文化强调其产品"制作过程严谨、产品质量较高"的定位。这种文化象征定位是没有问题的，但是，如果中日关系发生陷入低谷，那么，采用日本文化象征定位的L公司的钢板，很有可能就会面临着无法在国内进一步打开市场的局面。

## 本章小结

1. 工业品细分市场和工业品市场细分是两个略有区别的概念。工业品细分市场是指一个工业品市场，在这个工业品市场里的企业具有一定的相似性。工业品市场细分是指基于工业品采购者的需求、兴趣、态度等，识别某个特定采购群体的过程。通过进行工业品市场细分活动，我们可以找到合适的工业品细分市场。

2. 合适的细分市场具有以下特征：该细分市场虽然足够"细分"，但也应当足够大，保证企业进入该细分市场时，可以有机会获取足够多的利润；细分市场内的采购者具有同质性；细分市场内的采购者与细分市场外的采购者具有差异性；企业可以通过各种各样的营销方式，接触到该细分市场的采购者。

3. 工业品市场细分的方法有行业细分法、顾客规模细分法、企业性质细分法、产品用途细分法、地理位置细分法、顾客价值细分法、采购方式细分法等。工业品营销人员在确定具体的细分市场时，需要将细分市场与企业的产品或服务进行匹配，实现最合适的产品或服务面向最合适的市场，最大化地满足该细分市场的需求。

4. 工业品目标市场是指企业将有针对性地开展市场营销活动的工业品市场。企业确定其目标市场的范围(覆盖哪些细分市场)时，可以选择产品专门化覆盖模式、市场专门化覆盖模式、选择性覆盖模式、单一的集中覆盖模式、完全覆盖模式等。

5. 工业品目标市场的营销方法是指企业以怎样的形式为哪些细分市场的采购者提供产品并进行服务。具体而言，有三种目标市场的营销方法：无差异目标市场营销方法、差异化目标市场营销方法、集中式目标市场营销方法。

6. 企业在确定针对目标市场的营销方法时，需要考虑众多因素，如企业的自身资源、竞争对手的行为、市场的同质性、产品的同质性、产品所在的生命周期等。企业进入目标市场有独立自主进入、与其他企业进行合作、收购目标市场内的企业等途径。

7. 产品定位是指企业希望采购者认为该企业及其产品应该是怎样的形象。需要强调的是，产品定位可能并不代表企业或产品的真实情况，而是企业希望将产品展示给采购者的形象。产品定位对于企业来说非常重要，工业品营销活动必须要强化产品的定位。

8. 企业对产品进行定位可以使用以下方法：产品属性定位、产品用途定位、性价比定位、竞争对手定位、产品类别定位、使用者定位、文化象征定位等。一般来说，企业可以采取两到三种方法对产品进行定位，但是，最好的办法是企业只使用一种或两种定位方法对产品进行定位。

## 练习与思考

### 一、名词解释

1. 工业品细分市场
2. 工业品市场细分
3. 工业品目标市场
4. 工业品目标市场的营销方法
5. 集中式目标市场营销方法
6. 产品定位
7. 产品类别定位
8. 使用者定位

### 二、简答题

1. 合适的细分市场具有哪些特征？
2. 企业确定其目标市场的范围的模式有哪些？
3. 企业进入目标市场的途径有哪些？
4. 请举例说明产品定位的含义。

### 三、单选题

1. 工业品营销人员根据企业的所有制性质进行市场细分的方法是(　　)。
   A. 企业性质细分法　　　　　　B. 行业细分法
   C. 顾客价值细分法　　　　　　D. 采购方式细分法
2. 关于细分市场，以下说法错误的是(　　)。
   A. 细分市场应当细分到不能再细分为止
   B. 细分市场应当足够大，保证企业有机会获取利润
   C. 细分市场内的采购者本质上具有一定的相似性
   D. 该细分市场的采购者与其他细分市场的采购者存在明显不同
3. 工业品目标市场的营销方法不包括(　　)。
   A. 无差异目标市场营销方法　　B. 差异化目标市场营销方法
   C. 集中式目标市场营销方法　　D. 随机性目标市场营销方法
4. 以下说法错误的是(　　)。
   A. 产品的定位是一直固定不变的

B. 产品定位对于企业来说很重要

C. 工业品营销活动必须要强化产品的定位

D. 产品定位可能并不代表企业或产品的真实情况

5. 企业将产品与一定的文化或亚文化挂钩的定位方法是( )。

　A. 产品类别定位　　　　　　　　B. 使用者定位

　C. 文化象征定位　　　　　　　　D. 竞争对手定位

### 四、多选题

1. 工业品市场细分方法有( )。

　A. 地理位置细分法　　　　　　　B. 顾客规模细分法

　C. 产品用途细分法　　　　　　　D. 顾客价值细分法

2. 确定工业品目标市场范围的模式有( )。

　A. 市场专门化覆盖模式　　　　　B. 选择性覆盖模式

　C. 单一的集中覆盖模式　　　　　D. 完全覆盖模式

3. 关于无差异目标市场营销方法，以下说法正确的是( )。

　A. 对待各个细分市场的采购者"一碗水端平"

　B. 对待各细分市场采购者的营销方式是"一招鲜，吃遍天"

　C. 企业强调各个细分市场的共性

　D. 该营销方法有利于企业进行标准化大规模生产

4. 确定工业品目标市场的营销方法时，企业需要考虑的因素有( )。

　A. 企业的自身资源　　　　　　　B. 产品所在的生命周期

　C. 竞争对手的行为　　　　　　　D. 市场与产品的同质性

5. 产品的定位方法有( )。

　A. 产品属性定位　　　　　　　　B. 产品用途定位

　C. 性价比定位　　　　　　　　　D. 竞争对手定位

## 微课视频

扫一扫，获取本章相关微课视频。

5.1 工业品市场细分(1)　　5.1 工业品市场细分(2)　　5.1 工业品市场细分(3)　　5.2 工业品目标市场选择(1)

5.2 工业品目标市场选择(2)　　5.2 工业品目标市场选择(3)　　5.3 工业品市场的产品定位(1)　　5.3 工业品市场的产品定位(2)

# 第六章 工业品营销策略：产品与定价

## 【本章提要】

企业在完成市场细分，选择目标市场，确定市场定位(这三个步骤即我们所说的完成市场 STP 战略分析)后，就需要制定 4P 营销策略了(产品、定价、渠道、促销策略)。工业品产品的生命周期往往可以分为引入期、成长期、成熟期、衰退期等四个时期，整个生命周期以引入期的开始为整个生命周期的开始，以衰退期的结束为整个生命周期的结束。工业品市场有其独特的市场特征和产品特点，因此，产品在产品生命周期中的不同时期也会呈现出不同的特点。产品在引入期时，企业可以采用高价高促销策略、低价高促销策略、高价低促销策略、低价低促销策略；产品在成长期时，企业可以采用产品改良策略、品牌塑造策略、新市场开发策略、适当降价策略；产品在成熟期时，企业可以采用以下几种营销策略：产品改良策略、市场改良策略、市场营销组合改良策略；产品在衰退期时，企业则可以采取继续策略、集中策略、撤退策略。采购心理定价策略有以下几种方法：声望定价法、尾数定价法、招揽定价法、习惯定价法、分级定价法。差别定价策略有以下几种方法：地理差别定价法、时间差别定价法、产品差别定价法、采购者差别定价法。折扣定价策略有以下几种方法：数量折扣定价法、季节折扣定价法、现金折扣定价法、职能折扣定价法。相关产品定价策略有以下几种方法：产品线定价法、互补品定价法、产品组合定价法、副产品定价法、两部分定价法。对新产品进行定价的方法有以下三种：高价格定价法(撇指定价法)、低价格定价法(渗透定价法)、适当价格定价法。

## 【学习目标】

1. 了解工业品产品生命周期及各时期的特点。
2. 熟悉并应用工业品产品在产品生命周期不同时期的营销策略。
3. 熟悉各种工业品定价策略，掌握并应用各种具体的定价方法。
4. 构建逻辑、辩证的科学思维；树立遵纪守法、遵守商业伦理的责任意识。

## 开篇案例与思考

2021 年以来，受国际传导、全球流动性宽松等多重因素的影响，我国部分大宗商品价格持续上涨，一些品种价格连创新高。为合理地引导预期，避免价格攀升对企业、居民可能带来的不利影响，监管层近期多次召开会议，部署大宗商品保供稳价措施。机构及业内人士认为，从重要会议的高频部署，以及有关部门的协同表态来看，中国经济应对国际大宗商品价格过快上涨的政策空间充足，产业发展韧性较强。

5月23日，国家发展改革委等五部门联合声明，下一步，有关监管部门将密切跟踪监测大宗商品价格走势，加强大宗商品期货和现货市场联动监管，对违法行为"零容忍"，持续加大执法检查力度，排查异常交易和恶意炒作，坚决依法严厉查处达成实施垄断协议、散播虚假信息、哄抬价格、囤积居奇等违法行为。

在政策的影响下，近期煤炭、铁矿石、螺纹钢等原材料类大宗商品价格均出现明显回落，化工、能源等价格波动下降。中信证券发布的研报分析，目前经济继续呈现"外需旺、内需稳"的态势不变。本周，螺纹钢、焦炭、动力煤等大宗商品均出现较大幅度回调，预计这一类以国内定价为主的大宗商品价格高点可能已经到来，这一变化也将在一定程度上缓解PPI持续上行的趋势性压力，PPI年内同比增速高点预计在今年5～6月。

(资料来源：光明网. 多部门出手保供稳价 应对大宗商品价格攀升政策空间充足. 2021-05-26, https://economy.gmw.cn/2021-05/26/content_34875454.htm.)

**问题分析：**

1. 工业品价格受到哪些因素的影响？
2. 工业品价格的变动会导致哪些结果？
3. 我国相关监管部门的行为，对于稳定工业品价格的意义是什么？体现了我国政治制度的哪些优势？

请结合本章的后续知识点深入思考。

企业在完成市场细分，选择目标市场，确定市场定位(即我们所说的市场STP战略)后，就需要在产品、价格、渠道、促销等方面去制定具体的营销策略了。产品、定价、渠道、促销策略也就是我们所说的4P营销策略。本章我们将重点介绍工业品产品策略和工业品定价策略。

# 第一节　工业品产品策略

**课前思考**

产品生命周期是什么？有哪几个时期？工业品产品在各时期分别具有什么特点？工业品产品在不同的生命周期可以采取什么营销策略？

产品是工业品市场营销活动中最基本的要素之一，在制定工业品市场营销策略时，企业首先需要考虑使用什么样的产品或服务来满足目标市场。我们可以认为，工业品产品策略是整个工业品市场营销策略的基础。制定工业品产品策略时，企业需要关注产品所在的生命周期，并根据产品所在的不同周期阶段，制定不同的产品策略。

## 一、产品生命周期概述

工业品产品的销售情况和盈利能力往往随着时间的变化而变化。与生命的发展历程相似,工业品产品的发展历程也同样经历了生产、成长、成熟、衰退等时期,我们将这几个时期统称为工业品生命周期。工业品生命周期是指新产品从进入市场开始,从无到有、从弱到强,又从强到弱,直到被市场淘汰为止所经历的全部时间。工业品产品的生命周期往往可以分为引入期、成长期、成熟期、衰退期等四个时期,整个生命周期以产品或服务进入细分市场为开始(以引入期的开始为整个生命周期的开始),以退出该细分市场为结束(以衰退期的结束为整个生命周期的结束)。

产品的生命周期强调的是产品的市场寿命,它是从产品的销售情况和盈利能力的变化进行判断的。产品的生命周期受到宏观经济发展、科学技术突破、市场竞争变化、采购者需求与偏好转变等多个方面的影响。值得注意的是,不是所有产品的生命周期都一定要完整地经历这四个时期。举例来说,有一些产品可能一上市就疯狂成长,直接跳过引入期,进入成长期;有一些产品在成熟期之后,通过更新换代避免进入衰退期,而是重新进入一个新的成长期。

另外,产品生命周期中的"产品",相对而言是一个较为宽泛的概念,它可以包括产品的种类、品种、品牌,而这三者的生命周期具有较大差异:产品种类的生命周期最长,产品品种的生命周期居中,而对于具体品牌的产品来说,其寿命周期最短。举例来说,发动机是一种产品品类,发动机中的柴油发动机是一个具体的品种,"A品牌B型号柴油发动机"则是具体品牌的产品,我们可以发现,发动机的生命周期相对最长,而A品牌B型号柴油发动机的生命周期最短。在实际的生产经营过程中,我们更多的是分析产品品种或产品具体品牌的生命周期,而非某一种类的生命周期。

## 二、产品生命周期各时期的特点

工业品市场有其独特的市场特征和产品特点,因此,产品在产品生命周期的不同时期也会呈现出不同的特点。

### (一)引入期的特点

产品在引入期时,销售量较低,成本较高,利润较低(利润甚至有可能为负)。此时,产品知名度较低,采购者对产品的了解程度较少,只有少数追求新奇、敢于尝试新鲜事物的采购者会尝试购买该产品。同时,由于企业想要扩大市场,因此需要投入较多的市场营销费用以提升产品的知名度,进而推高了产品的营销成本。另外,由于产品刚刚投入市场,尚需市场的检验来进一步优化产品的性能,企业往往不敢进行大批量生产,因此,产品的生产成本往往也比较高。再者,由于企业前期投入较多,但销售额增长较缓慢,企业的利润往往比较低,甚至可能产生亏损。举例来说,进行疫苗研发的M生物公司,前期投入了较多的资源进行疫苗研发,但是产品刚上市时,由于该疫苗尚未纳入我国的医保集中采购目录,因此采购者不多,导致M生物公司在疫苗刚上市时就面临着较大的经营压力。

### (二)成长期的特点

产品在成长期时,销售量会逐渐增加,成本逐渐降低,利润逐渐增加(利润开始为正)。在这个时期,产品逐渐被采购者了解并接受,越来越多的采购者开始采购该产品,市场进一步扩大。企业开始扩大产品的产量,产品的单位生产成本进一步降低,同时,由于销售量迅速上升,利润也随之增加。但是,在这一时期往往有越来越多的竞争者加入。竞争者看到该产品在市场中有利可图,便纷纷进入该市场参与竞争,使得该市场在需求没有大幅度增加的情况下,同类产品的供给量却大幅度增加,进而导致产品的价格逐步下降。举例来说,N 公司生产的盾构机,在引入期时由于采购者对其了解较少,销量也较低。但是,当产品逐渐进入成长期时,销量进一步增加,利润开始增加,N 公司与市场上已有竞争对手的竞争加剧,为了保持市场竞争力,N 公司不得不适当降低产品价格以吸引采购者。

### (三)成熟期的特点

产品在成熟期时,销售量会达到顶峰并保持稳定,成本降至最低,利润达到顶峰并产生逐渐下降的趋势。在成熟期,产品已经被大多数采购者所接受,市场需求逐渐饱和,潜在采购者逐渐变少,销售量逐步达到顶峰并保持稳定。由于产品的产量达到最大,产品的单位生产成本降至最低。但是,由于竞争开始变得更激烈,产品的营销费用逐步增加以吸引采购者,同时产品的价格保持下跌态势,导致产品的销售量和利润在达到顶峰后,开始呈现逐步下降的趋势。以上例的 M 生物公司为例,其生产的疫苗已经被大多数采购者所使用,且目前该市场也有较多其他厂商生产的同类疫苗,因此,该产品的销售量较稳定,甚至开始出现下降的趋势,且利润也在逐步下降。

### (四)衰退期的特点

产品在衰退期时,销售量已经开始出现下降,成本开始上升,利润开始降低(产品甚至会出现越卖越亏的情况)。在衰退期时,市场已经趋于饱和,新产品可能已经出现,采购者的消费习惯与采购习惯可能也发生了改变,进而使产品的销量产生了明显下降。企业为了保持销量,往往会进一步增加营销费用,进而提高了产品的相关成本,降低了产品的利润。此时,市场上原有的竞争者往往会因该市场的盈利水平较低而退出该市场,现有产品也有可能会被其他新产品所替代。举例来说,M 公司生产的疫苗即将完成其历史使命,采购者的消费习惯已经改变(病毒已被消灭,没有人会再接种该疫苗了),因此,M 公司将逐步减少该款疫苗的产量,并做好随时退出市场的准备。

## 三、产品不同时期的营销策略

### (一)引入期的营销策略

产品在引入期时,采购者往往对产品的价值、性能等不太熟悉,因此,企业往往需要花费较高的营销费用,建立较广泛的营销渠道,来吸引采购者试用并购买该产品。同时,由于产品的成本与售价都较高,因此,工业品市场营销人员需要集中力量主攻采购意愿最强烈的采购者,并根据市场状况制定合适的营销策略。具体而言,有以下几种策略。

第一种策略是高价高促销策略。这种策略是指产品的定价较高,以弥补大量营销活动的成本，并较快地补偿各种营销和生产费用，取得相对较多的利润。使用这种策略的产品往往具有以下特征：绝大多数采购者对该产品没有太多的认识与了解，需要通过大量的营销活动让其了解该产品；市场上并没有太多同类的产品，采购者只能采购该产品；采购者非常希望得到该产品且采购者具有足够的支付能力。

第二种策略是低价高促销策略。这种策略是指企业以较低的价格和较多的营销活动将产品投入市场。企业采取这种策略往往希望产品能够迅速占领市场，并在最短的时间内获得最大的市场份额。使用这种策略的产品往往具有以下特征：市场的规模较大，企业可以通过薄利多销的方式获利；大多数采购者对产品的价格比较敏感，无法或不愿意对产品支付较高的费用；市场上的竞争者实力较强，对该产品具有较大的威胁；产品的单位制造成本较低，企业降低产品的价格后依然可以保持盈利。

第三种策略是高价低促销策略。这种策略是指产品的定价较高，营销费用较少。使用这种策略进行工业品市场营销，有利于企业获得更多的利润。使用这种策略的产品往往具有以下特征：市场规模较小，市场上可选择的产品不多；大多数采购者已经熟知该产品，不需要做过多的市场营销推广活动；采购者财大气粗，具有较强的购买力，愿意出高价购买产品；市场上竞争者较少，可替代产品不多，企业哪怕不做市场营销活动，也会有采购者购买该产品。

第四种策略是低价低促销策略。这种策略是指企业以较低的价格和较少的市场营销费用，在市场上销售其产品。企业采取这种策略，往往希望产品具有"便宜实惠"的特征，并以此吸引采购者进行采购。使用这种策略的产品往往具有以下特征：市场规模很大，企业可以通过薄利多销的方式获利；采购者对该产品很熟悉，企业不需要再进行过多的市场营销活动；市场上的竞争者对该产品存在着一定的威胁，但威胁并不大，哪怕企业投入较少的市场营销活动成本，产品的销售量也不会受到过大的影响。

## (二)成长期的营销策略

产品在经过前期的市场推广后，已经获得了越来越多采购者的认可；同时，早期采购者重复采购该产品，并带动了新采购者的采购，使得销售量快速增长，利润快速增加。在这个时期，企业的主要目的是扩大产品的市场占有率，在市场中占据主动地位，进而进一步提高产品的销售量和利润。另外，这个时期也容易有新的竞争者加入，使得市场进一步细分，销售渠道进一步拓宽。在产品的成长期，企业经常采用以下几种营销策略。

第一种策略是产品改良策略。这种策略是指企业对产品的性能、质量、款式、包装等进行改进，以进一步增强产品的市场竞争力。使用这种策略的产品往往具有以下特征：该产品与竞争者的同类产品具有比较高的相似性和同质性，在市场上并没有突出的亮点与优势。举例来说，N公司生产的盾构机本来表现平平，与同类产品的差别不大。之后N公司通过工业技术改良提升了盾构机的产品性能，使得产品与同类产品相比具备了明显优势，提高了产品在成长期的市场竞争力。

第二种策略是品牌塑造策略。这种策略是指市场营销活动从提高产品本身知名度向提高产品品牌与形象，并说服采购者进行采购转变。之前的营销活动可能更强调产品本身的质量、性能，而之后的市场营销活动可能更加强调产品品牌与其他同类产品相比的优势，以增强采购者的采购信心，并说服采购者购买该产品。举例来说，N公司在之前的营销活动中，重点强调了盾构机的产品性能，而在之后的营销活动中，N公司重点强调了自己生产的盾构机与国内外同类盾构机的区别，展示了其独特的优势与亮点，同时重复表明自己的品牌在市场上的美誉度和知名度，有力地说服了采购者购买其盾构机。

第三种策略是新市场开发策略。这种策略是指工业品市场营销人员通过市场调查与分析，不断地开拓新的细分市场，进一步拓宽销售渠道，增加对市场的覆盖面，以满足不同采购者的需求，进一步提高市场份额。举例来说，N公司生产的盾构机原本主要面向国内市场，现在，其进一步拓宽销售渠道，开发了海外市场，产品出口到了欧洲和非洲，进一步提高了自产盾构机在国际市场上的份额。

第四种策略是适当降价策略。这种策略是指工业品市场营销人员结合产品的生产成本、营销成本和市场变动趋势，分析竞争者的价格策略，在合适的时候适当地降低产品的价格，以吸引价格敏感型采购者采购产品，进一步增加产品竞争力。举例来说，N公司生产的盾构机，两年内价格下降了50%，这增加了其在市场的竞争力。

## (三)成熟期的营销策略

产品经过高速成长达到了顶峰之后，销售量便会逐步放缓，同时，行业的整体生产量逐渐过剩，竞争者开始进一步压低价格，以保持市场份额。在这个阶段，市场上出现了几个较大的领导者和若干满足细分市场内若干具有特殊需求采购者的弥补者。在成熟期，企业经常采用以下几种营销策略。

第一种策略是产品改良策略。企业可以进一步改变产品自身的性能、特征，以满足采购者的其他需求，进而提升产品销量。具体而言，企业可以采用以下做法：一是提高产品的质量，让产品更加耐用，安全性能更强，进而促使潜在采购者采购该产品；二是增加产品型号，通过变更尺寸、增加可选服务包、增加选配产品等，让采购者拥有更多的选择；三是提高产品的形象(颜值)，通过改变颜色、包装、设计等，增加产品的美感，让产品更亮眼，进而吸引采购者购买。举例来说，N公司进一步提高了盾构机的产品质量和耐用性，进而吸引了潜在采购者的关注。同时，该盾构机增加了若干个增值服务包(如采购者可另外购买"24小时内现场响应售后"增值服务)，采购者可以根据实际情况进行选择。另外，N公司还邀请了专业设计师改进了产品的外观，让众多采购者眼前一亮，提升了第一印象。

第二种策略是市场改良策略。市场改良策略是指产品本身不做任何改变，而是通过发现产品新的使用方法、找到新的细分市场等方式，进一步提高产品的销售量。具体而言，企业可以采用以下做法：一是发现产品新的使用方法，引导采购者将产品应用于其他领域；二是企业将产品投入到新的细分市场，获取新的采购者；三是刺激市场上已有的采购者更多地购买该产品，通过提高采购者的使用频率、使用量，提升采购者的复购率，进而提升销售量。举例来说，N公司生产的盾构机主要用于地下隧道工程建设，采购者多为工程建设公司，该企业现在将盾构机出售给各大专院校(发现产品新的采购者)，供各院校作为教学用具使用(发现产品新的使用方法)；同时，N公司说服大专院校购买更多的盾构机以提高教学质量(提高使用量和重复购买率)，这样一来，N公司盾构机的销售量有了明显提升。

第三种策略是市场营销组合改良策略。市场营销组合改良策略是指企业对产品的市场营销组合进行改变，以延长产品的成熟期，推迟产品进入衰退期的时间。具体而言，企业可以降低产品的价格，或者推出一些优惠措施，鼓励采购者进行采购；进一步优化分销渠道和销售流程；启动整合营销战略，优化广告投放的地点、时间、频率；进一步提高工业品营销人员的素质和能力，加强人员推销；加强公关、项目营销、绿色营销等营销活动。

### (四)衰退期的营销策略

随着技术的发展、采购者需求的变化、市场环境的变化，在经历成熟期后，产品的市场需求开始下降，企业的盈利水平逐渐降低，产品进入衰退期。企业可以通过分析市场规模、市场份额、利润变化、成本变化等趋势，判断产品是否进入了衰退期。如果产品已经进入衰退期，那么企业应当采取相应的营销策略应对，具体策略如下。

第一种策略是继续策略。这种策略是指企业继续在该市场生产产品，继续开展市场营销活动，继续吸引采购者购买产品，以弥补竞争对手退出市场时产生的空缺。虽然市场开始萎缩，但是市场上仍然有消费者与采购者对该产品有需求，因此，企业可以针对这部分消费者和采购者继续提供产品。举例来说，虽然生产疫苗的 M 公司发现，市面上的其他竞争者已经陆续退出了该疫苗市场，但是该细分市场依然存在，于是其继续保持疫苗的产量，弥补竞争者退出后造成的市场空白，继续满足该细分市场采购者与最终消费者的需求。

第二种策略是集中策略。这种策略是指企业继续在该市场生产产品，但是将逐渐缩小产品线和生产规模，减少产品的开发费用和市场营销费用，以适应逐渐萎缩的细分市场。举例来说，生产疫苗的 M 公司发现，该疫苗市场虽然存在且能够保证企业盈利，但是其市场规模已经比较小了，因此该公司虽然继续生产该款疫苗，但是已明显缩小其产品线，以满足该细分市场的需求，适应该细分市场的规模。

第三种策略是撤退策略。该策略是指如果产品已经无法为企业带来利润，或者细分市场已经逐渐消失，那么企业就应当停止生产并逐渐退出该细分市场。需要注意的是，如果企业已经决定放弃该产品并退出该市场，企业也需要做好售后工作，如保留部分零部件和售后服务人员等。举例来说，生产疫苗的 M 公司发现，该疫苗所针对的病症已经得到明显控制，市场规模趋近于零，于是该企业决定放弃生产该款疫苗并退出该细分市场，但是该公司仍保留了极少部分的售后服务人员，以做好疫苗的售后服务工作。

## 第二节　工业品定价策略

对于工业品，有哪些定价方法？能否根据采购者的心理活动进行定价？能否根据产品差别进行定价？能否根据产品性质进行定价？新的产品又该如何定价？

工业品市场营销人员应当根据产品特征和市场环境，对产品进行合理定价，该定价应当能够适应客观市场环境，同时也有利于企业获取利润。接下来我们一起来了解几种确定工业品价格的策略。

### 一、采购心理定价策略

采购者在采购产品的过程中，往往会受到自身心理活动的影响。工业品市场营销人员可以根据采购者的心理特点,对产品进行定价,进而使产品价格与采购者的心理预期相符,让采购者更容易接受产品价格。具体而言,有以下几种方法。

### (一)声望定价法

声望定价法是指企业利用自己的声望或产品的形象,对产品进行定价的方法。需要注意的是,企业的声望或产品的形象来自采购者自身的心理感知,企业通过判断这种感知来确定产品的价格。一般而言,在采购者心目中声望较高的企业、形象较好的产品,往往可以采取这种定价方法,产品的价格相对也可以定得高一些。举例来说,采购者一直以来对P公司所生产的货架具有较高的评价,多数采购者认为,该公司的货架质量上乘、设计美观,该公司的口碑不错、好评较多。基于此,P公司对其生产的货架的定价相对较高。另外,对于化妆品、药品、医疗活动、食品、保健品、人力服务等产品质量评价较为主观的产品或服务,使用声望定价法往往特别有效。

### (二)尾数定价法

尾数定价法是指企业在确定产品的价格时,尾数是零头(甚至有小数)而不是整数的定价方法。尾数定价法往往可以让采购者认为该产品的价格相对较低。举例来说,P公司生产的货架定价为299.9元,而不是300元或301元。虽然价格只少了一元甚至是一角钱,但是,采购者往往会觉得299.9元只是200多元,而300元就是300多元了,在心理上会认为300元这种整数价格会比299.9元高很多,令人难以接受。另外,采用尾数定价法确定的价格往往会让采购者认为,该价格是制造商通过精确计算后得出的结果,确实价廉物美不坑人。在实际生产生活中,我们经常会发现,尾数定价法常常适用于面向最终消费者的产品,且该产品的价格并不太高。举例来说,食堂采购者并不会觉得799 999元的自动洗碗机和800 000元的自动洗碗机有太大的价格差别,但会觉得3.8元/千克的西兰花和4.2元/千克的西兰花差价挺大。

### (三)招揽定价法

招揽定价法是指这样一种方法:制造商拿出某一种或几种商品作为特价商品,并将其价格设置得相对较低,以招揽采购者前来协商购买;在购买特价商品的同时,采购者往往也会购买其他正价商品;通过特价商品与正价商品的搭配销售,企业能够保持总体盈利。招揽定价法可以简单地理解为"舍不得孩子套不着狼"的定价方法。举例来说,P公司不仅生产货架,还生产文件柜。P公司将文件柜当作特价商品进行亏本销售,并通过各种媒介进行广告宣传,以招揽采购者前来采购。当采购者采购文件柜时,会发现P公司还生产货架,有些采购者为了图运费便宜(P公司表明,两种产品同时打包采购可以享受包邮优惠),也就顺带购买正价的货架了。这样一来,P公司看似卖文件柜亏了,但通过销售货架还是保持了整体盈利。

### (四)习惯定价法

习惯定价法是指企业按照市场上已经形成的习惯性价格来确定自身产品的价格。在实际的工业品生产经营活动中,很多产品在市场上其实已经形成了一个习惯性的公认价格,如果自身产品的价格过高,产品在市场上的竞争力则会降低;如果产品价格过低,采购者又有可能会怀疑产品的质量。因此,随行就市,按照市场习惯进行产品定价,可能是较稳妥的选择。举例来说,P 公司生产的文件柜在市场上已有众多同类产品,且该类型的产品普遍价格在 500 元左右。P 公司深知,如果采用更好的原材料生产文件柜,那么产品的定价一定会高于 500 元。但如果是这样的话,产品的市场竞争力就会大大降低,产品可能会陷入无人问津的状况。因此,P 公司最终选择使用较次的原材料,降低产品的质量和生产成本,让文件柜的价格与市场习惯保持一致。

### (五)分级定价法

分级定价法是指企业先将产品划分为不同等级,然后再对各个等级的产品分别进行定价的方法。将产品系列划分为不同等级,有利于采购者按需采购,如果定价得当,企业还能够增加额外收益。举例来说,P 公司将生产的货架分为三个不同的等级:入门基础款、普通大众款、加厚安全款。加厚安全款用料最好,生产工艺最复杂,生产成本最高;而入门基础款使用的原材料质量最差,生产工艺最简单,生产成本最低。P 公司选择采用分级定价法:加厚安全款的定价最高,普通大众款的定价次之,而入门基础款的定价最低。

## 二、差别定价策略

差别定价策略是指企业根据地理位置、采购时间、产品、采购者等差异,对产品的价格进行差别化定价。值得注意的是,使用差别定价策略时,企业对产品的定价区别,实际上并不反映产品成本的真实区别。换言之,差别定价策略实质上是一种价格歧视。具体而言,差别定价策略包含以下几种定价方法。

### (一)地理差别定价法

地理差别定价是指这样一种定价方法:因地理位置差异所产生的运输、仓储、保险等费用体现在了定价中,但是产品的定价差别并不一定与因地理差异所造成的产品成本差别成固定比例。具体而言,地理差别定价有以下几种方法。

第一种方法是统一定价法。统一定价法是指这样一种方法:企业不考虑因地理位置差异所造成的运费差异,而对不同地区的采购者都采取相同的定价。举例来说,P 公司生产的货架"全国统一价、全国都包邮",就是采用了统一定价法。很明显,这种定价方法受到了地理位置较远的采购者的欢迎,而对地理位置较近的采购者来说则略有吃亏。

第二种方法是运输工具上交货定价法。这种定价方法是指企业只按照出厂价出售产品,并承诺将产品运送到出厂地的某种运输工具上进行交货,交货之前的一切费用和风险由企业承担,而一旦产品运送到运输工具上,就视为完成交货,之后的所有风险将由采购者承担。这种定价方法往往不受远距离采购者的欢迎,毕竟运输距离越长,采购者承担的风险往往就越大。

第三种方法是分区定价法。这种方法是指企业将整个市场划分为若干个分区,不同分区的价格不同,但是同一分区内的价格是一样的。分区定价法存在着明显的缺陷:位于分区边界的不同采购者,即使地理位置相近,两者也会因分区不同而存在明显的价格差异,购买价格较高的采购者往往容易产生不满情绪。举例来说,P 公司以全国各省级行政单位为市场分区,每个省内的价格一致,但不同省之间的价格会有所差异。此时,位于江苏省昆山市的Y企业和位于上海市嘉定区的Z企业同时向P公司采购货架,即使Y企业和Z企业仅有一街之隔,但是由于两个企业分属两个不同的省级市场,因此按照P公司的分区定价策略,两个企业的采购价格会有所差异。

第四种方法是运费吸收定价法。这种方法是指产品出厂价加上距离采购者最近的竞争对手的送货报价,即为产品的定价。使用这种方法进行定价,有利于企业进入相对较偏远的市场,只要企业最终能够实现盈利,那么,企业就可以使用这种方法开发偏远地区的细分市场。

### (二)时间差别定价法

时间差别定价法是指企业在不同的时间段、季节、年份等出售同一产品,会制定不同价格的方法。举例来说,P公司通过市场调查了解到,每年的10月和1月是各采购者采购货架的高峰期(因为双11购物大促和春节临近,很多采购者和最终消费者需要购买货架以囤货),且货架在这两个月甚至能够成为"刚需",因此,P公司往往会在每年的10月和1月适当地提高货架的价格,以提高企业利润。

### (三)产品差别定价法

产品差别定价法是指企业根据产品外观、颜色、设计、形式、型号等要素,对产品进行差别化分类,并对不同类别的产品进行定价。需要强调的是,采用这种方法定价的产品,产品之间可能并不存在成本差别,定价不同仅仅是因为产品的形式、型号等有所差异。换言之,价格之间的差额与成本之间的差额并不成比例关系。举例来说,P公司将生产的货架分为了三类:白色货架类、黑色货架类、蓝色货架类。P公司通过市场调研发现,白色货架更受采购者的欢迎(可能就是单纯的好看而已),而蓝色货架的受欢迎程度相对较低,因此P公司保持蓝色货架的价格不变,相对调高黑色货架的价格,而将白色货架的价格设定为最高。值得注意的是,这三种货架的成本根本没有任何区别,三种货架的唯一区别仅仅只是颜色不同,三种货架的价格有别,仅仅是因为它们的颜色不一样而已。

### (四)采购者差别定价法

采购者差别定价法是指企业根据采购者对产品的需求差异、采购者掌握的信息差异等,将同一种产品以不同的价格销售给不同采购者的方法。需要注意的是,产品的价格差值与产品的成本差值并不成比例关系。举例来说,P公司将其生产的货架分别出售给民营企业和高等院校。P公司通过市场调研发现,民营企业的采购者对货架的了解程度较深(所谓的"懂行"),而高等院校的采购者往往不太了解货架产品,且对价格不甚敏感,因此即使是销售同样一款货架,P公司也"看人下菜":对民营企业采购者的报价相对较低,而对高等院校采购者的报价相对较高。

## 三、折扣定价策略

折扣定价策略是指企业在产品正式价格的基础上对采购者给予一定折扣的定价策略,即我们日常所说的"打折减价"。折扣定价策略看似降低了企业的利润,实际上却使企业提高了产品销售量,增加了资金周转率,减少了库存,甚至可能通过"薄利多销"的方式提升总收益。具体而言，折扣定价策略包含以下几种定价方法。

### (一)数量折扣定价法

数量折扣定价法是指这样一种方法：如果采购者一次性大批量采购产品，那么企业则对该采购者给予一定比例的价格折扣。数量折扣定价法一般有两种形式：一种是每次都根据该次订单的数量进行打折；另一种是根据采购者在某段时期内的累积采购总数量进行打折。数量折扣定价法有利于采购者只从本企业处采购产品，进而提高采购者的忠诚度。举例来说，P公司开展了"会员项目"：单次采购总额达到600万元的采购者，该次采购可以享受9.5折优惠；另外，一个自然年度内累计采购总额达到100万元的采购者，可以成为企业会员，下一自然年度能够以产品原价的七折拿货；采购总额达到300万元的采购者，可以成为高级企业会员，下一自然年度能够以产品原价的六折拿货。采购者为了以更低的折扣拿货，往往会将所有的采购订单都集中在P公司，而不再寻求其他制造商。

### (二)季节折扣定价法

季节折扣定价法是指企业在销售淡季时为采购者提供价格折扣的方法。季节折扣定价法可以较好地保证企业全年生产销售的稳定性。该方法适用于具有明显季节性的产品，如造雪机、滑雪器材、海上摩托艇等。举例来说，P公司通过市场调查发现，每年的3月是货架采购的淡季，因此，它在3月开展了"货架随心购"活动，在3月份采购货架的采购者可以享受7.5折优惠。

### (三)现金折扣定价法

现金折扣定价法是指这样一种方法：如果采购者能够快速付款(甚至是现金现结)，那么，企业则对该采购者给予一定比例的价格折扣。在工业品领域，付款流程往往较长，回款流程往往较慢，企业发货后，往往需要经历一段时间才能收到货款，这明显降低了企业的资金周转率，提高了坏账的可能性。如果采购者能够快速付款、现金现结，那么，企业可以允诺给予一定的优惠。另外，如果采购者能够支付较高的预付款，那么企业也可以允诺给予一定的优惠。举例来说，P公司开展的"会员项目"明确说明，30个自然日内付清全部货款的采购者可以成为企业会员，下一自然年度能够以产品原价的7折拿货。

### (四)职能折扣定价法

职能折扣定价法是指如果采购者能够辅助完成企业的某些生产经营职能(如市场职能、运输职能、仓储职能、销售职能等)，那么企业可以对该采购者给予一定比例的价格折扣。具体的折扣额度可以依据其提供的具体职能和具体服务内容确定。但是，如果不同采购者提供的职能或服务内容一样，那么，企业所给予的折扣就应当一致。举例来说，P公司开展的"会员项目"明确说明，如果一个采购者为企业成功推荐一个新的客户(采购者承担了企业的部分市场职能)，那么该采购者在下一自然年度就能够以产品原价的7.5折拿货。

## 四、相关产品定价策略

当前，工业品市场的大多数企业不再局限于只生产一种或少数几种产品，而是生产不同类别的产品,且这些产品具有一定的相关性。企业在对产品进行定价时,可以对具有相关性的产品进行统筹考虑,最大化企业利润。具体而言,相关产品定价策略包含以下几种定价方法。

### (一)产品线定价法

一般而言,企业的一条产品线往往会同时生产若干个具有相互关联性的产品,这些产品可能并不存在本质性差异,仅仅是在颜色、功能、外形上存在着细微的差别,彼此之间可以互为替代品。因此,企业在对产品线上的不同产品进行定价时,需要考虑到采购者对各个产品的感知价值(即采购者自己认为该产品价值几何)、产品之间的成本差异、市场上同类产品的报价等各要素,并按照一定的差额或比例进行定价。同一产品线上不同产品的差额定价关系到各个产品的销售量,进而影响企业的整体利润。举例来说,P公司将生产的货架分为三类:无门货架类、单门货架类、双门货架类。无门货架的制造成本最低,而双门货架的制造成本最高,由于这三类产品互为替代品,因此P公司经过综合考虑,适当地调高了单门货架和双门货架的价格,且三类产品的价格差额与成本差额存在着一定的比例关系。

### (二)互补品定价法

企业所生产的产品中,有些产品之间存在着互补关系(即某一种产品为主要产品,另一种产品为补充附属产品)。一般而言,价值较高、经久耐用的产品为主要产品,而价值较低、更换频率较高的产品为补充附属产品。对于互补品而言,企业可以对其进行分别定价,以最大化企业的整体利润。举例来说,D公司生产的打印复印一体机是主要产品,生产的墨盒、硒鼓为补充附属产品。D公司将主要产品的定价设定得较低,以吸引采购者采购,而将专用墨盒、硒鼓等补充附属产品的定价设置得相对较高,以实现企业利润整体增加的目的。

### (三)产品组合定价法

产品组合定价法是指这样一种方法:企业将一组产品或服务进行打包定价,通过薄利多销的方式提高所有产品或服务的销售量,以获取更多利润。一般而言,在使用该方法进行定价的情况下,如果采购者单独购买某种产品或服务,其价格相对较高;而如果采购者统一采购一组产品或服务,其价格往往低于单独购买各个产品或服务的价格总和(即享受打包价)。举例来说,为企业提供战略咨询服务的W公司主要提供广告策划、财务审计、战略咨询等三类服务,如果采购者单独购买这三类服务,其各自的价格均为100万元,但是,如果采购者一次性统一采购这三类服务的话,那么只需要支付统一打包价200万元。请注意,有些时候,采购者可能并不需要所有的产品或服务,因此,产品组合的定价往往需要有较大的吸引力,让采购者产生"多买一样也贵不了多少,但是不都买的话就亏了"的想法。

### (四)副产品定价法

副产品是指企业在制造主要产品时产生的附带物。对企业来说,附带物可能是毫无使用价值的垃圾,如果自行处理的话,还会产生较高的处理成本。但是,对于其他企业来说,附带物却具有一定的使用价值,此时,企业可以将这些副产品销售给其他企业,在获取利润的同时,降低主要产品的定价。一般来说,只要副产品的价格不低于企业处理副产品所产生的成本，那么企业就可以出售副产品。举例来说，生产木质家具的 Q 公司，在生产家具时会产生废木料等副产品。如果直接丢弃这些废木料的话，处理成本相对较高，如果 Q 公司将这些废木料以较低的价格出售给 L 园林绿化公司，那么 L 园林绿化公司将废木料粉碎后铺放在绿化植物周围，这样不仅使园林看起来更加美观，还能够有效避免土壤中的水分蒸发。对于 Q 公司来说，只要出售废木料的收益高于直接处理废木料的收益，那么，这个买卖就是划算的。

### (五)两部分定价法

两部分定价法是指这样一种方法：企业将产品的定价分为固定价格和可变价格两个部分，企业通过确定合理的固定价格和可变价格，可以吸引更多的采购者，提高企业盈利水平。举例来说，R 广告公司向客户办理定向广告推送业务时，会收取一次性开户费和固定月租费；同时，R 公司还规定，客户当月每推送超过 1 000 条定向广告，则另行收费 500 元。对于 R 公司来说，一次性开户费和固定月租费就是固定价格，而另行收费的 500 元是可变价格。需要注意的是，确定固定价格和可变价格时，企业需要作出审慎选择：降低固定价格，有利于吸引更多的消费者，企业可以通过可变价格获利；而提高固定价格，有利于企业在前期不致亏损，企业通过降低可变价格，可以促进采购者的使用频率，以进一步提高盈利水平。

## 五、新产品定价策略

对于新产品而言，企业希望该产品要么能够迅速提高市场占有率，要么能够快速地为企业赚取利润。因此，对于新产品的定价，我们往往需要考虑到"市场占有率"和"盈利"这两个方面。具体而言，对新产品进行定价的方法有以下三种。

### (一)高价格定价法

高价格定价法也叫作撇脂定价法，它是指企业对新产品的定价要比产品的实际成本高很多，旨在最快地获取利润。如果市场上还没有出现同类产品的话，那么，企业采取高价格定价法是比较合适的。举例来说，生产疫苗的 M 生物公司意识到，自己生产的疫苗在市场上非常受欢迎，甚至一度成为硬通货，且该市场没有其他竞争者，因此 M 生物公司在法律允许的范围内，最大幅度地提高了自己所生产疫苗的价格(虽然这不一定符合商业伦理)。但是，需要注意的是，不是所有的产品都适合采用高价格定价法，如果该市场的采购者较少，采购者的支付意愿或支付能力较低，市场竞争激烈，市场上已经存在着较多有力的竞争对手，产品富有需求弹性(价格稍微一涨，需求就会大跌)，那么，高价格定价法往往并不适用。

### (二)低价格定价法

低价格定价法也叫作渗透定价法，它是指企业降低新产品的定价，且定价甚至有可能比产品的实际成本还要低，旨在让采购者能够快速地了解、接受、购买新产品，以最快的速度提高市场占有率，进而形成领导甚至垄断地位，进一步阻止其他竞争者进入市场。但是，低价格定价法存在一些明显的问题：企业的投资回报率变低，如果企业资金不是那么雄厚的话，则很有可能会陷入破产的境地。举例来说，为企业提供战略咨询服务的 W 公司，目前希望以最快的速度占领市场，因此即使其广告策划、财务审计、战略咨询等三类服务的成本各自都为 80 万元，W 公司对三类服务各自的定价也只有 50 万元，其目的就是更快地吸引采购者，占领市场并形成规模效应。需要注意的是，低价格定价法的适用场景也是有限的：企业采取这种定价方法，主要考虑到产品的总成本会随着生产规模的扩大和市场占有率的提高而被逐步摊薄，因此才考虑通过低价格定价法对产品进行定价；同时，企业往往会预判该细分市场内的其他竞争对手不会打价格战，亏本的买卖不会持续太久，企业不会被长久的价格战所拖垮。

### (三)适当价格定价法

适当价格定价法是指企业将新产品的价格设定在合理区间内，不至于价格过高难以被采购者接受，也不至于价格过低导致企业盈利水平降低。使用适当价格定价法确定价格的产品，相对来说更容易被采购者所接受，且可以保证企业在一定时期内顺利收回投资，获取利润。企业对新产品设定价格的时候，需要考虑产品的各个方面，对产品进行适当的定位。举例来说，W 公司通过市场调查发现，其提供的服务，市面上的价格区间为 60 万元～120 万元，因此，其对产品的最终定价为 95 万元。

## 本章小结

1. 企业在完成市场细分、选择目标市场、确定市场定位(这三个步骤即我们所说的完成市场 STP 战略分析)后，就需要在产品、定价、渠道、促销等方面去制定具体的营销策略了。产品、价格、渠道、促销策略也就是我们所说的 4P 营销策略。

2. 工业品生命周期是指新产品从进入市场开始，从无到有、从弱到强，又从强到弱，直至被市场淘汰为止所经历的全部时间。工业品产品的生命周期往往可以分为引入期、成长期、成熟期、衰退期等四个时期，整个生命周期以引入期的开始为整个生命周期的开始，以衰退期的结束为整个生命周期的结束。

3. 工业品市场有其独特的市场特征和产品特点，因此，产品在产品生命周期的不同时期也会呈现出不同的特点。产品在引入期时，销售量较低，成本较高，利润较低；产品在成长期时，销售量会逐渐增加，成本逐渐降低，利润逐渐增加；产品在成熟期时，销售量会达到顶峰并保持稳定，成本降至最低但开始逐渐增加，利润达到顶峰并产生逐渐下降的趋势；产品在衰退期时，销售量开始出现下降，成本开始上升，利润开始降低。

4. 产品在引入期时，采购者往往对产品的价值、性能等不太熟悉，因此企业通常需要花费较高的营销费用，建立较广泛的营销渠道，吸引采购者试用并购买该产品，具体可以采取高价高促销策略、低价高促销策略、高价低促销策略、低价低促销策略。

5. 产品在成长期时，企业的主要目的是扩大产品的市场占有率，在市场中占据主动地位，进而进一步提高产品的销售量和利润。在产品的成长期，企业经常采用以下几种营销策略：产品改良策略、品牌塑造策略、新市场开发策略、适当降价策略。

6. 产品经过高速成长达到了顶峰之后，销售量便会逐步放缓，同时，行业的整体生产量逐渐过剩，竞争者开始进一步压低价格，以保持市场份额。在成熟期，企业经常采用以下几种营销策略：产品改良策略、市场改良策略、市场营销组合改良策略。

7. 企业可以通过分析市场规模、市场份额、利润变化、成本变化等趋势，判断产品是否进入了衰退期。如果产品已经进入了衰退期,那么,企业应当采取相应的营销策略应对,具体策略有:继续策略、集中策略、撤退策略。

8. 工业品市场营销人员可以根据采购者的心理特点,对产品的价格进行定价,进而使产品价格与采购者的心理预期相符,让采购者更容易接受产品价格。具体而言,采购心理定价策略有以下几种方法:声望定价法、尾数定价法、招揽定价法、习惯定价法、分级定价法等。

9. 差别定价策略是指企业根据地理位置、采购时间、产品、采购者等差异,对产品的价格进行差别化定价。值得注意的是,使用差别定价策略时,企业对产品的定价区别,实际上并不反映产品成本的真实区别。换言之,差别定价策略实质上是一种价格歧视。差别定价策略包含以下几种定价方法:地理差别定价法、时间差别定价法、产品差别定价法、采购者差别定价法。

10. 折扣定价策略是指企业在产品正式价格的基础上对采购者给予一定折扣的定价策略,即我们日常所说的"打折减价"。折扣定价策略看似降低了企业的利润,实际上却使企业提高了产品销售量,增加了资金周转率,减少了库存,甚至可能通过"薄利多销"的方式提升总收益。具体而言,折扣定价策略包含以下几种定价:数量折扣定价法、季节折扣定价法、现金折扣定价法、职能折扣定价法。

11. 当前,工业品市场的大多数企业不再局限于只生产一种或少数几种产品,而是生产不同类别的产品,且这些产品具有一定的相关性。企业在对产品进行定价时,可以对具有相关性的产品进行统筹考虑、最大化企业利润。具体而言,相关产品定价策略包含以下几种定价方法:产品线定价法、互补品定价法、产品组合定价法、副产品定价法、两部分定价法。

12. 对于新产品而言,企业希望该产品要么能够迅速地提高市场占有率,要么能够快速地为企业赚取利润。因此,对于新产品的定价,我们往往需要考虑到"市场占有率"和"盈利"这两个方面。具体而言,对新产品进行定价的方法有以下三种:高价格定价法(撇指定价法)、低价格定价法(渗透定价法)、适当价格定价法。

## 练习与思考

### 一、名词解释

1. 产品生命周期
2. 产品改良策略
3. 品牌塑造策略
4. 采购心理定价策略
5. 差别定价策略
6. 折扣定价策略
7. 相关产品定价策略
8. 4P 营销策略

### 二、简答题

1. 请说明工业品产品在产品生命周期的不同时期,分别具有什么特点。
2. 折扣定价策略包括哪些方法?

3. 确定新产品的价格时，企业往往需要考虑到哪些方面？

4. 什么是副产品？如何给副产品定价？

### 三、单选题

1. 在产品生命周期中，产品销售量逐渐增加，成本逐渐降低，利润逐渐增加的时期是（　　）。

   A. 引入期　　　　　　　　　　B. 成长期

   C. 成熟期　　　　　　　　　　D. 衰退期

2. 在产品生命周期中，处于成长期的产品不适用于（　　）。

   A. 适当降价策略　　　　　　　B. 新市场开发策略

   C. 品牌塑造策略　　　　　　　D. 提高定价策略

3. 企业不考虑因地理位置差异所造成的运费差异，而对不同地区的采购者都采取相同的定价，这种定价方法是（　　）。

   A. 统一定价法　　　　　　　　B. 运输工具上交货定价法

   C. 分区定价法　　　　　　　　D. 运费吸收定价法

4. 如果采购者能够快速付款，那么企业则对该采购者给予一定比例的价格折扣，这种定价方法称为（　　）。

   A. 职能折扣定价法　　　　　　B. 现金折扣定价法

   C. 季节折扣定价法　　　　　　D. 数量折扣定价法

5. 企业将一组产品打包定价，且打包总价比单独销售各产品的价格总和要低，这种定价方法是（　　）。

   A. 互补品定价法　　　　　　　B. 产品组合定价法

   C. 副产品定价法　　　　　　　D. 两部分定价法

### 四、多选题

1. 产品在引入期的营销策略有（　　）。

   A. 高价高促销策略　　　　　　B. 低价高促销策略

   C. 高价低促销策略　　　　　　D. 低价低促销策略

2. 在产品生命周期中，处于衰退期的产品适用于（　　）。

   A. 继续策略　　　　　　　　　B. 集中策略

   C. 撤退策略　　　　　　　　　D. 进攻策略

3. 使用采购心理定价策略定价时，企业可以使用的方法是（　　）。

   A. 尾数定价法　　　　　　　　B. 招揽定价法

   C. 习惯定价法　　　　　　　　D. 分级定价法

4. 折扣定价策略包括的方法有（　　）。

   A. 数量折扣定价法　　　　　　B. 季节折扣定价法

   C. 现金折扣定价法　　　　　　D. 职能折扣定价法

5. 对于新产品的定价，可选的方法有（　　）。

   A. 高价格定价法　　　　　　　B. 低价格定价法

   C. 适当价格定价法　　　　　　D. 随意定价法

微课视频

扫一扫,获取本章相关微课视频。

6.1 工业品产品策略(1)　　6.1 工业品产品策略(2)　　6.1 工业品产品策略(3)　　6.2 工业品定价策略(1)　　6.2 工业品定价策略(2)　　6.2 工业品定价策略(3)

# 第七章 工业品营销策略：渠道与促销

**【本章提要】**

　　工业品渠道策略是指工业品制造商拓展、管理、激励、控制渠道成员的一系列活动。工业品市场的渠道成员主要包括经销商、代理商、其他中间商等。制造商不选择直销而选择渠道成员，是因为其在工业品市场中具有一些制造商没有的优势。制造商与渠道成员之间可能会存在一些冲突，制造商可以采取一些方法，增进自己与渠道成员的友谊，激励渠道成员在细分市场中更有激情、更为高效地开展工业品市场营销活动。例如，制造商可以加强与渠道成员之间的感情联络；提供人员培训与售后服务；与渠道成员共同商议广告形式和内容；提供优惠的价格和丰厚的利润驱动渠道成员；进一步优化激励措施等。窜货是分销渠道中经常出现的一种问题，具体整治窜货的方法有如下几种：签订禁止窜货协议、完善渠道成员管理制度、建立统一的物流跟踪系统、不同市场采取差异化包装。促销是指工业品营销人员使用各种办法，激励渠道内的另一个成员购买其产品或服务，进而进行转售的活动。工业品促销方式有交易比赛、交易激励、交易展销会、交易折让。交易比赛是指渠道成员可以开展交易比赛，以促进销售或者实现其他营销目标，在交易比赛中获胜的渠道成员可以获得现金或奖品；交易激励是指零售商通过代为履行制造商的一些职责，进而获得制造商给予的激励；交易展销会是指制造或零售商参加各级各类交易展销会，并从参会过程中实现交易促销；交易折让是指制造商向其他渠道成员提供金钱上的激励，以促使他们更多地购买其产品并进行转售。

**【学习目标】**

1. 了解工业品市场的渠道成员组成与优势；了解渠道冲突的形式。
2. 掌握并应用激励渠道成员和防止渠道成员窜货的方法。
3. 掌握并应用工业品促销活动中可以使用到的各种方法。
4. 构建逻辑、辩证的科学思维；树立遵纪守法、遵守商业伦理的责任意识。

**开篇案例与思考**

　　"相约呼伦贝尔·共建'一带一路'"海拉尔第十七届中俄蒙经贸洽谈暨商品展销会于2021年6月正式开幕，以更加开放之姿，笑迎八方宾客。

本届展会布展面积达 28 500 平方米，共设 9 个展区 380 个展位，为中俄蒙三国及英、法、澳大利亚、日、韩、"一带一路"沿线国家和港澳台地区展商提供展示交流、经贸洽谈的国际平台。多国文化交流，琳琅商品展示，展会现场人潮如涌，多国展馆人气爆棚，观展人员摩肩接踵、络绎不绝。

本届展会中国展区除了邀请到历届展会的展商参与，还吸引到了黑龙江、浙江、云南等地区优秀企业代表首次参展。展出商品包括国内手工艺品、工艺美术精品、创意设计展示、时尚文化产品；各式消费电子产品、运动器材、健身器材及各类休闲用品、家用电器、智能家居；健康生活用品、服装服饰、玩具、各式妇幼用品、美容美发及美妆产品等。

展销会在每日直播期间推出了"中俄蒙品牌时间"，邀请呼伦贝尔市本地优质企业售卖特色产品，本地网络达人以直播的形式推荐地方特色产品。本届展销会依旧坚持线上线下相结合的展销方式，对展会线上平台功能进行升级完善，打造平台常态化运营，以"海拉尔中俄蒙展会"微信公众号为载体，实现"中俄蒙经贸洽谈暨商品展销会"云展会功能。

(资料来源：澎湃(作者：呼伦贝尔). 走！小编带您逛展销会. 2021-06-25，https://m.thepaper.cn/baijiahao_13318284.)

问题分析：
1. 展销会能否促进产品销售？为什么要举办展销会？
2. 在未来，展销会的形式会是怎样的？
3. 展销会对于我国"一带一路"建设具有什么作用？
请结合本章的后续知识点深入思考。

在上一章，我们介绍了工业品产品策略和定价策略，在本章，我们将重点介绍工业品渠道策略和促销策略。

# 第一节 工业品渠道策略

**课前思考**

工业品市场营销活动中，渠道成员有哪些？渠道内会有哪些冲突？如何激励渠道成员？如何防止渠道成员窜货销售？

企业生产出来的产品需要一定的市场渠道，才能以合适的方式，在适当的时间和地点供采购者采购，进而满足市场需要，实现企业的营销目标。我们所说的工业品渠道，主要是指工业品分销渠道。工业品分销渠道是指工业品产品或服务从生产者向最终消费者转移的这一过程中，取得工业品产品或服务所有权，或者帮助该所有权进行转移的相关经营主体。工业品渠道策略是指工业品制造商开发、管理、激励、控制渠道成员的一系列活动。

# 一、工业品市场的渠道成员

## (一)渠道成员的组成

在工业品市场,渠道成员有哪些呢?换言之,制造商企业在制定工业品渠道策略时,需要考虑哪些成员呢?一般而言,工业品市场的渠道成员主要包括经销商、代理商、其他中间商等。

### 1. 经销商

经销商是指这样一种企业:它从制造商处直接采购产品或服务,然后再将该产品或服务转售给其他企业或个人消费者。经销商采购的产品或服务多数并不是为了自用,而是为了转手再卖出去,通过赚取价格差获取利润。经销商对其产品拥有所有权,可以较为自由地处置产品。经销商也要接触客户,并为其提供相关服务,如提供货物运输、技术指导、售后维修、产品安装等服务。举例来说,生产货架的P公司拥有众多经销商,其中一个经销商是Q公司,Q公司实力雄厚,且是该产品的省级一级经销商。Q公司每月会从P公司处,以"一手交钱,一手交货"的形式,购入一定数量的货架,然后再将该商品销售给各市级经销商,且Q公司还为各市级经销商提供仓储物流、售后客服等服务。某一天,Q公司的仓库发生了火灾,众多货架付之一炬,此时受到损失的不是生产货架的P公司,而是经销商Q公司,因为Q公司对这些产品拥有所有权。

### 2. 代理商

代理商与经销商不同,代理商仅仅只是代理了制造商的产品,我们可以简单地类比为代理商是制造商的一个外包销售部门。代理商向其他企业销售产品,并根据销售额获取佣金。我们可以发现,与经销商一样的是,代理商代理的产品或服务多数也不是为了自用,而是为了转手再卖出去。同时,我们也可以发现,代理商与经销商存在着不同:首先,代理商是通过获得销售佣金盈利的,而经销商是通过赚取差价获利的;其次,代理商没有产品的所有权(产品所有权属于制造商),而经销商拥有产品的所有权。需要注意的是,虽然我们可以将代理商简单地类比为制造商的外包销售部门,但是,实际上代理商是一个独立的企业,自负盈亏,通过赚取佣金盈利,制造商不会向代理商发放固定工资。举例来说,生产货架的P公司拥有若干代理商,其中一个代理商是T公司。T公司代理销售P公司生产的货架,当T公司收到采购订单后,立即通知P公司发货。此时的代理商T公司很有可能连仓库都没有,它只是代为开展营销活动。如果有一天仓库失火,货物被付之一炬,那么,遭受损失的不是代理商T公司,而是制造商P公司(因为仓库实际上是P公司的)。

### 3. 其他中间商

其他中间商包括零售商、批发商、经纪人等,他们在分销渠道中具有补充性的重要作用。在一些物品较小且与日常生活联系紧密的工业品领域(如文件袋、衣物纽扣、缝衣针等),零售商扮演着非常重要的角色,他是制造商与最终消费者之间的桥梁;批发商也非常重要,他是制造商与零售商之间的桥梁。需要注意的是,在一些具有较高价值的大件工业品领域,批发商和零售商可能并不存在,制造商直接联系对接采购者与最终消费者,或通过经纪人联系采购者与最终消费者。

## (二)渠道成员的优势

制造商选择渠道成员主要是因为，与制造商直接面对采购者相比，通过渠道成员联系采购者更有利于开展市场营销活动。换言之，渠道成员在工业品市场中具有一些制造商没有的优势。

第一，渠道成员对区域的细分市场更为了解，在市场营销方面具有更强的专业性，客户关系网络也较为成熟，利于制造商借他人之力，更快、更高效地开拓该细分市场，提高企业知名度和产品竞争力。

第二，渠道成员能够帮助制造商有效地降低营销成本。由于制造商可以将营销活动外包给渠道成员，因此，制造商的营销成本可以得到明显降低。同时，由于制造商将所生产产品的所有权转移给了经销商，这意味着制造商转移了部分的生产经营风险；另外，由于代理商与制造商并不存在劳动雇佣关系，因此，制造商不用给代理商发放工资，进而有效地降低了制造商的人力资源成本。

第三，渠道成员能够帮助制造商减小直销的风险。一般而言，制造商的精力往往比较有限，不可能对每一个细分市场都有深入的了解。如果制造商选择自己进入各细分市场，那么，制造商更有可能遇到较多的未知风险，而选择当地市场的渠道成员，则可以较大程度地规避直销风险。

# 二、渠道冲突

在工业品市场营销活动中，制造商与渠道成员可能会存在若干冲突。接下来，我们具体来看一下制造商与渠道成员之间可能会存在哪些冲突。

## (一)直销与分销之间的冲突

一般而言，制造商不直接面对最终消费者，而是通过经销商、代理商等渠道成员，将产品或服务转移给最终消费者(即所谓的分销)。但是，有时候制造商不得不主动面对最终消费者，并将产品或服务直接转移给最终消费者，此时，制造商与渠道成员的冲突便产生了，因为制造商抢了渠道成员赖以生存的饭碗。我们可以想象这么一种情况：现在，有一个大客户U公司希望采购P公司生产的货架。U公司直接与制造商P公司进行洽谈，明确表明，由于自己是大客户(订单量非常大)，希望绕过渠道成员直接从P公司处采购，进而可以避免"中间商赚差价"，获取更低的价格。U公司甚至表示，其最终的采购价格必须低于从其他渠道成员处得到的价格，否则便不会采购P公司生产的货架。此时，P公司可能会面临两难抉择：如果P公司通过渠道成员与大客户进行联系，那么该大客户可能留不住，对制造商P公司来说，也失去了一个非常大的获利机会；但是，如果P公司选择绕过渠道成员直接与大客户进行联系，则违反了制造商与渠道成员进行合作的原则，容易失去渠道成员的信任。

## (二)库存量的冲突

制造商往往希望渠道成员能够保持充足的产品库存，一来可以帮助制造商减轻库存压力，减少库存成本；二来可以更为高效地为最终采购者提供即时的产品或服务。另外，制造商往往希望渠道成员的库存中保存的是利润最高的产品。但是，渠道成员可能并不这样认为，较高的库存会导致渠道成员经营成本和经营风险增加；同时，渠道成员可能需要提前支付货款并采购产品，这容易使渠道成员的资金流更为紧张，财务负担加重。因此，渠道成员往往希望产品库存能够直接存放在制造商处，进而降低经营成本与经营风险。举例来说，生产货架的P公司希望代理商T公司能够保持较多的产品库存，但是T公司不愿意这么做，T公司担心，如果自己的仓库又一次发生火灾，那么受到损失的终究还是自己。

### (三)渠道成员与制造商的冲突

渠道成员的能力素质往往参差不齐，渠道成员对市场的洞察力也有所差异。如果渠道成员本身规模较小，当其发展到一定程度时，由于已经可以自给自足，他们对开发新产品、新市场、新客户的热情往往较低。"野心勃勃"的制造商与这种"小富即安"的渠道成员进行合作，往往会觉得渠道成员在拖后腿，产生"这名队友带不动"的想法。

另外，渠道成员内部所产生的管理问题也会影响到渠道成员与制造商的合作关系。一些渠道成员如果出现人员变动甚至是人事动荡，很有可能会造成其与制造商合作关系的终止。举例来说，生产货架的P公司与代理商T公司一直建立有较为长久、稳定的合作关系，但是有一天，T公司的法定代表人突然因病逝世，T公司陷入了人事动荡，甚至影响到了T公司的正常经营。我们不难想象，P公司与代理商T公司的合作关系大概率会因T公司的内部管理问题受到影响。如果P公司想要防止这种问题的发生，则可以在订立合同时明确，如果渠道成员的经营出现困难，或者所有权发生改变的话，那么，两者的渠道合作关系自动终止。

### (四)不同渠道成员之间的冲突

当市场逐渐发展时，现有渠道成员可能无法完全覆盖整个细分市场，于是，制造商可能会增加新的渠道成员，以弥补无法完整覆盖的细分市场。此时容易出现一个问题：新增加渠道成员所覆盖的细分市场和原渠道成员所覆盖的细分市场可能会有所重叠。换言之，一个细分市场出现了不同的渠道成员，且渠道成员之间具有竞争性。有时候，制造商可能甚至会故意让不同渠道成员同时覆盖同一个细分市场，因为不同的渠道成员具有不同的优势，能够更好地服务该细分市场。但是，这种办法确实会导致渠道成员之间的矛盾，制造商应当极力避免。举例来说，P公司在宁夏市场拥有T公司和F公司两个代理商，两个代理商具有较强的竞争性。此时，这两个代理商可能会同时向P公司提出，要求签订该细分市场的独家代理协议，否则将不再代理P公司的产品。如果两个公司都不再代理P公司的产品，那么P公司很有可能会在一段时期内与宁夏市场失之交臂。

### (五)独有渠道与多渠道的冲突

独有渠道是指制造商希望渠道成员只分销自己的产品，而不分销竞争对手的产品；或者渠道成员希望制造商只与自己签订分销合作协议，而不与其他具有竞争关系的渠道成员签订分销合作协议。多渠道是指制造商与其多个渠道成员签订协议，请不同的渠道成员分销自己的产品；或者渠道成员同时与众多具有竞争关系的制造商签订分销协议，同时分销不同制造商的产品。制造商与渠道成员都希望对方对自己专一，能够将所有的资源和精力投入到自己身上，但是自己又不希望自己专一，毕竟"广撒网"可以保证自己不受制于人，同时还能够降低生产经营风险，扩大经营范围，增加盈利机会。

## 三、对渠道成员的激励措施

制造商可以采取一些方法,增进制造商与渠道成员的友谊,激励渠道成员在细分市场中更有激情、更为高效地开展工业品市场营销活动。具体而言,有以下激励措施。

### (一)加强感情联络

市场上的渠道成员都是由一个个鲜活的生命组成的,每一个人都有丰富的情感活动,因此,制造商可以"以情动人,以情服人"。事实上,在工业品营销领域,有些营销决策往往是由个人一时的情感所决定的。具体来说,制造商可以在过节之时,向渠道成员邮寄贺卡以表达祝福;在春节期间,主动到重点人员家中拜年,表达对其支持的感谢。举例来说,P公司内部有一条不成文的规定:如果渠道成员内关键人物的家庭出现重大变故(如亲属逝世、家人住院等),那么,负责该细分市场的营销人员需要亲自上门慰问并提供力所能及的帮助,以达到"雪中送炭"的目的。

### (二)提供人员培训与售后服务

制造商可以免费为渠道成员进行营销人员培训,并为渠道成员的售后服务提供强有力的支持,以增强渠道成员的专业度,减少渠道成员的后顾之忧。这些配套服务有助于增加采购者对制造商企业和渠道成员的信任,有助于树立制造商和渠道成员的口碑和形象。制造商和渠道成员"一荣俱荣,一损俱损",制造商配合渠道成员进行人员培训、售后服务等,往往可以得到1+1>2的结果。举例来说,P公司为渠道成员不定期开设了线上销售技巧培训班,帮助营销人员高效率地了解产品;同时,P公司还规定,所有售后问题统一由公司负责,消费者只要拨打全国统一热线电话,即可获得24小时售后服务支持。这些措施有效地减少了渠道成员的后顾之忧,激励了渠道成员推广P公司的产品。

### (三)广告共议

制造商往往对当地市场不甚了解,因此在当地做广告时,应当充分听取当地渠道成员的意见,共同商议广告的内容与形式。具体来说,广告的内容应当因地制宜、因人而异,与当地风土民情一致;广告的投放渠道、频率、时间等,应当与当地渠道成员一同协商,因为当地的渠道成员更懂当地市场,对当地的广告媒介更为了解;广告中最好也同样显示当地渠道成员的名称,以增加渠道成员的知名度,形成互相促进、互相帮助的良性循环;当地渠道成员需要使用的海报、户外广告、传单、易拉宝等广告宣传品,最好由制造商统一提供,这样,在降低渠道成员营销成本的同时,还能够保持品牌与产品形象的统一性。

### (四)价格优惠、利润驱动

推动渠道商"撸起袖子加油干"的最大动力,往往是巨大的利润。对于经销商、代理商、批发商等中间商来说,制造商可以给予其较低的价格,以增加他们的加价空间,提高他们的获利水平。如果制造商制定"量大从优"的政策,渠道成员往往会有更大的积极性提高销售量。对于零售商来说,很多时候推动其销售产品的动力往往不是该产品"价廉物美",而是该产品"利润丰厚、容易赚钱",如果他不能通过该产品获得较多的利润,那么,零售商往往不会主动销售或积极销售该产品。因此，制造商往往需要给零售商较大的利润空间，以刺激其提高销售量。举例来说，渠道成员可以从 P 公司以 4 折的价格采购货架这款产品(而业内其他制造商一般是让渠道成员以 5 折价格采购货架)，哪怕 P 公司的渠道成员以 5 折的价格销售货架，他们都会比竞争对手产品的价格要低，进而实现薄利多销，能够有利可图。另外，P 公司明确强调，终端零售商可以享受每个货架 20 元的提成(而业内平均水平则是每个货架有 15 元的提成)，这样一来，终端零售商就有更大的动力销售 P 公司的货架了。

### (五)优化激励措施

第一，制造商可以根据细分市场的水平预先计算出"基本销量"，当渠道成员的销量超过基本销量的要求时，每超过一定比例，制造商就可以以累进的方式进行激励。举例来说，P 公司规定，安徽市场的月基本销售额为 100 万元，当渠道成员的当月销售额超过 100 万元时，超出部分可以享受 0.1%的价格返还；当渠道成员当月销售额超过 200 万元时，超出部分可以享受 0.2%的价格返还，以此类推。

第二，制造商可以以非现金的方式对渠道成员进行奖励，如赠送实物奖品、推出免费旅游、举办抽奖活动且 100%中奖等。一般而言，非现金方式对渠道成员进行奖励的效果，往往要比现金奖励的效果更好，因为渠道成员会觉得现金奖励本就是应得的，而非现金奖励才是真的"天上掉馅饼"。需要注意的是，计算奖励的时间段需要明确，如一年、半年、一个季度等。举例来说，P 公司规定，如果渠道成员当月销售额超过 500 万元，则该渠道成员可以获得 5 个 "5 天 6 夜免费至马尔代夫度假"的奖励名额。

第三，对于零售商来说，制造商可以出台相关政策，鼓励零售商直接从制造商处进货，以降低零售商的进货成本。举例来说，P 公司可以规定，在一个自然年度内，如果零售商在制造商处直接拿货的金额超过 200 万元，那么可以享受 0.1%的价格返还。P 公司通过计算得知，价格返还的相关费用远远低于支付给渠道成员的费用，P 公司能够有效降低经营成本。需要注意的是，有一些零售商可能会钻这种政策的空子：一些进货量或进货金额达不到标准的零售商可能会联合若干家零售商，先统一由一家零售商进货，然后再将货物分给不同的零售商，这样一来，每一个零售商都能够享受到价格返还(类似于消费者"团购")。针对此，制造商可以出台相关规定禁止零售商组团"团购"，同时可以成立监督机构，严厉打击这种行为。

## 四、窜货

窜货是分销渠道中经常出现的一种问题。窜货是指渠道成员不顾与制造商签订的合作协议，进行跨地区降价销售产品的行为。窜货容易扰乱市场秩序，造成不同地区的渠道成员之间的冲突。

### (一)窜货形成的原因

产生窜货的本质原因是各细分市场有差异，渠道成员之间有差异。具体而言，有以下几个原因会导致窜货。

第一，某些细分市场的需求量较为稳定，供应量已经饱和。举例来说，生产货架的 P 公司在宁夏回族自治区拥有代理商 T 公司，在临近的青海省拥有代理商 K 公司。现在，宁夏市场的需求量已经较为稳定、且供应量饱和，代理商 T 公司在该市场已很难获取更多利润，因此 T 公司不惜铤而走险，将产品销售至青海省；根据与 P 公司的合作协议，T 公司仅有权在宁夏开展业务，没有权力在青海开展业务，此时，T 公司产生了窜货行为，损害了 K 公司的利益。

第二，某一细分市场快速扩大，但是该细分市场的渠道成员尚无法快速服务该细分市场，以至于给其他地区的渠道成员以可乘之机。举例来说，P 公司在新疆的市场近年来快速扩大，但是，当地代理商 F 公司的企业规模并没有随之扩大。换言之，F 公司无法完全满足新疆市场。此时，负责宁夏业务的代理商 T 公司嗅到了机会，违反合作协议进入新疆市场，开展代理业务，进而产生窜货行为，损害了 B 公司的利益。

第三，不同细分市场之间的渠道成员，其实力水平、发展程度有所差异，以至于给实力较强的渠道成员以可乘之机。举例来说，P 公司在黑龙江和吉林的市场分别由代理商 C 公司和 V 公司代理，C 公司实力雄厚，近年来发展迅速；而 V 公司实力较弱，近年来发展平平。即使黑龙江市场和吉林市场的规模相近，C 公司也会眼红临近的 V 公司，对 V 公司虎视眈眈，进而违反与制造商 P 公司的合作协议，跨地区销售产品，抢 V 公司的生意。

第四，对待不同细分市场的渠道成员时，制造商的政策有别，以至于不同的渠道成员利用政策漏洞进行窜货。举例来说，生产货架的 P 公司位于安徽省，考虑到省内运费相对较低，P 公司给安徽省内渠道成员的价格要比其他省渠道成员的价格要低。安徽省内的渠道成员之一的 N 公司经过核算发现，自己先从制造商 P 公司处进货，然后再将该货物转售给邻省江苏的渠道成员 M 公司，自己不仅可以小赚一笔，M 公司也还有利可图(M 公司从 N 公司处的进价甚至比从 P 公司处的进价还要低)。这样一来，N 公司便发生了窜货，扰乱了市场秩序。

### (二)窜货的整治方法

窜货对渠道成员和制造商都有一定的危害，因此制造商需要防止窜货的发生。具体整治窜货的方法有如下几种。

#### 1. 签订禁止窜货协议

制造商可以与渠道成员和最终采购者都签订禁止窜货协议，协议中应当明确，如果发生窜货现象，制造商可以对其进行何种处罚。换言之，无论是谁，只要采购了制造商的产品，则禁止发生窜货行为。一旦任何一方发生了窜货行为，制造商就可以根据协议对渠道成员进行处罚。但是，在实际的工业品营销活动中，制造商的营销人员往往知道哪些渠道成员有窜货行为，只是他们不愿意揭发而已，因为窜货行为对制造商的营销人员来说是有利的。制造商营销人员的工资有一部分来自销售提成，只要窜货能够增加该营销人员的销售绩效，其收入就会增加，则该营销人员对窜货行为就会"睁一只眼闭一只眼"了。换句话说，制造商营销人员的利益是与渠道成员的窜货行为绑定的。这种情况下，制造商可以将窜货的销售额算到被侵入细分市场的渠道成员上，同时扣除发生窜货行为的营销人员的销售绩效；情节严重的，制造商甚至可以采取其他更严重的、合法合理的惩罚措施(前提是这些惩罚措施需要在协议中明确说明)。如果制造商营销人员的利益与窜货不再挂钩，那么制造商营销人员对制止窜货行为就有一定的积极性。

### 2. 完善渠道成员管理制度

制造商应当从多个方面完善渠道成员的管理制度。具体而言，制造商应当优化细分市场，确保合适的渠道成员服务适当的细分市场；优化市场营销活动力度，确保市场营销活动与细分市场规模、渠道成员能力相匹配；完善对渠道成员的优惠政策，每一位渠道成员都感觉到公平公正，渠道成员没有机会利用政策漏洞进行窜货；建立渠道成员档案，定期派遣营销人员对渠道成员进行回访；完善激励措施，从单一的折扣激励转变为综合性激励，以更公平、公开、公正的方式激励渠道成员；建立督促机制与监督部门，对渠道成员开展的市场营销活动进行监督和规范。

### 3. 建立统一的物流跟踪系统

制造商可以建立统一的物流跟踪系统，该物流系统的建设成本不必很高，甚至可以借用已有物流公司的物流跟踪系统。物流跟踪系统应该能够准确显示发货时间与地点、到达时间与地点、发货人与接收人、物流路线等。制造商可以将物流信息及时发送给渠道成员，以便各渠道成员进行有效监督。举例来说，P公司一直以来与G物流公司保持密切的合作关系，现在，G物流公司上线了物流跟踪系统，P公司可以通过该系统了解到货物的运输流程。P公司只要向渠道成员发送物流单号，渠道成员便可以在物流公司官网直接查询到该产品的物流状态，进而有效避免了窜货现象的发生。

### 4. 不同市场采取差异化包装

即使是同一款产品，制造商也可以使用不同的包装，并将具有不同包装的产品分别在不同的市场中进行销售，以防止窜货现象的发生。具体而言，制造商可以在产品的外包装上印制"该产品仅在某某地区销售"的字样；同时，制造商可以使用不同颜色和形状的包装，并分别在不同的市场销售；另外，制造商还可以在外包装上印制特定的二维码或条形码，不同的二维码或条形码分别对应不同的市场。举例来说，生产货架的P公司为了防止不同市场间的渠道成员窜货，在产品的外包装上喷涂了"该产品仅限线下市场(某某省市区)销售"的字样。同时，P公司将发往西北地区市场的产品外包装改为深蓝色，将发往西南地区市场的产品外包装改为浅紫色，将发往东北地区市场的产品外包装改为原木色，当地的市场营销人员或渠道成员只要一看外包装的颜色，就能够知道该产品的真实销售市场是哪里。另外，P公司还在外包装上粘贴了二维码，只要市场营销人员和最终消费者用二维码扫描软件扫一下二维码，就能知道该产品原本将发往哪个市场。当然，P公司还在外包装处明确说明，如果渠道成员或最终消费者发现该产品的实际销售市场与产品所写的销售市场不同，则可以向P公司直接举报，一经核实，举报人可获得现金奖励。

## 第二节 工业品促销策略

工业品市场营销活动中，我们可以采取哪些措施激励渠道成员进行产品促销？所有的促销激励措施都会产生一样的效果吗？

促销是指工业品营销人员使用各种办法，激励渠道内的另一个成员购买其产品或服务，进而进行转售的活动。请注意，工业品营销中的"促销"主要面向的是代理商、批发商、经销商、零售商等渠道成员。制造商可以使用多种促销方式，激励渠道内的其他成员销售其产品或服务；代理商、经销商、批发商等可以使用多种促销方式，吸引零售商购买该产品或服务并进行转售。

促销具有非常重要的作用，促销支出对于很多制造商来说是仅次于销售成本的第二大支出。工业品的促销方式很多，具体选择哪一种或哪几种促销方式，往往取决于促销发起方的性质(是经销商、代理商还是制造商发起此次促销活动)、促销发起方与采购者的关系(批发商和零售商的关系与零售商和消费者的关系不同，促销方式也有所差别)、企业文化、决策者偏好等。下面，我们一起来了解几种具体的促销方式：交易比赛、交易激励、交易展销会、交易折让。

## 一、交易比赛

交易比赛是指渠道成员可以开展促销竞赛，以促进销售或者实现其他营销目标。在交易比赛中获胜的渠道成员可以获得现金或奖品。请注意，渠道成员需要在交易比赛开始前，明确说明交易比赛的开始与截止时间、获胜的评价标准、奖品或现金的具体内容和数量、获胜者的数量等；同时，交易比赛也可以在渠道内的任何层级进行。举例来说，制造商可以开展交易比赛，邀请其一级代理商参与，在半年内拿货数量最高的一级代理商可以获得一次费用全包的、5天6夜的呼伦贝尔10人旅游；一级代理商也可以开展交易比赛，邀请其下游批发商参与，在三个月内拿货数量最高的三家批发商可以获得3 000元现金奖励；批发商也可以开展交易比赛，邀请从该处进货的零售店参与，在一个月内实际进货数量最高的5家零售店能够获得两张价值300元的超市购物卡。

请注意，如果奖品涉及到实物，交易比赛的举办人还应当提前明确该奖品实物能否进行转售。举例来说，出售白酒的A酒厂现在开展了交易比赛，A酒厂明确说明，一个月内拿货量最高的经销商可以获赠10箱A酒厂生产的白酒。如果A酒厂没有明确说明该实物奖品能否进行转售，那么经销商拿到这10箱获赠的白酒后，有权利将这些白酒进行转售并获利。但是，这种情况很有可能会导致窜货、低价倒卖等扰乱市场秩序的行为，因此，A酒厂需要提前对奖品的使用途径进行说明。

目前，很多大型企业往往禁止本企业员工参加上游供应商举办的交易比赛，因为这种比赛往往会对采购者造成不良的影响，甚至导致企业的战略与实际策略出现偏差的情况。举例来说，B企业是某省最大的白酒经销商，在本省拥有200多家门店，每家门店的促销政策都是统一由总部制定的。如果每家零售店都参与供应商举办的交易比赛，那么每个门店的采购和销售人员都会基于自身利益做出适合自己的决策，而一些决策可能会与B企业总部的战略背道而驰，甚至是错误的，且总部第一时间无法知晓，一旦这些错误决策产生严重后果，那么企业的名誉会受到很大影响。

## 二、交易激励

交易激励是指渠道成员通过代为履行制造商的一些职责，进而获得制造招商给予的激励。交易激励主要分为合作销售协议、合作广告、赠品等形式。接下来，我们具体来了解这三种交易激励的方式。

### (一)合作销售协议

合作销售协议是制造商与渠道成员之间签订的双向营销协议。合作销售协议所确定的营销任务与营销范围较广，同时也会明确价格折让的条款(即渠道成员从制造商处进货可以享受多少的价格折扣)。我们可以简单地理解为，制造商并没有营销部门，而渠道成员成了制造商的营销部门，并替制造商完成营销任务。渠道成员对制造商知根知底，对产品的成本价等都会有所了解，因此可以在市场上相对来说大展拳脚。举例来说，制造商与零售商可以签订合作销售协议，协议规定：零售商应当在市场营销活动中突出制造商所生产产品的"性价比"，且应当在零售商的所有自有店铺内进行各种方式的促销活动；零售商应当在各店铺内的结账点处张贴宣传海报，并按照市场行情，在适当的时间，对产品进行打折销售；当零售商达到合作销售协议所规定的销售任务后，制造商应当按照协议规定进行费用结算。

合作销售协议对于制造商来说有很大的吸引力。渠道成员如果需要获得激励，就必须为制造商履行某种职能，而制造商此时可以享有对渠道成员的部分控制权和指导权。举例来说，合作销售协议中如果明确了折扣价格，那么制造商就会确信，渠道成员一定会给下游采购者以折扣价，否则渠道成员可能就无法达到销售目标，甚至会被视为违约。同时，由于合作销售协议的有效期往往较长(一般会持续至少一年及以上)，因此这种长期的销售协议有助于制造商和渠道成员之间加深信任。制造商可以确信，渠道成员会长远考虑，认真履行其职能，而不会是为了临时冲业绩而进行虚假的促销活动(有时候，渠道成员为了临时冲业绩而会自行囤货，后期再将自己的囤货转售出去，这种临时囤货与转售虽然短期内促进了销售，但实质上是掩人耳目的一种行为，因为这种行为实质上是将下一次的购买提前了而已，实际上并没有增加全年的总销量)。

合作销售协议对于渠道成员来说也有很大的吸引力。签订合作销售协议后，渠道成员能够有更大的安全感，因为制造商的促销政策会在较长一段时期内保持连续性，这样渠道成员就可以根据制造商的交易激励进行统筹规划，合理安排各个产品促销的时间，进而保证总体利润。举例来说，签订合作销售协议后，渠道成员可以安排这一周对A公司生产的A饮料降价，下一周对A公司生产的B饮料降价，这样渠道成员就能保证总是有一种产品在进行促销，而另外的产品保持价格不变。这样一来，渠道成员就可以有效地规划促销活动，在增加两种饮料销售量的同时，还能够保证两种饮料都有较为合理的利润。

### (二)合作广告

合作广告是指制造商同意按照一定的比例，为渠道成员分担与制造商产品相关的广告成本。一般而言，渠道成员会先支付广告费用，然后制造商核算无误后，再向渠道成员支付相关广告费用。我们可以简单地理解为，制造商并没有广告或市场部门，渠道成员扮演了制造商广告或市场部门的角色，并替制造商开展营销活动。举例来说，制造商向零售商承诺，零售商在零售店张贴的宣传海报、做市场推广时所用的宣传物料等，全部都由制造商提供；零售商在当地媒体刊登的电视和广播广告，制造商承担50%的费用。

合作广告对于制造商来说有很大的吸引力。第一，由于渠道成员要为制造商履行广告或市场的职能，因此，制造商可以对渠道成员的相关业务提供指导或建议。举例来说，制造商可以就广告内容、位置安排、使用的特定文字等对渠道成员做出规定，这样可以有效避免不同零售商使用不同图片、文字等造成产品定位出现差异。第二，制造商不一定掌握当地的市场或广告资源，借助渠道成员在当地的资源，制造商可以更好地拓展当地市场。举例来说，位于四川省的生产白酒的A酒厂想要在山东省扩大市场，但是该酒厂并没有山东当地的广告或市场资源，此时，借助山东当地渠道成员的资源，请他们代为开展合作广告，可以有助于A酒厂更高效地进入当地市场。第三，制造商可以用较小的成本覆盖较大的受众面，而且由于合作广告往往与销售额紧密联系，因此市场投入具有较高的回报性，避免了一些市场活动"为做活动而做活动"，对提升销量没有太多帮助。第四，合作广告往往是渠道成员支付广告费用在前，制造商补偿渠道成员的成本在后，因此对于制造商来说，可以有效缓解资金流压力。

合作广告对于渠道成员来说也具有很大的吸引力。渠道成员可以使用制造商的资金扩大市场活动的范围：使用合作广告时，渠道成员可以"四两拨千斤"，使用较低的成本获得更大的广告覆盖面；同时，如果制造商是全国性知名企业的话，本地渠道成员还能够享受到制造商品牌所带来的红利，进而吸引更多的采购者前来采购。但是，合作广告对渠道成员来说也存在着一个问题，那就是：因为渠道成员需要在前期先投入资金进行市场营销活动，然后制造商再在市场营销活动之后偿还资金，因此对于规模较小的渠道成员而言，其现金流压力较大，现金流可能会出现一些问题。

### (三)赠品

渠道成员为制造商履行营销职责后，制造商可能并不会如同合作销售协议那样进行财务结算，而是通过赠品的方式向渠道成员提供免费的商品，以激励其开展市场营销活动。举例来说，A房地产开发公司向房产代理销售B公司承诺，如果未来30天内，B公司每销售出200套商铺，那么A公司就承诺赠予B公司一套商铺。请注意，渠道成员如果想要获得免费赠品往往需要同时满足两个条件：一是需要在特定的日期前完成销售活动；二是要达到制造商要求的最小销售量。

赠品这种形式可能会出现一个问题，那就是：渠道成员为了获得赠品，可能会在规定的截止日期前，先自行购买产品，达到最小订购量，然后再在之后慢慢去库存。这种行为也仅仅是将下一次的购买提前了而已，并没有实际增加全年的总销量。这种情况只会让制造商"赔了夫人又折兵"。

## 三、交易展销会

交易展销会是指制造商或渠道成员参加各级各类交易展销会，并从参会过程中实现交易促销。在我国，每年都会有各种国际性、全国性、地方性的贸易展销会。举例来说，中国国际进口博览会、中国进出口商品交易会、中国世界品牌进口博览会、上海世界旅游博览会、中国国际酒类博览会、中国国际工业博览会等，都属于交易展销会。

交易展销会能够让制造商受益。交易展销会能够帮助制造商发现新的渠道成员，能够借助该平台推销新产品，能够通过此展销会维系与旧渠道成员或顾客的关系，还能够让制造商了解行业最新发展趋势，能够了解竞争对手的产品或服务。另外，交易展销会是一个窗口，制造商可以在此强化品牌，树立品牌形象。

交易展销会也能够让渠道成员受益。渠道成员可以在较短的时间内大量比较产品，并与多家潜在制造商或供应商进行洽谈，促成合作。另外，渠道成员还可以在交易展销会上与已经建立合作关系的制造商进行业务洽谈。在交易展销会上洽谈，其正式程度往往没有在会议室洽谈来得那么正式，因此可以较大地减轻洽谈双方的压力。

值得注意的是，交易展销会往往是"外行看热闹，内行看门道"。交易展销会上也会有一些专业或非专业的参展人士，无论是制造商还是渠道成员，都应该认真甄别参会人员，并从中挑选出潜在采购者。

## 四、交易折让

交易折让是指制造商向其他渠道成员提供金钱上的激励，以促使他们更多地购买其产品并进行转售。交易折让的方式有很多，如发票折让、进场费、退场费等。这些方式都有助于渠道成员向采购者最终消费者提供折扣，进而完成促销活动。

### (一)发票折让

发票折让是指渠道成员在订购货品时，制造商给予渠道成员折扣优惠价格，且发票按照打过折后的价格开具。换言之，制造商在同一张发票上分别注明销售额和折扣额，此时可以按照折扣后的余额作为销售额来计算增值税。发票折让有助于降低渠道成员的税负，有助于渠道成员多下订单，进而提高其盈利水平。有些时候，制造商不得不提供发票折让，因为如果没有这种促销形式的话，渠道成员很有可能不会被激励，也不会愿意多购买该商品。

### (二)进场费

进场费是指零售商向制造商收取的产品储备资金。制造商如果想要在零售商(特别是超市)处销售产品，则需要先向零售商缴纳进场费，然后零售商才会将制造商的产品进行上架销售。

制造商往往对进场费多有怨言，因为这是来自零售商的一种强取强要。有制造商认为，进场费过高会降低产品的竞争力，因为交给零售商的进场费本可以用在广告、人员销售等其他活动上。如果进场费过高，有些小制造商甚至无力支付这笔费用，进而让产品上架。另外，零售商对不同制造商收取的进场费有所差别，这也让一些制造商颇为不爽。一般而言，小制造商被收取的进场费相对较高，而一些较大的知名制造商则会被收取较低的进场费(甚至会被免除进场费)，因为零售商还需要这些大制造商来为其站台，还需要借助这些大制造商的产品品牌来提升零售商的吸引力。

但是，零售商往往认为进场费是合理且必须的，具体理由如下。

第一，零售商的存储成本需要制造商来分担。零售商认为，自己帮助制造商存储产品会增加自己的存储成本，如果产品的销量较差，则存储成本还会进一步提升，因此收取进场费可以在一定程度上减少零售商的损失。

第二，零售商需要安排人力对新产品进行货架摆放。零售商上架新产品时，需要使用人力对已有货架上的产品摆放进行调整，而摆放产品与调整产品都需要花费较大的人力、物力，因此，收取进场费是合理的。

第三，进场费可以让零售商更好地为制造商服务。事实上，进场费确实可以让零售商获得更多的利润，因为只有零售商存活下来，才能够更好地服务制造商。如果零售商破产了，那么制造商连出售产品的场地和机会都没有了。零售商和制造商可以说是"一荣俱荣，一损俱损"的关系，因此零售商认为，制造商有必要让零售商保持盈利，进而能够让零售商更好地服务制造商。

第四，进场费可以促使制造商更审慎地选择产品组合。零售商认为，如果不收取进场费的话，那么制造商便会将其所有产品都放置在货架上，无论该产品到底是否适用于该市场。只有收取进场费，制造商才能够审慎思考，选择最适合该细分市场的产品上架，而放弃一些不适合该细分市场的产品上架。

制造商可以选择主动、积极缴纳进场费，甚至预付进场费，以激励零售商更好地针对制造商的产品开展促销活动。

### (三) 退场费

鉴于有部分制造商认为进场费是一种"巧取豪夺"，有些零售商开始取消收取进场费，转而开始收取退场费。退场费是指制造商想要下架货品时，零售商以"为其清除库存"为理由而收取的相关费用。零售商认为，将产品从货架下撤下，清除产品的库存也需要花费大量人力、物力，因此向制造商收取这一部分费用是合理的。零售商认为退场费比进场费更容易让制造商接受，因为收取退出费意味着制造商的产品确实不受市场欢迎，该产品确实应当退出现有的细分市场，因此零售商帮助制造商清理库存并收取一定的劳务费是合理的。

但事实上，收取进场费的零售商要比收取退场费的零售商多很多，因为收取进场费可以提高零售商的现金流动性。制造商可以选择主动、积极缴纳退场费，以激励零售商更高效地清理产品库存，帮助制造商快速将产品重新投放到其他细分市场中。

## 本章小结

1. 工业品分销渠道是指工业品产品或服务从生产者向最终消费者转移的这一过程中，取得工业品产品或服务所有权，或者帮助该所有权进行转移的相关经营主体。工业品渠道策略是指工业品制造商开发、管理、激励、控制渠道成员的一系列活动。

2. 一般而言，工业品市场的渠道成员主要包括经销商、代理商、其他中间商等。经销商是指这样一种企业：它从制造商处直接采购产品或服务，然后再将该产品或服务转售给其他企业或个人消费者。代理商与经销商不同，代理商仅仅只是代理了制造商的产品，我们可以简单地类比为代理商是制造商的一个外包销售部门，代理商向其他企业销售产品，并根据销售额获取佣金。其他中间商包括零售商、批发商、经纪人等，他们在分销渠道中具有补充性的重要作用。

3. 渠道成员在工业品市场中具有一些制造商没有的优势。第一，渠道成员对区域的细分市场更为了解，在市场营销方面具有更强的专业性，客户关系网络也较为成熟；第二，渠道成员能够帮助制造商有效地降低营销成本；第三，渠道成员能够帮助制造商减小直销的风险。

4. 制造商与渠道成员之间可能会存在着一些冲突，如制造商选择直销与分销之间的冲突；制造商与渠道成员在库存量上的冲突；渠道成员与制造商在经营理念上的差异和人事变动所导致的冲突；不同渠道成员之间的冲突；渠道成员希望自己成为独有渠道与事实上是众多渠道之一的冲突等。

5. 制造商可以采取一些方法，增进制造商与渠道成员的友谊，激励渠道成员在细分市场中更有激情、更为高效地开展工业品市场营销活动。具体而言，制造商可以加强与渠道成员之间的感情联络；提供人员培训与售后服务；与渠道成员共同商议广告形式和内容；提供优惠的价格和丰厚的利润驱动渠道成员；进一步优化激励措施等。

6. 窜货是分销渠道中经常出现的一种问题。窜货是指渠道成员不顾与制造商签订的合作协议，进行跨地区降价销售产品的行为。窜货容易扰乱市场秩序，造成不同地区的渠道成员之间的冲突。具体整治窜货的方法有如下几种：签订禁止窜货协议，完善渠道成员管理制度；建立统一的物流跟踪系统；不同市场采取差异化包装。

7. 促销是指工业品营销人员使用各种办法，激励渠道内的另一个成员购买其产品或服务，进而进行转售的活动。工业品营销中的"促销"主要面向的是代理商、批发商、经销商、零售商等渠道成员。制造商可以使用多种促销方式，激励渠道内的其他成员销售其产品或服务；代理商、经销商、批发商等可以使用多种促销方式，吸引零售商购买该产品或服务并进行转售。

8. 工业品促销方式有交易比赛、交易激励、交易展销会、交易折让。交易比赛是指渠道成员可以开展促销竞赛，以促进销售或者实现其他营销目标。在交易比赛中获胜的渠道成员可以获得现金或奖品。渠道成员需要在交易比赛开始前，明确说明交易比赛的开始与截止时间、获胜的评价标准、奖品或现金的具体内容和数量、获胜者的数量等；同时，交易比赛也可以在渠道内的任何层级进行。

9. 交易激励是指零售商通过代为履行制造商的一些职责，进而获得制造招商给予的激励。交易激励主要分为合作销售协议、合作广告、赠品等形式。合作销售协议是制造商与零售商之间签订的双向营销协议。合作广告是指制造商同意按照一定的比例，为零售商分担与制造商产品相关的广告成本。另外，零售商为制造商履行营销职责后，制造商可能并不会如同合作销售协议那样进行财务结算，而是通过赠品的方式向零售商提供免费的商品，以激励其开展市场营销活动。

10. 交易展销会是指制造商或零售商参加各级各类交易展销会，并从参会过程中实现交易促销。交易展销会往往是"外行看热闹、内行看门道"。交易展销会上也会有一些专业或非专业的参展人士，无论是制造商还是零售商，都应该认真甄别参会人员，并从中挑选出潜在采购者。

11. 交易折让是指制造商向其他渠道成员提供金钱上的激励，以促使他们更多地购买其产品并进行转售。交易折让的方式有很多，如发票折让、进场费、退场费等。这些方式都有助于渠道成员向最终消费者提供折扣，进而完成促销活动。

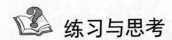

## 练习与思考

一、名词解释

1. 工业品渠道
2. 工业品促销

3. 经销商

4. 代理商

5. 窜货

6. 交易比赛

7. 交易激励

8. 交易折让

9. 合作广告

二、简答题

1. 工业品渠道成员中的经销商和代理商有什么相似之处和不同之处？
2. 渠道成员和制造商可能存在哪些冲突？
3. 窜货形成的原因有哪些？
4. 工业品促销方式有哪些？

三、单选题

1. 工业品营销渠道成员中，不属于其他中间商的是( )。
   A. 零售商　　　　　　　　　B. 批发商
   C. 经纪人　　　　　　　　　D. 最终消费者
2. 关于整治窜货，以下方法可行性最低的是( )。
   A. 签订禁止窜货协议　　　　B. 完善渠道成员管理制度
   C. 建立统一的物流跟踪系统　D. 对窜货的渠道成员开展教育工作
3. 工业品促销方式不包括( )。
   A. 交易比赛　　　　　　　　B. 交易激励
   C. 交易展销会　　　　　　　D. 路演
4. 关于交易激励中的合作销售协议，以下说法正确的是( )。
   A. 合作销售协议是制造商与渠道成员之间签订的单边营销协议
   B. 合作销售协议对于制造商来说吸引力不大
   C. 合作销售协议对于渠道成员来说吸引力不大
   D. 我们可以简单地理解为渠道成员代替零售商的营销部门完成营销任务
5. 关于交易激励中的合作广告，以下说法错误的是( )。
   A. 制造商可以对渠道成员的相关业务提供指导或建议
   B. 对制造商来说不能缓解其资金流压力
   C. 渠道成员可以使用制造商的资金扩大市场活动的范围
   D. 制造商可以用较小的成本覆盖较大的受众面

四、多选题

1. 制造商选择渠道成员而不选择直销的原因是( )。
   A. 渠道成员对区域的细分市场更为了解
   B. 渠道成员能够帮助制造商有效地降低营销成本
   C. 渠道成员能够帮助制造商减小直销的风险

D. 渠道成员对当地市场的客户关系网络相对较为成熟

2. 对渠道成员的激励措施有( )。

　　A. 加强感情联络　　　　　　B. 提供人员培训与售后服务

　　C. 价格优惠、利润驱动　　　D. 广告共议

3. 交易激励的具体措施有( )。

　　A. 合作销售协议　　　　　　B. 合作广告

　　C. 赠品　　　　　　　　　　D. 激情演讲

4. 交易折让包括( )。

　　A. 发票折让　　　　　　　　B. 进场费

　　C. 退场费　　　　　　　　　D. 产品保价

5. 4P营销策略包括( )。

　　A. 产品策略　　　　　　　　B. 定价策略

　　C. 渠道策略　　　　　　　　D. 促销策略

 微课视频

扫一扫，获取本章相关微课视频。

7.1 工业品渠道策略(1)　　7.1 工业品渠道策略(2)　　7.1 工业品渠道策略(3)　　7.1 工业品渠道策略(4)

7.2 工业品促销策略(1)　　7.2 工业品促销策略(2)　　7.2 工业品促销策略(3)

# 第八章 工业品人员推销

## 【本章提要】

工业品营销人员可以通过人员推销的方式,与采购方进行面对面沟通。人员推销的作用有两个:一是维护现有客户,并增加其购买额;二是发展新的客户。当然,人员推销的目的并不仅仅只是完成某次销售,其最终目的是要与客户建立长期稳定的关系,使客户具有终身价值。人员推销的过程可分为七个步骤,分别是识别潜在客户、确认潜在客户的价值、深入了解潜在客户、产品陈述、回答疑问、促成签约、售后服务。每个步骤有不同的重点,可以采取不同的方法。制造商可以针对不同的潜在客户,选择合适的人员进行人员推销,以提升人员推销的效果。同时,可以承诺对潜在客户提供多种优惠,以鼓励其尽早完成签约。另外,还可以举办多种公关活动,公关活动不仅能够展示企业形象,还能够促成签约。在进行人员推销时,销售部门内部成员之间出现的问题主要有三个:抢单、压单、倒单。同时,在客户开发与客户维护过程中,也会产生一些问题。因此,供应商需要根据实际情况,针对性地提出解决方案。

## 【学习目标】

1. 熟悉人员推销的步骤;掌握并运用人员推销各步骤中可以采用的方法。
2. 熟悉并掌握提升人员推销效果的方法。
3. 了解人员推销过程中出现的问题,熟悉并掌握解决各问题的对策。
4. 树立为民办实事的思想,落实以人为本的理念。

## 开篇案例与思考

2020两岸企业家峰会年会2020年12月9日以视频连线方式在厦门市和台北市同步举行。中共中央政治局常委、全国政协主席汪洋向两岸企业家峰会理事会发贺信,代表中共中央和习近平总书记,对年会召开表示祝贺,向峰会全体会员和与会嘉宾致以问候。

汪洋表示,经济合作是两岸关系发展的基础,符合两岸同胞的共同利益。2020年前10个月两岸贸易额仍实现两位数增长,充分反映出两岸经济合作动力强、潜力大、韧性足。

汪洋强调,党的十九届五中全会擘画了"十四五"时期大陆经济社会发展蓝图,提出了到2035年基本实现社会主义现代化的远景目标,这必将为广大台企台胞带来重大机遇和长期利好。我们将坚持一个中国原则和"九二共识",以两岸同胞福祉为依归,推动两岸关系和平发展、融合发展,加强两岸产业合作,打造两岸共同市场,壮大中华民族经济。我们将完善保障台湾同胞福祉和在大陆享受同等待遇的制度和政策,支持台商台企参与"一带一路"建设和国家区域协调发展战略,进一步加大政策落实力度,让台企台胞有更多获得感。

汪洋指出,企业是两岸经济合作的主体,也是推动两岸关系发展的功臣。希望峰会双方理事会团结带领两岸企业家秉持民族大义,把握发展大势,将两岸经济合作的"蛋糕"越做越大,让两岸同胞的利益福祉越来越好,同心共襄民族复兴千秋伟业。

峰会大陆方面理事长郭金龙、副理事长张平等在厦门出席年会,700多位两岸工商界人士参会。

(资料来源:新华网(作者:新华社). 2020两岸企业家峰会年会召开 汪洋致信祝贺. 2020-12-09,
http://www.xinhuanet.com/politics/leaders/2020-12/09/c_1126839510.htm.)

问题分析:

1. 中共中央政治局常委、全国政协主席汪洋出席此次峰会有何意义?
2. 报道指出,有700多位两岸工商界人士参会,此次会议能为他们带来什么?
3. 企业家峰会能够促进人员推销吗?从汪洋的发言中可以看出,两岸经济合作成功的原因是什么?

请结合本章的后续知识点深入思考。

# 第一节　人员推销的步骤

**课前思考**

> 人员推销有哪些步骤?如何识别潜在客户?介绍产品、回答疑问、促成签约时,工业品营销人员可以分别采取什么方法?

工业品营销人员可以通过人员推销的方式,与采购方进行面对面沟通。人员推销的作用有两个:一是维护现有客户,并增加其购买额;二是发展新的客户。当然,人员推销的目的并不仅仅只是完成某次销售,其最终目的是要与客户建立长期稳定的关系,使客户具有终身价值。

一般而言,人员推销的过程可分为七个步骤,接下来我们将具体了解每一个步骤及该步骤中可以采用的方法。

## 一、识别潜在客户

在第一个步骤中,工业品营销人员需要初步判断出有价值的潜在客户,并筛选掉没有价值的潜在客户。每一个陌生的采购方都可能是潜在客户,但是有些潜在客户根本没有该产品或服务的采购需求,因此我们需要将这一部分潜在客户筛选出去,留下可以转化为实际采购方的潜在客户。事实上,真正的、高质量的、可以转化为实际采购方的潜在客户是不多的。有以下几种具体方法可以帮助工业品营销人员识别真正的潜在客户。

第一种方法是"主动出击"法。这种方法是指工业品营销人员主动通过各种方式联系潜在客户。主动联系的方式有很多，比如主动拨打电话、主动发送电子邮件、主动添加对方微信或QQ等。与潜在客户建立初步联系后，则可以直接询问他们的采购意向(这种行为类似于我们平日里理解的拨打骚扰电话、发送垃圾信息或邮件等)。那么，怎么样才能获得潜在客户的联系方式呢？有以下几种办法：第一，工业品营销人员可以通过当地邮政局购买当年发行的电话黄页，通过拨打电话黄页上的电话，识别潜在客户；第二，可以从网络上搜索关键词，找到潜在客户的官方网站或微信公众号，根据网站或公众号上预留的电话号码联系潜在客户；第三，从专业论坛上搜索相关信息，联系潜在客户。需要注意的是，联系方式的来源渠道要合法，转买转卖他人的联系方式是违法行为。另外还需要注意的是，主动出击联系潜在客户的成功率一般较低，很多时候，工业品营销人员主动联系潜在客户时，得到的结果要么是被拒绝，要么直接被挂断电话。对此，工业品营销人员需要树立信心，提前预设可能存在的失败情形，明确"只要成功一单，之前所有的努力就都不会白费"的想法。同时，主动拨打电话后尽快添加潜在客户的微信、QQ等更为便捷的社交类联系方式，以方便与潜在客户更为高效地沟通。请记住，主动出击拨打电话的最主要目的是淘汰非潜在客户，筛选高质量潜在客户，因此不用在电话中浪费过多的时间做自我介绍和产品介绍。

第二种方法是"守株待兔"法。这种方法是指工业品营销人员不主动采取行动，而等待潜在客户主动联系营销人员。那么，怎么样才能让潜在客户主动联系工业品营销人员呢？有以下几种办法：第一，工业品营销人员可以在各种媒体上发布广告并留下联系方式，以吸引潜在客户。举例来说，工业品营销人员可以在短视频平台、社交空间、网络论坛、搜索引擎等投放相关广告，感兴趣的潜在客户会尝试通过广告上的联系方式联系工业品营销人员。第二，工业品营销人员可以制作精美的官方网站，并在百度等搜索引擎上开展竞价排名，将自己的官网置顶。当潜在客户浏览官网时，如果有需求，便可以按照官网上预留的联系方式联系工业品营销人员。主动联系工业品营销人员的潜在客户往往质量较高，签约成功率也较高，因为他们往往具有较为强烈的采购意愿。

第三种方法是"熟人推荐"法。这种方法是指工业品营销人员邀请已有客户推荐新的潜在客户。一般而言，采用这种办法识别潜在客户的成功率往往更高，因为愿意推荐新的潜在客户的已有顾客，往往对该产品或服务表示满意，之前私底下也多多少少为潜在客户做了一些介绍，并以自己的亲身经历为证明，对产品或服务做出了保证。使用这种方法时，工业品营销人员既可以主动出击(与潜在客户联系时主动提及推荐人的名字，可以有效降低潜在客户的戒备心理，增加个人推销的成功性)，也可以守株待兔(请潜在客户主动联系自己，可以更有效地筛选出真正有需求的高质量潜在客户)。

## 二、确认潜在客户的价值

在第一个步骤中，我们初步识别出了有采购意向的潜在客户，但是，并不是所有具有采购意向的潜在客户都具有同样的客户价值。有些潜在客户可能一年只会采购价值 10 万元的产品，而有些潜在客户一年的采购额会达到 3 000 万元。另外，有些客户最终购买的可能性非常大，但有些潜在客户可能要五年之后才会进行采购(对于这种潜在客户，我们将其放在"客户蓄水池"中养着就行)。如果我们将有限的精力和资源平均地分给每个潜在客户，那么，我们最终获得的收益可能并不是最优的，因此，我们需要判断每位潜在客户的价值。在确认其价值时，工业品营销人员往往需要从两个方面对潜在客户进行分析：一是其可能带来的销售收入；二是其真正采购的可能性。基于以上两个结果，我们可以将潜在客户进行分类，并对不同类型的潜在客户分别采取不同的营销措施。

具体而言，我们可以将潜在客户分为以下几类。第一类为优质潜在客户，这一类潜在客户能够带来较高的销售收入，且采购的可能性很高，因此我们可以将精力重点投入到这类潜在客户上，直接电话联系或登门拜访。第二类为中等质量潜在客户，他们要么不能够带来较高的销售收入，要么采购的意愿一般，此时，我们可以使用微信、电子邮件等非上门拜访的方式与其进行中等频率的沟通。第三类为劣质潜在客户，他们要么为制造商带来的销售收入较低，要么采购意愿较低，因此工业品营销人员可以以较低的频率与他们联系，甚至可以只向他们寄送最基本的营销宣传材料，并请他们有采购需求时再与自己联系。

## 三、深入了解潜在客户

在这一步骤中，工业品营销人员需要深入了解潜在客户，获取其相关信息，以便为之后的个人推销活动做准备。工业品营销人员对潜在客户的了解越多，就越容易针对潜在客户提供其需要的信息，进而促成销售签约。

一般而言，作为工业品营销人员，我们需要深入了解潜在客户的以下信息。第一，潜在客户的已有业务是什么？第二，潜在客户的客户是谁？他们又有什么需求，以致潜在客户产生了什么延伸需求？第三，潜在客户真正的需求是什么？是否与其口头所表达的需求一致？第四，如果潜在客户已经与其他供应商签订采购合同，那么，其转换到自己这里进行采购的转换成本与风险有哪些？第五，潜在客户的采购决策影响者、采购者、决策者有哪些？

有些信息其实非常难以获得，因为潜在客户根本不会明确告知。那么，我们应当怎么办呢？我们可以根据潜在客户的同类客户进行推测。举例来说，A公司主要生产复印纸，现在他想要了解C公司这位潜在客户的相关信息，但是C公司的员工守口如瓶，相关信息很难获取。目前A公司仅仅知道C公司是一家建筑公司，但A公司刚好有一位老客户B公司，且B公司也是一家建筑公司，那么A公司可以通过与B公司的相关工作人员沟通交流，从他们的口中了解C公司。如果B公司的员工也不愿意向A公司提供C公司信息的话，那么A公司还可以通过总结B公司的采购行为，推测C公司可能的采购行为，因为同一个行业内规模相近的两个公司，它们的采购行为往往具有一定的相似性。

## 四、产品陈述

工业品营销人员在深入了解潜在客户之后，往往就需要登门拜访，向潜在客户介绍自己的产品或服务了。一般而言，产品陈述的方法有以下几种。

第一种方法叫作"要啥给啥"法。这种方法是指在产品陈述阶段，工业品营销人员自己先不做过多介绍，而是先向潜在客户提问，通过各种问题发现潜在客户的真实需求，然后再根据这些需求，介绍能够满足他们需求的产品或服务，简而言之就是"你们想要的，我们都能给"。举例来说，A公司的营销人员可以向C公司的采购人员提出以下问题："你们有没有想要使用更白的复印纸？""你们有没有想要用更薄的纸张？""你们有没有想要使用虽然价格可能会高一些，但是质量更好的纸张？"工业品营销人员通过向潜在客户提问，从而找出他们的真实需求。使用这种方法的营销人员往往需要具备较高的销售水平：营销人员需要从潜在客户答案的蛛丝马迹中，挖掘出他们真正的需求，然后再在有限的时间内适配自己的产品或服务，并逐步过渡到向他们陈述说明"我们的产品能够满足你们的需要"。

第二种方法叫做"解决问题"法。这种方法是指工业品营销人员先向潜在客户提问，发现潜在客户在开展业务过程中存在的问题，然后再向潜在客户展示能够解决他们这些问题的产品或服务，简而言之就是"你的问题，我能解决"。这种方法与前面一种方法比较类似，区别在于前一种方法是通过提问发现潜在客户的真实需求，而这种方法则是通过提问发现潜在客户在开展经营活动过程中存在的问题或矛盾，并提供解决方案。前一种方法是满足潜在客户的需求，潜在客户在经营活动中存在的问题，我们作为工业品营销人员是不会考虑的；而这种方法则重点关注问题本身，为潜在客户开发新的需求(因为潜在客户可能并没有发现自己存在着哪些问题，因此也就不存在解决这些问题的需求)，并满足这种新的需求。举例来说，A 公司的营销人员可以向 C 公司的采购人员提出以下问题："你们员工平时在用纸的时候有反映什么问题吗？""你们企业员工在复印的时候，有没有觉得现在所用的纸张特别容易卡纸？""有没有员工向你们反映，当前你们使用的打印纸太薄？""你们有没有觉得你们现在使用的复印纸太黄了，不好看？"一般而言，使用这种方法时，营销人员还需要工程师、维修员、专业专家等其他专业人员的介入和帮助。

第三种方法叫做"照本宣科"法。这种方法是指工业品营销人员在登门拜访之前就先将产品或服务的介绍牢记于心，在陈述产品性能特征时，照本宣科地背出来。这种方法往往适用于电话销售员(他们只需看着稿子念稿就可以了)、新入行的销售菜鸟(业务尚不精通，技能有待提高，销售经验欠缺，面对客户可能还会紧张，使用这种方法可以减少犯错的可能)。举例来说，A 公司的营销人员在使用这种方法时，可以提前将产品的各种性能、参数、适用范围背诵下来，在进行产品陈述时，再根据当时的实际情况一一进行说明。

第四种方法叫做"蹭人便车"法。这种方法是指工业品营销人员不主动联系潜在客户，不主动登门拜访，而是跟随其他供应商的销售人员登门拜访，通过资源共享的形式共享潜在客户，并完成对产品的展示。举例来说，现在有一家建筑企业 D 公司，A 公司想向 D 公司开展业务；同时，批发办公文具的 E 公司也想对 D 公司开展业务。A 公司了解到，下周三 E 公司将登门拜访 D 公司，因此，A 公司便蹭上了 E 公司的便车，提出下周三想跟着 E 公司一起登门拜访 D 公司，顺便展示自己的复印纸产品。对于 A 公司来说，抱大腿式的搭便车方法并没有消耗自身太多资源，省时、省力、省钱、省心；对于 D 公司来说，届时再多听一家公司的产品介绍也不会耽误太多的时间，因此往往也会欣然接受。可见，这种蹭人便车的方式往往是很有用的。

## 五、回答疑问

一般而言，工业品营销人员在介绍完产品或服务之后，采购方或多或少会提出自己的疑问。有些问题非常刁钻，甚至让营销人员难以招架；另外，有些问题甚至会偏离主题、问不到重点，很容易让营销人员产生被动。在这一步骤中，销售经验不足的营销人员很容易被潜在客户牵着走，形成潜在客户主导推销流程的不利局面。潜在客户无休无止地提问，营销人员被动地回答各种各样的问题，一旦某一个问题没有回答上来，潜在客户便会抓住这一点不放，质疑营销人员的能力和产品的质量。因此，在这一步骤中，营销人员需要注意以下几个方面。第一，营销人员需要随时把控全局节奏和推销流程，牢固树立"回答问题是为了促成签约"的思想，不能单纯地为了回答问题而回答问题，所回答的答案都要能够引导到最终的签约行为。第二，对于不是重点、仅仅是潜在客户发牢骚的一些问题，营销人员需要快速回答，及时提醒对方关注重点，并努力将对话转回正轨，往最终签约的方向去引导。第三，对于不熟悉的问题，营销人员宁愿说"不知道""稍后确认答案后再回复"，也不能随意编造答案，授人把柄。在此，我们强烈建议新入行的销售菜鸟能够向身边优秀的同事学习，认真观摩、体会他们的推销技巧。具体而言，回答潜在客户的疑问时，工业品营销人员可以采取以下几种方法。

第一种方法叫做"顺着毛捋"法。这种方法是指当潜在客户表达自己的想法时，无论潜在客户说的是什么，其答案是否真的正确，工业品营销人员都会顺着潜在客户的话说，先肯定其想法，对其想法表示理解，然后再补充正确的信息。这种方法的代表性用语往往是"您说的对，还有……"或"嗯嗯太对了，另外还有……"等。潜在客户往往喜欢听好听的话，因此工业品营销人员需要投其所好，说别人喜欢听的话，可以让潜在客户更容易接受营销人员的答案。

第二种方法叫做"他也这样"法。这种方法是指工业品营销人员鼓励潜在客户说出自己的真实想法和疑虑，然后营销人员再描述自己的经历或其他已有客户相似的经历，告知其所持有的疑虑是共性，而使用了自己的产品或服务后，这些疑虑都会得到解决。这种方法的代表性用语往往是"您这样想太正常了，我也这么想。"举例来说，A公司向C公司的采购人员进行产品展示后，C公司的采购人员提出疑虑：A公司生产的复印纸会不会太白了。此时，A公司的营销人员回答道："您这样想太正常了，之前我们的客户也担心，我们生产的复印纸在实际使用时会不会特别白。但是，他们用过以后发觉，我们复印纸的颜色刚好合适，既能显得纸张干干净净，又不会伤眼睛。事实上，这种白色是通过精准研发得到的结果，所以大家用下来都说好。如果您还不相信，可以去问问旁边的F公司，他家也在用我们公司的复印纸。"值得注意的是，这种方法非常有用，因为工业品营销人员用一个非常实际的案例支撑了自己的回答，能够有效地打消潜在客户的顾虑。

第三种方法叫做"霸道总裁"法。这种方法是指工业品营销人员直接回答潜在客户提出的问题，且明确告知潜在客户的想法是错误的。这种方法的代表性用语往往是"您错了""您不对"。使用这种方法时，工业品营销人员特别需要注意语气，因为没有人喜欢被直截了当地指出自己的错误。使用这种方法的工业品营销人员往往需要具备专较高的专业性知识，在行业内甚至可以被称为专家，同时，潜在客户对产品不太了解，营销人员与潜在客户在知识储备、地位、能力等方面存在着明显差异。

## 六、促成签约

以上步骤的最终目的都是为了促成签约。需要注意的是，不是每一次登门拜访潜在客户后都能够直接签约，很多时候，潜在客户也需要再考虑一段时间后才可能签约，因此该步骤可能并不与之前的步骤同时发生。在步骤五和步骤六之间的这段时间里，工业品营销人员需要频繁地跟进潜在客户，随时与其保持沟通，避免潜在客户与其他竞争者签订销售合同。具体而言，促成签约的方法有以下几种。

第一种方法叫做"尝试签约"法。这种方法是指工业品营销人员试探潜在客户的签约意向，如果当场能签约就签约，如果无法签约的话，可以再询问潜在客户的意见或想法，并再次陈述产品、回答疑问、解决疑虑，进而促成签约。这种方法的代表性用语往往是"您看您还有什么问题吗？如果没什么问题的话我们今天就签约，您看可以吗？"

第二种方法叫做"心理强化"法。这种方法是指工业品营销人员会问一系列问题，并让潜在客户一直回答"是"，以强化对产品的认知，当被问到是否要签约时，潜在客户也就会自然而然地回答"是"了。举例来说，在这个步骤中，A 公司的营销人员可以向 C 公司的采购人员提出以下问题："您认为我们公司的产品质量怎么样？""您认为我们的服务可以吗？""您认为我们产品的价格合适吗？""您认为我们是否是一个很好的供应商呢？""您会考虑采购我们的产品吗？""那既然如此，我们今天就先签约，您看好吗？"如果 C 公司的采购人员对前面的所有问题都回答了"是"，那么，对最后这个问题，采购人员应该也会回答"是"了。

第三种方法叫做"直截了当"法。这种方法是指工业品营销人员在回答完潜在客户的问题之后，当场请潜在客户直接签约。这种方法往往适用于问题已经得到解答，营销人员十分相信潜在客户已经做好了签约准备时。这种方法的代表性用语往往是"我今天把合同带来了，我们今天就直接签约吧。"对于一些不好意思拒绝人的采购方，这种方法往往特别有用。

第四种方法叫做"默认购买"法。这种方法是指工业品营销人员已经默认潜在客户要签约了，后续只要完善签约细节而已。这种方法特别适用于一些"傲娇"的潜在客户，这些潜在客户其实已经做好签约打算了，但是因为各种各样的原因而不明确表明自己的态度，此时，营销人员就可以使用这种方法了。举例来说，在这个步骤中，A 公司的营销人员可以向 C 公司的采购人员提出以下问题："贵公司是准备月度结付还是季度结付？""之后的仓库对接人员是哪一位？""贵公司的支付方式是什么？""累计一定的发货量后再给贵公司开发票可以吗？"等等。如果潜在客户回答了这些问题，就默认要向 A 公司购买产品了，此时，A 公司就可以拿出合同完成签约了。

## 七、售后服务

工业品营销不是一锤子买卖，签约完成后，工业品营销人员还需要提供售后服务。很多营销人员对这一步骤并不是很上心，因为售后服务往往是没有佣金的(换言之，这一步骤往往只有付出，没有收获)。但事实上，维系一个老客户的成本，要比开发一个新客户的成本低很多。工业品营销人员依旧需要时常拜访老客户，在增进情谊、维持或扩大采购量的同时，还可以请他们推荐新的潜在客户。

# 第二节  提升人员推销效果的方法

供应商可以选择哪些人员进行推销？可以提供哪些优惠以促成签约？可以开展哪些公关活动以促成签约？

接下来，我们将要介绍一些提升人员推销效果的方法。

## 一、选择合适的人员进行推销

工业品的购买决策过程往往会有众多参与者的参与，因此供应商可以针对不同的潜在客户，选择合适的人员进行人员推销，以提升人员推销的效果。一般而言，以下几种人员可以成为供应商的推销人员。

### (一)高级管理人员

供应商可以直接选择高级管理人员进行推销。一些供应商的总裁会定期拜访重要客户，以体现供应商对已有大客户或潜在客户的重视。另外，高级管理人员与潜在客户的领导人均是高层，高层之间的交流更容易加深两者之间的信任，更容易从高处着手开展战略合作，更有利于促成签约。举例来说，我国的总理出访外国时，往往会推荐我国的高铁产品，这可以被视为高级管理人员进行人员推销的一种具体体现。

### (二)销售人员

在个人推销活动中，销售人员可以被看作是中坚力量。销售人员应当增加自己的专业知识储备，帮助潜在客户更好地认知产品；同时，销售人员还要学习销售技巧，完善销售工具，优化推销话术，营造良好的谈判氛围，提升企业形象，进而促成签约。

### (三)服务人员

服务人员与销售人员不同，销售人员的主要职责是促成销售，而服务人员的主要职责是对产品或服务的售前、售中与售后环节提供服务，如送货、安装、培训、咨询等各种服务。在工业品领域，一些仪器设备的使用特别依赖供应商提供的服务，供应商对采购者进行培训之后，采购者才能很好地使用这些仪器设备。因此，服务人员是最容易接触采购者并对其采购决策做出影响的人员之一。因此，供应商可以使用服务人员进行推销，要求服务人员突出企业在服务方面的差异化优势，加强潜在客户对企业的良好形象，进而促成签约。

### (四)技术人员

供应商也可以使用技术人员进行推销。技术人员与服务人员也存在着一些差异，技术人员主要负责产品的调试、维修、保养、系统升级等。在一些大型复杂仪器设备的购买决策过程中，采购方的技术人员往往是最重要的决策影响者，因此工业品供应商可以选择技术人员进行人员推销，让双方的技术人员进行深入交流，通过专业性打动潜在客户。

## 二、承诺提供多种优惠

工业品营销人员可以承诺对潜在客户提供多种优惠，以鼓励其尽早完成签约。一般而言，承诺提供多种优惠可以及早促成签约。但需要注意的是，承诺提供多种优惠往往是有前提的，采购方需要在规定时限内完成签约才可以享受到优惠(规定时间的目的主要是促成采购方尽早签约)。具体而言，工业品营销人员可以承诺为潜在客户提供以下优惠。

## (一)租赁

对于一些价值较高的工业品，供应商可以以租赁的形式将产品提供给采购方使用，当采购方使用完毕后，再将产品退回给供应商。承诺这种优惠时，采购方可能存在以下两种情况：一是没有足够的资金购买产品，但是又特别想要使用该产品；二是采购方只想临时使用一下该产品而已。这种方式可以有效降低采购方的资金压力，同时也能够为供应商提供更多的利润。

## (二)信用赊销

信用赊销是指供应商承诺对那些信誉良好、可靠性高的企业采取赊销的方式进行产品销售。赊销可以优化潜在客户的现金流，因此往往受到潜在客户的欢迎。当然，工业品营销人员可以对不同的潜在客户承诺不同比例的赊销形式：信誉最好的采购方，供应商可以提供100%的赊销，且还款时间可以延长至一年；对于信誉一般的采购方，供应商可以提供 30%的赊销，且还款期限只有三个月。需要注意的是，这种优惠方法一定要谨慎使用，以防止供应商的应收款过多，增加其资金流压力。

## (三)试用

工业品营销人员可以为潜在客户提供有限时间段内的试用产品或服务。试用可以分为无条件试用和有条件试用。无条件试用是指工业品营销人员向潜在客户免费提供一段时间内的试用产品或服务，潜在客户试用产品或服务后，感到满意的话，则可直接采购该产品或服务。无条件试用可以理解为供应商让潜在客户免费使用了一段时间的产品或服务，帮助其降低经营成本，从而有助于促成签约。有条件试用是指工业品营销人员向潜在客户提供一段时间内的试用产品或服务，但是这种试用是有条件的：要么潜在客户支付一定的费用，要么供应商限制一些使用权限。那么，为什么工业品营销人员要承诺有条件试用呢？无条件试用难道不好吗？一般而言，承诺有条件试用时，供应商往往有以下一些动机：第一，有条件试用可以筛选掉没有实际采购意愿、只想蹭免费产品的潜在客户；第二，有条件试用可以减少供应商的营销成本。当然，承诺有条件试用时，供应商可以补充说明，如果潜在客户最终购买了该产品或服务，那么，试用时缴纳的费用可以抵扣最终采购时支付的部分费用。

## (四)开展技术培训

工业品营销人员可以向采购方承诺，免费为需要使用该产品的相关人员提供技术培训。工业品营销人员可以向采购方的相关操作人员展示如何使用该产品，并指导他们实际操作，以更好地了解该产品的优势。开展技术培训的意义明显：第一，如果采购方还没有购买该产品，那么开展技术培训可以坚定其购买的决心；第二，采购方的相关操作人员可以更高效地使用该产品，进而提高采购方的工作效率，这可以坚定其购买甚至复购的决心；第三，相关操作人员如果跳槽到其他企业，很有可能会影响其他企业购买该产品的意愿。

## (五)升级会员

供应商的工业品营销人员可以承诺采购方成为会员或升级为更高级别的会员，之后，采购方可以享受到会员专享价或其他专项服务，如优先供货、专线物流、免费 24 小时技术支持等。需要注意的是，营销人员不能对每一个采购方都承诺成为会员，换言之，成为会员需要一定的门槛，如自然年采购额、单次采购量等需要达到一定金额或数量后方可成为会员。如果每一个采购方都能成为会员，那么会员制度也就失去了吸引力。

### (六)赠送与返佣

赠送是指供应商的工业品营销人员可以向采购方承诺，如果购买了该公司的产品或服务，那么供应商可以向采购方另外赠送其他产品或服务。返佣是指供应商的营销人员承诺，如果购买了该公司的产品或服务，供应商可以向采购方返还实际支付金额的部分费用给采购方。举例来说，生产复印纸的 A 公司向批发办公文具的 E 公司承诺，只要 E 公司购买 A 公司价值 300 万元的产品，那么 A 公司就会向 E 公司赠送总价值 1 万元的超市购物卡，同时 A 公司也会向 E 公司的行政部门返还实付金额的 2%作为工会活动经费。需要注意的是，有些时候，赠送与返佣有可能是不正当甚至违法的(比如将赠品送给采购方的某个采购员，将佣金返还到采购方某个业务员的私人账户)，因此工业品营销人员需要在合法的前提下承诺赠送与返佣事宜。

### (七)互惠购买

互惠购买是指供应商承诺，只要采购方购买供应商的产品，那么供应商也会从采购方处购买其产品，进而形成互惠互利的格局。举例来说，生产复印纸的 A 公司向批发办公文具的 E 公司承诺，只要 E 公司购买 A 公司的产品，那么 A 公司也会从 E 公司处采购办公文具。

### (八)售后保证

工业品营销人员可以向潜在客户承诺，自己可以向潜在客户提供更多的增值售后服务、更长的质量保障期；产品如果在质保期内出现故障，供应商可以提供退货、换货、退款等服务。当然，营销人员在承诺售后保证时，产品或服务的质量一定要跟得上，如果产品或服务的质量一般甚至不过关，那么营销人员最好不要提供售后保证这种承诺。

### (九)以旧换新

供应商可以承诺，如果产品在约定时间内出现了更新款或改良款，那么采购方可以通过以旧换新的方式获得更新款或改良款。是以完全免费的形式以旧换新，还是将旧产品折价算入新产品的费用中，这些都可以提前进行约定。以旧换新往往可以保证老客户继续使用自己的产品，而不会重新选择替代供应商。

## 三、开展公关活动

工业品营销人员还可以举办多种公关活动，公关活动不仅能够展示企业形象，还能够促成签约。对于工业品企业来说，以下公关活动较为有用。

### (一)学术研讨会

供应商可以邀请采购方参加自己举办的学术研讨会。采购方派出参加学术研讨会的人往往是产品或服务的实际使用者，他们虽然可能并不能直接做出购买决定，但是他们的意见往往能够影响最终的购买决策。学术研讨会往往会影响使用者的想法，进而促成签约。一般而言，供应商召开学术研讨会时，首先会邀请业内专家以"该行业的发展趋势"为主题进行发言，然后再插入产品介绍环节，强调自己的产品在该行业内具有较大的优势，以提升自己专业性强、技术领先、行业领跑的形象。一般而言，学术研讨会的召开时间往往是周末，且举办地点多为旅游胜地，采购方的参会人员参加完此次学术研讨会后，还能够顺便参加供应商提供的旅游活动，进而提升采购方的满意度，拉近供应商与采购方之间的关系。另外，供应商还可以在会后发放一些与产品有关的纪念品，以加深采购方对供应商的良好印象，进而促成签约。

### (二)聘请顾问

供应商可以聘请有重大影响力的潜在客户为自己的顾问，并邀请其对供应商的重大经营事项提出适当的意见和建议，甚至可以向其分配适量的股份。聘请潜在客户为企业顾问，可以树立"以用户为本"的企业形象，拉近供应商与潜在客户的关系，获得其支持。同时，由于潜在客户的利益与供应商绑定在了一起，他们往往也更愿意主动签约，更愿意帮助供应商发展，并主动向其它潜在客户推销供应商的产品。

### (三)商务宴请

供应商的工业品市场营销人员可以通过商务晚宴的形式，宴请多家潜在客户及其上下游企业，通过帮助潜在客户牵线搭桥的形式，扩大潜在客户的商业资源，拉近供应商与采购方之间的关系，进而促成签约。中国自古以来都存在着酒桌文化，有些在会议室无法确定的事情，在觥筹交错间反而容易完成。需要注意的是，商务宴请需要合法，商务宴请过程中拒绝"黄赌毒"。

### (四)团拜活动

在过年过节时，供应商可以主动举办团拜活动，向潜在客户致以节日的问候。举例来说，供应商可以在春节前向潜在客户拜年，并赠送一些小礼物；在端午节时，可以祝潜在客户端午安康并赠送一盒粽子。过年过节时举办团拜活动，可以很好地表达供应商对潜在客户的关心，拉进彼此的距离，最终促成签约。

### (五)企业峰会

供应商可以发起企业峰会，树立企业卓越的形象。行业领先的供应商举办企业峰会，可以强化自己领导者的形象；规模相对较小的供应商举办企业峰会，可以建立自己与行业领先企业平起平坐的形象。在企业峰会上，供应商可以发布行业宣言，以进一步树立自己行业权威的形象；同时，企业峰会可以邀请潜在客户参加，在企业峰会结束后直接举办客户签约会，以促成签约。

### (六)新闻发布会

供应商可以邀请采购方参加自己举办的新闻发布会。在新闻发布会上，供应商可以介绍近期的重大技术突破、问世的新产品、新签订的产学研合作协议等。新闻发布会往往性价比高、说服力强。在新闻发布会上还可以增加"与潜在客户签订战略合作协议"等环节，在帮助潜在客户作宣传的同时，还能够促成签约，形成互利双赢的局面。

### (七)产业旅游

部分供应商(特别是厂房面积较大的制造商)可以开展工业旅游活动，通过邀请潜在客户参观自己的工厂园区，使潜在客户产生供应商实力雄厚、管理高效、实力卓著、厂区整洁、生产有序、员工优秀等良好印象。开展工业旅游时，供应商应当提前做好线路规划，认真选择展示内容，以优化顾客体验，促成签约。

## 第三节　人员推销过程中出现的问题与对策

在人员推销过程中，各营销人员之间可能会产生哪些问题？客户开发与客户维护之间会产生哪些矛盾？怎样解决这些问题与矛盾？

一般而言，人员推销活动往往由企业中的销售部门直接负责。在进行人员推销的过程中，销售部门内部的成员会产生一些摩擦与矛盾，销售人员在开发潜在客户和维系已有客户之间也会产生矛盾。接下来，我们具体了解一下人员推销过程中可能出现的问题及其应对措施，以帮助工业品营销人员更好地开展人员推销活动。

### 一、销售部门内部

#### (一)部门内部成员可能出现的问题

在本章中，销售部门是指在企业内通过直接开展销售活动为企业产生利润的部门。销售部门往往直接负责人员推销活动。销售部门内部的销售人员往往能力有区别、态度有差异、工作年限不同、工作方式不一样、服务的客户也会有区别，因此不同销售人员之间、同一位销售人员不同时间段所达到的销售绩效都会不一样，而这会直接影响到每一位销售人员的销售提成和最终收入，此时，销售部门内部成员之间的矛盾与问题便产生了。

在进行人员推销时，销售部门内部成员之间出现的问题主要有三个：第一个问题是抢单；第二个问题是压单；第三个问题是倒单。

**1. 抢单**

抢单是指同一个部门内的销售人员，通过压低报价、将自己提成收益让渡给采购方等方式，直接截胡同事的潜在客户资质，并将同事的客户资源"占为己有"，进而完成自己销售指标的情况。抢单会产生一些不好的结果，如同事之间的人际关系恶化、客户夹在其间左右为难、销售人员(抢单者与被抢单者)的考核结果难以计算等。这种情况的出现往往基于以下几个前提之一：第一，销售人员的任务指标过高，销售人员业绩压力过大；第二，单笔合同的销售提成过高，销售人员的收入过于依赖销售提成；第三，企业没有为销售人员指定客户或划分销售区域，销售人员无法确定自己是否抢单；第四，企业没有建立完善的客户对接制度，销售人员即使抢单了也不会受到惩罚。这种情况下，销售人员自然而然地会选择抢单，无序地开发潜在客户。

### 2. 压单

压单是指当月已经完成销售指标的销售人员，在面对新的潜在顾客时，尽量拖延与其签订合同的时间，将其签订合同的时间安排在下一个自然月(即新的绩效考核月份中)，以确保下一个月的销售指标能够顺利完成。出现压单情况往往基于以下几个原因：第一，销售人员即使当月超额完成了销售考核指标，企业依旧按照原有比例给予销售人员提成奖金，但是，如果下一个月销售人员没有达到销售考核指标的要求，企业还会对其进行惩罚；第二，销售人员当月超额完成销售考核指标则意味着下一个月的销售考核指标会上升，进而增加销售人员的销售压力。压单可能会产生一些负面影响，如降低企业的现金流动性、增加企业的经营风险(毕竟夜长梦多，客户晚一天签单，其最终毁约或不签约的可能性就越大)。

### 3. 倒单

倒单是指拥有较多客户或大客户资源的老员工，或单月绩效表现较好甚至已经超额完成绩效考核指标的销售人员，将潜在顾客资源转卖给资源较少的新员工，或本月难以达到销售目标的员工，甚至是转卖给竞争对手的情况。值得注意的是，倒单并不是"老带新、强带弱"，更不是老员工或优秀销售人员"高风亮节""无私帮助"，而是通过倒单这种形式获利。一方面，新员工或尚未达到销售目标的销售人员能够通过倒单完成当月绩效；另一方面，老员工或优秀销售人员也可以通过倒单赚取一定的转手费或介绍费(赚取的转手费往往要比销售提成高，这样才会有转手的动力)。部门内部进行倒单对企业造成的影响相对较小，一般会让潜在顾客对企业的管理制度有所担忧，但下面这种形式的倒单，产生的影响就要严重多了：有些员工会通过本企业的资源获取潜在客户，然后再将客户资源倒卖给其他竞争对手，目的是为了获得更多的佣金提成。这种做法一来违背了员工的职业伦理与职业道德；二来对企业的良性发展与顾客口碑产生了严重的负面影响。

## (二)以上问题的解决方案

首先，供应商应当坚决杜绝抢单、压单、倒单。营销人员可以以团队为单位进行人员推销，避免单打独斗，从内部争夺客户资源。具体而言，有以下几种方法。第一，大客户由销售部门的领导直接进行对接，并指定销售专员协助进行人员推销工作，其他人不能直接对接大客户。第二，每周召开对接例会，各销售人员汇报本周的潜在客户拜访计划，避免发生撞车。如果有两个销售人员同时对接了同一个潜在客户，那么销售部门的领导可以根据对接的时间顺序或销售成功的可能性，指定其中的一人为主要负责人，另一人为协助人，潜在客户签约后，这两名销售人员按照之前确定的比例共享销售提成。第三，严格建立规章制度，明确抢单、压单、倒单的处罚措施。如果出现客户流失，销售人员需要公开说明潜在客户的最终去向，以防止抢单或倒单。第四，建立客户资源数据库，完善订单签订程序，从制度上避免抢单、压单、倒单的发生。建立客户资源数据库并不难，有些时候，我们甚至可以使用Excel表格云盘共享，这样不仅利于全员同步阅读与编辑，还能为企业降低经营成本。

其次，供应商应当鼓励开发新的潜在客户，把蛋糕做大。具体而言，有以下几种方法。第一，调整销售提成比例，与新的潜在客户签约时，销售提成比例可以提高；与已有客户续签合同时，销售比例可以适当降低。第二，调整开发客户的营销费用，开发新的潜在客户时，营销费用可以适当增加；开发已有客户(促其复购)时，营销费用可以适当降低。第三，设立新入职销售人员激励计划,该激励计划可以保证新员工在前几个月有较高的基础工资,鼓励新员工开发新的潜在客户,防止新员工在工作起步阶段因为收入过低、客户资源尚未培育、销售考核指标压力过大而产生抢单、压单、倒单行为。

## 二、客户开发与客户维护

### (一)客户开发与客户维护过程中产生的问题

客户开发与维护都很重要,但是在实际工作中,销售人员往往会顾此失彼,客户开发与客户维护之间存在着一些矛盾。具体而言,客户开发与客户维护过程中会产生以下问题。

第一,供应商与潜在客户之间仅仅建立了利益关系,没有实现可持续互利共赢。有些销售人员仅仅关注潜在客户能够带来的短期绝对收益,不考虑潜在客户能够带来的其他长远收益,甚至有部分销售人员认为,此次合作是一锤子买卖,没有下一次了,供应商与潜在客户的关系只是纯粹的金钱关系而已。在这种情况下,供应商与潜在客户之间没有实现互可持续的互利共赢。

第二,开发潜在客户时,销售人员目光短浅,造成了一系列问题,导致后期客户维护较为困难。有些工业品市场营销人员为了达到本月业绩,尽快促成签约,不顾潜在客户的具体资质和条件,在较短的时间内与其完成了签约,但事实上,潜在顾客的质量并不高。在后续的客户维护过程中,会有很多问题产生,进而增加企业的经营成本。举例来说,A公司的某位销售人员为了完成本月销售指标,与G公司完成了签约。但是,G公司实际上多次被列为失信人,在之后的合作中,G公司常常以各种理由拖欠货款,这大大增加了A公司的经营风险,提高了客户维护的难度。

第三,供应商注重客户开发,轻视客户维护,这种情况非常不利于企业形象的树立。一些销售人员认为"签约之前客户是大爷,签约之后我才是大爷",只注重前期的合作洽谈,一旦完成签约,收到销售佣金后,便对客户不管不顾,忽视后续维护服务,从而影响公司形象。

### (二)以上问题的解决方案

首先,加强人员推销的过程管理。明确规章制度,对重点的潜在客户提供一对一跟踪服务。跟踪服务要覆盖人员推销的全流程,从客户信息获取到售后服务与维护,每个环节都需要得到精准覆盖。对于服务缺失的环节或步骤,营销人员需要具体说明缺失原因,并提出详细的补救措施。

其次,按照人员推销的步骤或流程,分别安排专员进行对接。举例来说,供应商可以安排若干名专员,专门负责潜在客户开发,同时再安排另外若干名专员,专职负责客户维护,并根据其工作内容分别制定绩效考核方法。这种方案的好处比较明显:不同营销人员可以根据自己的特长与兴趣,选择具体的工作内容,进而提高员工对工作的满意度和工作效率。

## 本章小结

1. 工业品营销人员可以通过人员推销的方式,与采购方进行面对面沟通。人员推销的作用有两个:一是维护现有客户,并增加其购买额;二是发展新的客户。当然,人员推销的目的并不仅仅只是完成某次销售，其最终目的是要与客户建立长期稳定的关系，使客户具有终身价值。

2. 一般而言，人员推销的过程可分为七个步骤，分别是识别潜在客户、确认潜在客户的价值、深入了解潜在客户、产品陈述、回答疑问、促成签约、售后服务。每个步骤有不同的重点，可以采取不同的方法。

3. 在"识别潜在客户"步骤中，工业品营销人员需要初步判断出有价值的潜在客户，并筛选掉没有价值的潜在客户。有些潜在客户根本没有该产品或服务的采购需求，因此我们需要将这一部分潜在客户筛选出去。有以下几种具体方法可以帮助工业品营销人员识别真正的潜在客户：主动出击法、守株待兔法、熟人推荐法。

4. 在"确认潜在客户的价值"步骤中，我们需要判断每位潜在客户的价值。在确认其价值时，工业品营销人员往往需要从两个方面对潜在客户进行分析，一是其可能带来的销售收入；二是其真正采购的可能性。基于以上两个结果，我们可以将潜在客户进行分类，并对不同类型的潜在客户分别采取不同的营销措施。

5. 在"深入了解潜在客户"步骤中，工业品营销人员需要深入了解潜在客户，获取其相关信息，以便为之后的个人推销活动做准备。工业品营销人员对潜在客户的了解越多，就越容易针对潜在客户提供其需要的信息，进而促成销售签约。

6. 在"产品陈述"步骤中，工业品营销人员往往需要登门拜访，向潜在客户介绍自己的产品或服务。产品陈述的方法有以下几种：要啥给啥法、解决问题法、照本宣科法、蹭人便车法。

7. 在"回答疑问"步骤中，工业品营销人员要回答采购方的提问。新入行的销售菜鸟最好能够向身边优秀的同事学习，认真观摩、体会他们的推销技巧。回答潜在客户的疑问时，工业品营销人员可以采取以下几种方法：顺着毛捋法、他也这样法、霸道总裁法。

8. 在"促成签约"步骤中，工业品营销人员需要频繁地跟进潜在客户，随时与其保持沟通，避免潜在客户与其他竞争者签订销售合同。具体而言，促成签约的方法有以下几种：尝试签约法、心里强化法、直截了当法、默认购买法。

9. 在"售后服务"步骤中，工业品营销人员需要提供售后服务。维系一个老客户的成本，要比开发一个新客户的成本低很多，因此工业品营销人员需要时常拜访老客户，在增进情谊、维持或扩大采购量的同时，还可以请他们推荐新的潜在客户。

10. 工业品的购买决策过程往往会有众多参与者的参与，因此供应商可以针对不同的潜在客户，选择合适的人员进行人员推销，以提升人员推销的效果。一般而言，以下几种人员可以成为供应商的推销人员：高级管理人员、销售人员、服务人员、技术人员。

11. 工业品营销人员可以承诺对潜在客户提供多种优惠，以鼓励其尽早完成签约。需要注意的是，承诺提供多种优惠往往是有前提的，采购方需要在规定时限内完成签约才可以享受到优惠。工业品营销人员可以承诺为潜在客户提供以下优惠：租赁、信用赊销、试用、开展技术培训、升级会员、赠送与返佣、互惠购买、售后保证、以旧换新。

12. 工业品营销人员还可以举办多种公关活动，公关活动不仅能够展示企业形象，还能够促成签约。对于工业品企业来说，以下公关活动较为有用：学术研讨会、聘请顾问、商务宴请、团拜活动、企业峰会、新闻发布会、工业旅游。

13. 在进行人员推销时，销售部门内部成员之间出现的问题主要有三个：抢单、压单、倒单。有一些解决方案可供参考：首先，供应商应当坚决杜绝抢单、压单、倒单；其次，供应商应当鼓励开发新的潜在客户，把蛋糕做大。

14. 客户开发与维护都很重要，但是在实际工作中，销售人员往往会顾此失彼，客户开发与客户维护之间存在着一些矛盾。具体而言，客户开发与客户维护过程中会产生以下问题：一是供应商与潜在客户之间仅仅建立了利益关系，没有实现可持续互利共赢关系；二是开发潜在客户时，销售人员目光短浅，造成了一系列问题，导致后期客户维护较为困难；三是供应商注重客户开发，轻视客户维护。解决方案有：加强人员推销的过程管理；按照人员推销的步骤或流程，分别安排专员进行对接。

## 练习与思考

### 一、名词解释

1. 租赁
2. 信用赊销
3. 无条件试用
4. 有条件试用
5. 返佣
6. 互惠购买
7. 抢单
8. 压单
9. 倒单

### 二、简答题

1. 人员推销的过程有哪几个步骤？
2. 如何解决抢单、压单、倒单等行为？
3. 如何让营销人员更可持续地平衡客户开发与客户维护之间的关系？

### 三、单选题

1. 识别潜在客户时，工业品营销人员不主动采取行动，而等待潜在客户主动联系营销人员，这种方法是指（　　）。
   A. 主动出击法　　　B. 守株待兔法　　　C. 熟人推荐法　　　D. 因地制宜法

2. 陈述产品时，工业品营销人员可以通过提问发现潜在客户的真实需求，然后再介绍能够满足他们需求的产品或服务，这种方法称为（　　）。
   A. 要啥给啥法　　　B. 解决问题法　　　C. 照本宣科法　　　D. 蹭人便车法

3. 回答采购方疑问时，工业品营销人员可以明确告知潜在客户的想法是错误的，这种方法称为（　　）。
   A. 霸道总裁法　　　B. 他也这样法　　　C. 顺着毛捋法　　　D. 我不知道法

4. 供应商可以承诺，如果产品在约定时间内出现了更新款，那么采购方可以将旧款产品退回，换取更新款产品，这种承诺称为（　　）。

A. 售后保证  B. 互惠购买  C. 以旧换新  D. 免费赠送
5. 过春节时，供应商向潜在客户拜年，这种公关活动称为(    )。
   A. 商务宴请  B. 团拜活动  C. 产业旅游  D. 企业峰会

### 四、多选题

1. 人员推销的主要作用有(    )。
   A. 维护现有客户          B. 发展新客户
   C. 降低企业经营成本      D. 增加企业用人成本
2. 深入了解潜在客户时，我们需要知道的信息有(    )。
   A. 潜在客户的已有业务是什么
   B. 潜在客户的客户是谁
   C. 潜在客户真正的需求是什么
   D. 潜在客户的采购决策影响者是谁
3. 促成签约时，工业品营销人员可以采用的方法有(    )。
   A. 尝试签约法  B. 直截了当法  C. 心里强化法  D. 默认购买法
4. 以下人员可以成为供应商的推销人员的是(    )。
   A. 高级管理人员          B. 服务人员
   C. 技术人员              D. 销售人员
5. 在客户开发与维护过程中，供应商可能会产生的问题有(    )。
   A. 供应商与潜在客户之间仅仅建立了单纯的利益关系
   B. 销售人员目光短浅，造成了各种问题，导致后期客户维护困难
   C. 供应商注重客户开发，轻视客户维护
   D. 供应商只关注客户维护，不注重客户开发

## 微课视频

扫一扫，获取本章相关微课视频。

8.1 人员推销的步骤(1)

8.1 人员推销的步骤(2)

8.1 人员推销的步骤(3)

8.2 提升人员推销效果的方法(1)

8.2 提升人员推销效果的方法(2)

8.3 人员推销过程中出现的问题与对策(1)

8.3 人员推销过程中出现的问题与对策(2)

# 第九章 项目招投标

**【本章提要】**

招投标是指招标人对工程建设、劳务服务、货物买卖等业务,事先向外部公布需要采购的要求和条件,吸引投标人投标,投标人按照相关的规定程序和办法进行投标,表明愿意承接相关业务,然后招标人再按照相关办法,择优选择投标人并签订合同的活动。从竞争程度来看,招标可以分为公开招标和邀请招标。招标人发布招标公告后,投标人就需要编制投标文件(即标书),并将投标文件递交给招标人。编制标书和投标过程中,投标人都需要注意若干要求和细节。在实际的项目招投标过程中,投标人应当注意自身的行为,避免发生串通投标的行为,进而失去投标资格。如果招标人接受联合体进行投标的话,联合体应当尽早成立,并在提交资格预审申请文件前组成。招投标活动相对而言比较复杂,而报价又是招投标活动的重中之重,因此我们要重点把握好如何进行投标报价。一般而言,投标报价时,投标人需要把握好投标人和招标人的关系,考虑投标报价的适用范围,让报价处于合理区间,对不同的项目采取不同的报价方式,运用好计日临时工的报价。投标的报价方法有很多,如不平衡报价、备选方案报价、分包商报价、零利润报价、附加条款报价、优化方案报价、提供优惠条件等。

**【学习目标】**

1. 了解项目招投标的概念、方式、使用场景、步骤。
2. 了解编制和递交投标文件时,分别需要遵循的要求;熟悉并掌握串通投标和联合体投标的表现形式。
3. 了解投标报价的特点与需要注意的方面;掌握并运用投标的报价方法。
4. 构建诚信、公正、法治的社会主义核心价值观,培养精益求精的工匠精神。

### 开篇案例与思考

"小圈子,害死人!"江苏省连云港市赣榆区城西镇党委委员、副镇长董淑金被"双开"后,发出如此感慨。

事情追诉到 2019 年上半年。连云港市赣榆区纪委监委第四纪检监察室接到案管室转来的一条问题线索,反映"董淑金收受沙河镇一工程队老板顾某 2 万元现金"。经核查了解到,董淑金在沙河镇工作期间分管镇村建设工程和管理，镇区全部工程招投标、工程款拨付等诸多环节均由其负责监管，五年间，他经手工程资金4 000多万元，涉30余个大小工程项目。

调查组奔赴沙河镇调取近年来的工程建设相关资料，同时安排人员调取工程队老板顾某等人的银行流水信息。很快，调查人员看出了其中的猫腻：这三个项目均由江苏某工程咨询有限公司代理招投标业务，三次代理人不一样，但从签字的笔迹来看，明显为同一人所为。而且，这三个项目均于2014年完工，令人瞠目结舌的是，代理公司竟然于2015年9月才成立，材料明显是假的。调查人员对顾某的银行流水信息进行了仔细比对，发现每次拨付工程款时，顾某的银行账户上均会出现1万元、2万元不等的现金取现，去向不明。所有疑点，都需要从工程队老板顾某身上找答案。

工程队老板顾某很快便交待了制作假标书、向董淑金送钱的问题。原来，董淑金在沙河镇分管工程建设期间，不仅未能抵挡住老板的围猎，还与老板们结成小圈子，承揽了镇里绝大部分工程项目。而本应严格进行的招投标程序，却被当成了遮羞布，只是制作一些假的标书应付检查。每当工程完工需要验收拨款时，顾某等圈内的老板都会向董淑金送上1万元或2万元的现金。

2019年9月27日，董淑金被赣榆区人民法院以受贿罪判处有期徒刑3年，并处罚金20万元。

(资料来源：中央纪委国家监委网站(通讯员：赵庆涛，王泽锋). 以案为鉴　招投标程序被当成遮羞布. 2020-04-30，https://www.ccdi.gov.cn/yaowen/202004/t20200428_216371.html.)

**问题分析：**

1. 项目招投标具有哪些作用？为什么要进行招投标？
2. 该案例中出现了哪些问题？
3. 以案为鉴，招投标活动需要注意哪些方面？如何防止招投标程序被当成遮羞布？请结合本章的后续知识点深入思考。

# 第一节　项目招投标概述

**课前思考**

招标和投标分别是什么意思？招标和投标是一个概念吗？招标可以有哪些方式？什么时候需要招标？招投标活动的大致流程是什么？

## 一、招投标的概念

在工业品营销领域，有些时候，客户对产品或服务会有一些特殊的需求。举例来说，政府在进行采购时，往往要求多家企业进行竞争性投标报价。实际上，在工业品营销领域，很多产品和服务是通过竞争性投标达成的。需要特别指出的是，如果这个工业品是新产品，企业还会邀请专家对各个标书进行审慎评价，进而确定最终的投标人。

招投标是指招标人对工程建设、劳务服务、货物买卖等业务,事先向外部公布需要采购的要求和条件,吸引投标人投标,投标人按照相关的规定程序和办法进行投标,表明愿意承接相关业务,然后招标人再按照相关办法,择优选择投标人并签订合同的活动。

招投标活动需要由一个买方对若干个存在着竞争关系的卖方进行投标邀约,买方对各位卖方的标书进行评价,再签订合同并完成交易。买方(也就是我们所说的招标人)公布招标书,由卖方(也就是我们所说的投标人)根据招标书的要求和其他竞争对手的情况进行报价。招标具体是指招标人公布招标书的一系列相关活动;而投标具体是指投标人递交标书的一系列相关活动。一般而言,报价是不对外公开的,而招标人会选择其中一个或若干个投标人签订合同并完成交易。我们可以发现,招投标具有较强的竞争性。

在工业品领域,招投标具有重要的意义;招投标完善了市场定价的价格机制,使工业品价格的确定更加符合市场规律;招投标在一定程度上体现了工业品领域交易过程中"公平、公开、公正"的原则。

## 二、招标的方式

一般而言,如果我们从竞争程度来看,招标可以分为公开招标和邀请招标;如果我们从招标范围来看,招标可以分为国内招标(仅面向国内投标者的招标活动)和国际招标(同时接受来自其他国家投标者的招标活动)。

### (一)公开招标

公开招标也被称为无限竞争性招标,是指招标人通过多种大众媒体(如广播、报纸、电视、网络、社交平台等)向社会公开发布招标信息,投标人看到此招标信息后,如果对该项目感兴趣并且符合相关规定,那么就可以参与投标。我们可以发现,公开招标这种方式具有非常高的竞争性,因为它的门槛相对较低,投标人只要符合相关规定即可参与招标。

公开招标具有一些优点。举例来说,公开招标属于完全的公开竞争,各投标人能够公正、公开、公平地进行竞争,可以较为有效地防止来自某一企业的垄断。同时,公开招标能够促使投标人努力提升自身的综合竞争力,提高服务质量,降低单位成本,提高工作效率,力争获取最佳收益。另外,公开招标也有利于公众监督(毕竟公开招标的相关内容是要公之于众的),可以较好地防止招投标活动中出现暗箱操作、人员舞弊等现象。

但是,公开招标也存在一些缺点。举例来说,某一次招投标活动可能会有太多的投标人。首先,每一位投标人的中标概率将变小,进而增加投标风险与投标成本;其次,招标人需要仔细核查投标人的资格背景、所递交的投标文件等,这会给招标人造成较大的工作量,消耗较多的时间;再次,公开招标的流程相对较长,进而提高招标活动的相关费用与招标成本。

### (二)邀请招标

邀请招标也被称为选择性招标或有限竞争性招标。邀请招标时,招标人往往不公开发布招标信息,而是根据已有的信息、资料、经验,有针对性地向部分投标人发出投标邀请书,邀请他们参加投标,收到邀请书的投标人才有资格参加此次招投标活动。一般而言,招标人会向至少三个及以上的投标人发出投标邀请书。如果向过多的投标人发出投标邀请书,那么,招标人可能需要花费较长的时间、精力、成本进行投标人的资质审核;如果向过少的投标人发出投标邀请书(如只向一位投标人发出投标邀请书),那么,此次招标程序很有可能会违反相关规定(涉嫌萝卜坑式招标、定向招标、暗箱招标等)。

邀请招标具有一些明显的特点。举例来说,招标人的目标相对较为集中,主要针对有一定资质、有潜在合作意向的投标人,招标的工作流程相对较为简单,工作量也相对较小。但是,邀请招标也存在着一些缺点。举例来说,如果受邀的投标人过少,那么,此次招投标活动的竞争性就会减弱,招标人能够选择的机会也会变少,这时招标人往往容易陷入较为被动的地位。另外,如果招标人在邀请招标前所掌握的信息、资料、经验等相对较少,或者已知的"合适的"投标人相对较少,那么,其邀请的投标人可能资质欠佳、可选数量不多,邀请招标这种形式可能并不能让招标人找到更为合适的投标人。

请注意,无论是公开招标还是邀请招标,我们都需要按照规定的程序进行,投标人也需要按照相关规定制作投标文件并进行投标。

## 三、招标的使用场景

### (一)必须使用公开招标的场景

一般而言,在我国境内开展以下项目时,必须进行公开招标:①关系社会公共利益、公共安全的公用事业项目,如供电、供气、供水、供暖等市政工程项目,科技、教育、体育、文化、卫生、社会福利、旅游等项目;公共的商品住宅,如经济适用住房项目等。②关系社会公共利益、公共安全的基础设施项目,如电力、煤炭、天然气、石油、新能源等能源性项目;公路、铁路、航空、水运、管道等交通运输项目;防洪、灌溉、排涝、水土保持、水利枢纽、滩涂治理等水利项目;邮政、电信、通信、信息、网络等邮电通信项目;道路、桥梁、城市轨道交通、公共停车场、污水排放与处理、地下管道、垃圾处理等城市设施项目;生态环境治理与保护项目等。③使用国有资金投资的项目,如使用各级财政预算资金的项目;使用国有企事业单位自有资金并且国有资产投资者实际拥有控制权的项目;使用纳入财政管理的政府性专项建设基金的项目等。④国家融资项目,如使用国家发行债券筹集资金的项目、使用国家政策性贷款的项目、使用国家对外借款所筹资金的项目、国家授权投资主体融资的项目、国家特许融资项目等。⑤使用外国政府资金或国际组织资金的项目,如使用外国政府及其机构贷款资金的项目、使用亚洲开发银行等国际组织贷款资金的项目、使用外国政府或国际组织援助资金的项目等。

### (二)应当采用公开招标的场景

一般而言,由国务院相关部门确定的国家重点建设项目、由各省级人民政府确定的地方重点建设项目,全部使用国有资金投资或国有资金投资占控股或主导地位的项目,应当进行公开招标。

### (三)可以采用邀请招标的场景

一般而言,以下几种情况可以采用邀请招标:①涉及国家机密、国家安全、国家紧急状态等情况,可以进行招标活动,但不适宜进行公开招标的项目;②技术比较复杂,且该领域内只有少数几家合适的投标人可供选择的项目;③公开招标的成本费用与项目的实际价值相比，存在着明显差异，使得公开招标性价比过低的项目；④受到地理条件与环境限制的项目；⑤我国法律法规规定不适宜进行公开招标的项目。

需要注意的是，重点建设项目的邀请招标活动，需要得到相关主管部门的批准。举例来说，国家重点建设项目的邀请招标，应当得到国务院相关部门的批准；地方重点建设项目的邀请招标，应当得到各省级人民政府的批准。

### (四)可以不采用招标的场景

一般而言，以下几种情况可以不进行招标，采购方直接向供应商进行采购即可：①涉及国家机密、国家安全、国家紧急状态等情况，不适宜进行招标的项目；②需要用到特定专利或技术的项目；③属于投标人自建自用的工程项目，且投标人的相关资质等级符合要求的项目；④利用扶贫资金实行以工代赈，需要使用农民工的项目；⑤正在执行的项目追加了其他的附属项目，原中标人仍然具备相关能力执行附属项目的项目；⑥适用于我国法律法规规定的其他情形的项目。

## 四、招投标活动的步骤

### (一)招标

招投标活动的第一个步骤就是招标。对于招标人而言，其基本流程有以下几个步骤：①成立专门负责招标工作的小组或机构，进行招标的组织、计划、实施、监督等各项工作。举例来说，当前，国内很多高校都专门成立了招投标办公室，专门负责学校的相关招投标工作。②编制招标书。招标书往往需要包括招标项目的名称、地点、时间、数量、内容、质量要求、投标方式、开标方式、截止日期、支付方式、合同条款与格式、投标企业资格审查条件等内容。③确定底标。底标是指招标人在前期先自行测算出对此次招标项目愿意支付的最高价格。底标是选择投标人的重要参考依据，如果在某次招投标活动中，所有投标人的投标价格都高于招标人的底标，那么则意味着，此次招投标活动可能难以选出合适的中标人；如果有多个投标者的报价低于底标，那么招标人则可以根据其他条件，选择最为合适的中标人。

具体而言，底标可以分为明标、暗标、议标等三种形式。明标是指招标人事先公布底标，投标人可以根据底标进行报价。暗标是指招标人先密封保存底标，底标在开标之前属于机密信息、不对外公开，在开标当天当场开启密封的底标，并根据底标确定中标人。议标是指招标人分别对各个投标人报出一个试探性的价格，通过招标人与各投标人的交流与讨论，在经过一番讨价还价之后，最终确定中标人。请注意，一般而言，在招标过程中，招标人往往会请相关公证部门，对招标书、底标等重要材料进行公证。

### (二)投标

招投标活动的第二个步骤是，投标人根据招标书的要求，填写标书并参与投标。招标人一旦收到标书，即意味着投标人已经确定参与该次投标活动。在这个阶段需要注意，投标人需要分析自己是否具备投标的条件。有时候，招标书会明确写明投标人需要具备的相关能力，投标人需要逐一仔细核对，确定达到相关条件和要求后，再填写标书并进行投标。"相关条件"一般包括了企业的技术水平、管理能力、设备状态、员工素质、后勤配套、专业经验、以往项目经历、总体成本与收益、对行业的了解程度等。同时，在这一步骤中，投标人也要进行合理的报价。投标人中标的关键之一就是报价，报价过高和过低都容易造成流标。合理的报价是指投标人既要能够获取适当的利润，同时也要有足够大的中标概率。

### (三)评标与开标

评标是指招标人会对各投标人寄送的标书进行评价。开标是指招标人对符合相关要求和底标的投标人进行选择，从中确定中标人并对外公布。开标完成之后，招标人就要同中标人进行下一步的交流洽谈，就项目的具体内容和详细方案达成一致，并最终同中标人签订合同。

评标其实是一件非常困难的事情，因为绝大多数投标人都会对招标书进行深入研究，每位投标人所提交的标书的报价和质量往往难分伯仲。举例来说，A 公司开始招标之后，同时收到了来自 B 公司、C 公司、D 公司的标书，这三个公司的报价都低于底标，且三个公司报价之间的差异不大，各项条件也相似。此时，投标人需要对每个标书进行认真分析，通过使用定性和定量的方法，审慎做出选择，从三者当中选出最终的中标人。

## 第二节　投标文件与投标

**课前思考**

投标文件是什么？编制投标文件时，我们需要注意什么？串通投标是什么意思？联合体投标又是什么意思？联合体投标需要注意什么？

招标人发布招标公告后，投标人就需要编制投标文件，并将投标文件递交给招标人。接下来，我们将着重了解投标文件的编制，以及投标过程中需要注意的一些细节。

## 一、投标文件的内容

投标文件也可以称作标书，当招标人发布招标公告、公布招标文件后，投标人就可以按照招标文件编制标书了。一般而言，标书应当包括以下内容：①投标函。②法定代表人身份证明。若有必要，还需要附上法定代表人的授权委托书。③如果采用联合体投标的形式，还需要附上联合体协议书。联合体投标是指两个或两个以上的法人或实体组织，共同组成一个联合体，以一个投标人的身份共同参与投标。④相关工作量的清单。⑤组织的设计图与管理项目的相关机构名细。⑥如果有分包项目，还需要提供分包项目的情况表。⑦投标保证金。⑧资格审查所需的资料。⑨投标函附录。⑩招标人规定的其他所需材料。当然，标书的具体内容和材料，还需要按照招标人的相关规定进行编制和准备。

## 二、编制投标文件时需要遵循的要求

在编制标书时，需要遵循一些基本的要求。

第一，标书应该按照"投标文件格式"认真地编写。如果有必要的话，我们可以在最后增加附页，以更为详尽地说明相关情况。在满足招标人招标文件所列要求的基础上，投标人可以提出比招标文件要求更具吸引力的承诺。请注意，标书的格式非常重要，整齐的排版、规整的格式，这些都能够给招标人留下非常好的印象；我们可以想象。如果你作为招标人，当你看到一份排版有误、字体大小不一、文字对齐有差异，甚至有错别字的标书时，你对该投标人的第一印象大概率会大打折扣，无论该投标人的实际实力如何，你可能都会认为该投标人实际上并不具备中标的能力，毕竟"不拘小节者，无以成大事"。

第二，标书应当由投标人(要么是投标人的法定代表人，要么是其法定代表人的委托代理人)在规定处签字盖章。委托代理人签字盖章的标书，还应当附上法定代表人签署的委托授权书。请注意，标书应当清晰工整、避免涂改。如果不得已出现涂改的情况，改动的地方也应当由法定代表人或代理人签字确认，或加盖单位公章。在涂改处进行签字确认或加盖单位公章，能够防止其他利益相关方在投标人不知情的情况下私自更改标书，进而给投标人造成损失。

第三，标书应当对招标文件中提出的有关工期、投标有效期、产品或服务的质量要求、技术标准、招标范围等实质性内容做出翔实回应与说明。

第四，一般而言，在同一次招投标活动中，投标人往往只能提交一套投标方案，不能同时提交其他备选方案，当然，招标文件另有规定的除外。一般而言，如果招标人允许投标人递交备选方案，那么，只有真正中标人所提交的备选方案才会被投标人所考虑。这个时候，如果招标人认为备选方案要比原方案好的话，那么，招标人就可以选择备选方案。

第五，标书应当准备足够的数量。一般而言，标书应当准备一份正本和若干份副本，副本的具体数量由招标文件确定。无论是正本还是副本，其封面上都应该清晰地写明"正本"或"副本"。标书正本与副本应当分别装订，且在内容和格式上保持完全一致。请注意，如果正本和副本存在着不一致的状况，应当以正本的内容为准。

## 三、递交投标文件

递交投标文件时，投标人需要注意以下几个方面。

### (一)明确截止时间

招标人公布招标文件时，会明确说明截止时间，投标人应当将标书密封，并在截止时间前，以招标人接受的方式，将标书送至投标地点。招标人收到标书后，往往会向投标人出具相关签收凭证，且在开标前不会拆开标书。请注意，一般情况下，标书在截止时间后送达规定的投标地点或标书没有送达规定的投标地点的，招标人可以认为该标书无效，并不予受理标书。因此，投标人应当提前做好行程安排，尽量考虑到所有可能会发生的意外状况，并做好相应预案，按时将符合要求的标书送至投标地点。举例来说，位于上海的 A 公司，想要在 6 月，派员工将标书亲自送至北京的投标地点。6 月正值上海的梅雨季节，下雨频繁，时常有飞机航班延误甚至取消的情况发生；同时，北京是我国的首都，航路较为繁忙，比较容易出现航班晚点的情况。因此，在 6 月时节，如果 A 公司想要按时将标书从上海送至北京的话，让递交标书的员工乘坐高铁，可能要比乘坐飞机稳妥得多。再举一例，位于贵州省铜仁市的 B 公司，想要在 12 月，派员工将标书亲自送至黑龙江省大兴安岭地区。12 月份的贵州容易出现冻雨天气，这容易导致道路结冰、车辆无法上路行驶、航班被迫取消等；同时，黑龙江省大兴安岭地区在 12 月的温度往往为零下 30 摄氏度左右，大雪往往会导致公路封路，汽车行驶速度降低。另外，两地之间的距离过远(贵州省位于祖国西南，黑龙江省位于祖国东北)，使用汽车、火车等交通工具往往不太现实，飞机往往是最佳甚至是唯一的选择。因此，该公司最为稳妥的方式是要求员工提前几天出发，将所有可能因天气原因造成的延误计算到日程中，保证标书能够在截止时间前送达投标地点。

### (二)缴纳投标保证金

投标人在提交标书时，还应当按照招标书所规定的金额和担保形式，缴纳投标保证金。投标保证金是标书的组成部分之一。如果是联合体进行投标的话，其保证金应当由主要牵头的代表人提交，且保证金也应当符合相关规定。保证金可以是现金，也可以是银行保函、银行汇票、现金支票、保兑支票等。一般而言，投标保证金的数额不会超过招标项目估算价的2%。值得注意的是，如果投标人不提交投标保证金，或不按要求提交投标保证金的，标书会成为废标，此次投标无效。如果此次投标活动没有中标，招标人会向投标人退还保证金。需要注意的是，如果出现以下两种状况，投标保证金是不能够被返还的：第一种情况是，投标人在规定的投标有效期内修改或撤销标书；第二种情况是，投标人已经中标并收到中标通知书后，在没有正当理由的情况下，投标人拒签协议书或合同，或者没有按照招标文件的规定提交后续相关材料。

### (三)确定标书有效期

投标人需要注意标书的有效期。标书有效期是指投标人保证标书中所写内容真实有效的期限。标书的有效期往往从投标截止日期起开始进行计算。在这段时间内，招标人会进行评标、定标、发放中标通知书、与中标人签订合同等事宜。投标人需要考虑到评标所需要的时间、定标所需要的时间、发标所需要的时间、签订合同所需要的时间等。一般而言，一个项目的标书有效期大约为60～90天。一些大型的项目所需要的标书有效期可能会更长。因此，所缴纳的投标保证金的有效期应当与标书有效期相一致。举例来说，上文中提到的位于上海的A公司，其标书有效期预计为90天，然而，其缴纳投标保证金的有效期只有60天(公司领导自作主张地认为，投标保证金有效期越短，越有利于公司的现金流流动，因此，A公司故意减少了投标保证金的有效期)，这样一来，A公司的此次投标是无效的。当然了，如果出现一些特殊情况，需要延长标书有效期的，招标人往往会书面通知所有投标人，要求其延长标书有效期。这个时候，投标人应当相应地延长其缴纳的投标保证金的有效期和标书有效期，但不能够修改投标文件的其他部分。如果投标人不愿意延长其投标保证金有效期和标书有效期，那么，此次投标失败，投标人可以收回其缴纳的投标保证金。

### (四)注意投标文件的细节

递交标书时，需要注意各种细节。首先，投标人需要再三仔细检查标书格式。举例来说，文字对齐方式、字体、字号、图示、表格设计、页码等格式性内容需要保证正确，不因细节问题拖后腿。其次，标书的正本和副本应该独立装订、单独包装，分别粘贴封条，并在封面明确写明"正本"和"副本"的字样，在所有封口处加盖投标人单位公章的骑缝章。再次，投标人应当记录好投标文件的发送时间、快递单号、密封状况等，以供存档备查。另外，如果需要撤回已经提交了的标书，投标人需要在投标截止日期前，以书面的形式通知招标人。

如果在截止日期后通知招标人撤回标书的话，招标人有权不予退还投标人已经缴纳的投标保证金。另外，一般而言，投标人参加投标活动过程中所产生的一切费用需要自理，招标人不会为投标人的活动支付相关费用。最后，投标人应该对招标文件和标书中的相关信息保密，这既遵守了相关法律法规，也遵守了商业伦理与商业道德。

## 四、串通投标

在项目招投标过程中，不同的投标人之间、投标人与招标人之间，可能会交换信息，"互通有无"。一些信息交换过程是合理合法的，但是，有一些所谓的信息交换过程属于串通投标行为，此时，招标人可以认定投标人的投标行为无效，并取消投标人的投标资格。因此，在实际的项目招投标过程中，投标人应当注意自身的行为，避免发生串通投标的行为，进而失去投标资格。

具体而言，以下这些行为明确属于投标人之间互相串通投标：①投标人之间互相商量，私底下确定中标人，或私底下确定投标过程中放弃投标的投标人(俗称私底下确定陪标者)；②投标人之间对投标书中报价、具体产品或服务形式等实质性内容进行协商；③各投标人之间为了排斥其他投标人，故意采取联合行动；④各投标人共同属于同一协会、集团、商会、组织等，各投标人按照上级组织的要求统一行动、协同合作、共同投标。

另外，以下这些行为不明确属于，但往往可以被认定为投标人之间互相串通投标：①不同投标人的标书中，所写明的项目管理人员为同一个人；②不同投标人委托同一个单位或个人编制标书，或委托同一个单位或个人办理投标的相关事宜；③不同投标人的标书出现混装的现象，举例来说，A 标书的材料被装订到 B 标书中；④不同投标人的标书具有高度一致性，或者标书的报价呈现出一定的规律性差别；⑤不同投标人的投标保证金是从同一个账户转出的。

出现以下状况时，我们可以认为，招标人与投标人出现了串通投标行为：①招标人以直接或间接的方式向投标人透露评审委员、标底等相关信息；②在开标前，招标人就已经打开了标书，并将相关信息以直接或间接的方式透露给其他投标人；③招标人直接或间接地要求投标人更改报价；④招标人给予投标人规定以外的撤换、修改标书的机会；⑤招标人直接或间接地为投标人的中标提供便利；⑥招标人与投标人为了帮助某位特定投标人中标，而采取的其他各种串通投标行为。

以下状况涉嫌违法，投标人必须避免：①使用虚假的财务报表进行投标；②使用伪造的相关证件进行投标；③提供虚假的项目负责人信息、相关技术人员信息、劳动关系证明等进行投标；④提供虚假的信用报告进行投标。

## 五、联合体投标

联合体投标是指两个或两个以上的法人或组织组成一个联合体，以一个投标人的身份进行投标的行为。招标人往往会在招标公告或投标邀请书中，明确说明此次招投标活动是否能够接受联合体进行投标。如果招标人接受联合体进行投标的话，联合体应当尽早成立，并在提交资格预审申请文件前组成。资格预审通过后，联合体如果再增减成员、更换成员的话，此次投标往往会被判作无效。

使用联合体进行投标时，我们需要注意以下几个方面。

首先，联合体的各个参与方应当按照招标文件的要求签订联合体协议书，在协议书中明确说明联合体的主要牵头人与参与者、各自的权利和义务。牵头人应当代表联合体内的全部成员，负责投标过程中的相关协调事宜，并向招标人提交由所有成员签署的授权书。

其次，联合体的参与各方都应当具备承担此次项目的相关资质、能力、信誉、条件。通过资格审核后的联合体，在各方组成结构、各方职责、联合体财务状况、信誉状况等方面，不得再有任何改变。如果此次投标需要确定资质等级，那么，联合体的资质"就低不就高"，即以联合体中资质等级较低的单位为准，确定联合体的资质等级。

再次，联合体各方签订好共同投标的协议之后，不能再以自己的名义单独进行投标活动，不能再与其他投标人组成新的联合体进行投标，也不能接受其他投标人的邀请，在同一项目中参与投标。

最后，联合体进行投标的时候，应当以联合体牵头人的名义或者以联合体各方的名义，提交投标保证金。如果是以联合体牵头人的名义提交投标保证金的话，那么，该投标保证金对联合体内的各个成员都具有约束力。

## 第三节 投标报价策略

**课前思考**

在投标报价时，作为投标人，我们需要注意什么？报价的流程是怎样的？我们可以采取哪些报价的方式以获取更高的利润？报价一定要以获得利润为目的吗？

编制投标文件时，作为投标人，我们需要对项目进行报价。接下来，我们将简要介绍报价需要注意的方面、报价的流程、报价的方法。

## 一、投标报价的特点与需要注意的方面

### (一)投标报价的特点

投标报价往往具有以下特点：第一，招标人对价格较为敏感。绝大多数投标人之间的条件差距相对较小，因此投标人能否中标，主要取决于价格。第二，各投标人的报价在开标前往往是保密的，而开标后是透明的。第三，投标的市场价格，往往会随着时间的变化而逐步降低。在竞争市场中，各项目的市场价格会愈发明晰，因此各个投标人的报价，往往都会比上一次的报价要低一些，以增加自己的中标概率。第四，政府公开招标的项目，往往具有较大的规模，影响辐射面相对较大，且具有较为明显的示范作用。因此，投标人为了实现"薄利多销"、打造"样板项目"，往往对政府公开招标项目的报价较低，这意味着，此次投标价格往往代表着投标人最近一段时期内的最低价格。

### (二)投标报价需要注意的方面

招投标活动相对而言比较复杂，而报价又是招投标活动的重中之重，因此我们要重点把握好如何进行投标报价。一般而言，在投标报价时，我们需要注意以下几个方面。

### 1. 需要把握好投标人和招标人的关系

一次招投标活动中往往只有一个招标人，而且招标人相对而言处于主导和强势的地位，而投标人往往会有若干个(一般而言至少有三个)，相对处于被动和弱势的地位，而且投标人互相之间存在着一定程度的竞争。因此，投标人此次能否顺利中标，除了考虑价格，还需要考虑服务质量、性价比等其他因素，只有综合评分较高的投标人，才更有可能中标。

### 2. 需要考虑投标报价的适用范围

在我国，建筑行业采购项目、政府采购项目、事业单位部分采购项目、公共工程项目、企业大宗并购项目等，往往会选择招投标报价。随着我国进一步融入世界经济发展圈，我国众多工业品生产企业在选择合作伙伴的过程中，也开始使用招投标报价的办法。换言之，招投标报价的适用范围越来越广，学会如何进行招投标报价也越来越重要。

### 3. 需要让报价处于合理区间

招投标报价需要控制在招标人愿意接受的范围内。投标人的报价过高，招标人可能无法承担；投标人的报价过低，招标人可能认为产品或服务质量会有问题，从而不愿意选择该投标人。投标报价的确定需要投标人分析竞争对手，以及自身力量、技术、成本等，投标人不能盲目确定招投标报价。一般而言，投标人要通过招投标项目获得一定的利润，但有时候，投标人在招投标过程中可以出现一定程度的亏损。如果招投标项目具有非常重要的指导意义和示范效用(如政府公开招标的"示范性样板"项目)，那么，投标人可以在该项目中保持适当的亏损。而通过此次招投标项目，投标人可以为以后的其他招投标项目添加筹码，进而从其他项目中获取更多的利润。

### 4. 需要对不同项目采取不同的报价方式

在进行招投标报价时，投标人不仅需要考虑到自身的优势和劣势，也要考虑招标项目自身的特点，进而采取不同的报价策略。如果项目的施工条件较差，专业要求较高，或者投标人专业能力过强、声誉较高，那么报价可以相对较高一些；如果项目总价较低，项目总收益较低，但是又不得不通过招投标完成的项目，报价也可以相对高一些；如果项目的完成期限较紧，项目比较特殊，项目的支付条件比较严苛，投标人较少导致竞争较小，那么也可以相对抬高报价。在另外一些情况下，报价则可以相对低一些。举例来说，项目的施工条件较好，专业要求不高，工作简单，工作量大，投标人专业能力一般、声誉一般，项目总价较高，项目总收益较高，项目完成期限较长，投标人较多且竞争较大等情况下，报价可以相对低一些。另外，如果投标人目前想要进入某一地区或市场，需要利用该项目扩大当地的知名度，也可以将报价报得相对低一些，以提高中标率，达到"赔本赚吆喝"的目的。再有，如果投标人在该地区的其他工程即将结束，相关设备、人员的转移成本较高，且该招投标项目可以较好地利用已有设备、人员，那么投标人也可以将价格报得相对低一些。

### 5. 需要运用好计日临时工的报价

如果计日临时工的单价不计算至总价中，那么投标人可以适当提高计日临时工的报价，这样一来，如果后期招标人需要增加计日临时用工，那么，投标人便可以增加盈利。但是，如果计日临时工的单价计算至总价中，那么，投标人就要根据实际情况确定是否需要提高报价，毕竟提高计日临时工的报价，可能会导致总报价的提高，进而降低中标率。

## 二、总体报价流程

总体而言，投标报价的步骤如下。

第一步，投标人先分析当前的市场环境、存在的主要竞争对手及其当前的价格区间，进而明确自己在此次投标活动中的具体竞争优势，确定自己的产品或服务在行业内所处的价格区间。

第二步，根据已有信息、经验、当前市场发展状况、未来价格走势等，初步判断此次投标活动的其他投标人可能的报价。

第三步，知己知彼，确定自己本次投标活动的报价。合适的投标报价有三个主要的评判标准：一是此次投标活动能够中标；二是投标价格能够较好地反映市场状况和自身水平与优势；三是此次报价相对于其他投标者而言具有微弱的价格优势。请注意，一般而言，这三个评判标准需要同时满足。如果投标人只满足了第一个标准，而没有满足后面两个标准，那么，此次报价也不是非常成功的。举例来说，生产办公家具的F企业中标了当地的政府采购项目，但是该报价实际上略高，并没有较好地反映市场状况和F企业所生产办公家具的质量水平，那么实际使用人在使用了F企业生产的办公家具后，就会产生"F企业的产品性价比不高"的想法，虽然在这次项目中，F企业可能赚得"盆满钵满"，但是在之后的政府采购招投标项目中，F企业可能就会处于劣势了。

## 三、报价方法

### (一)不平衡报价

不平衡报价是指投标人首先确定该项目的总报价，然后通过调整项目内部各个子项目的报价(有些项目提高报价，有些项目降低报价)，进而进行报价的一种办法。不平衡报价不会改变标书的总报价，不会影响中标概率，但是在项目结算时，能够让投标人获得总体上较为理想的收益。一般而言，不平衡报价往往运用于以下几种情况。

第一，在初期设计或规划时仍有一些内容不甚明确，预计之后可能会有修改，进而导致工作量增加，这一部分可以适当提高报价。当然，如果初期设计或规划时存在一些不明确的内容，投标人也可以适当降低报价，在合同订立之后，通过"索赔"的方式再变相提高实际价格，毕竟招标人提出了修改要求，导致投标人付出了额外劳动，产生了一定的损失。

第二，先初步预计之后可能会增加的工作量，这一部分可以适当提高报价；工作量相对较为固定的部分可以适当降低报价。如果以后工作量确实有增加，那么，投标人的损失相对也会较少；如果以后的工作量实际并没有增加，那么，投标人反而可以获取额外的利润。

第三，在一个总项目中，对于可以早日完工、早日结算的部分，可以适当地提高报价；对于在项目后期才可完工的部分，可以适当降低报价。提高早日结算部分的报价，有利于投标人提高资金周转率。举例来说，H公司现在想要投标一个无菌厂房建设项目，厂房建造等基础工程属于可以早日结算的部分，适当提高报价是没有问题的；后期设备安装、厂房装饰等部分，则可以适当降低报价，因为此时投标人H公司的现金流压力往往会小很多。

第四，如果一个招投标活动采取一揽子包干报价，那么报价可以相对高一些。相对来说，采取包干报价的招投标项目，往往具有较高的风险，因此，相对提高报价是可以的。当然"包干报价"和"分项目报价"也需要具体问题具体分析。在一些招投标活动中,投标人的一揽子包干报价会低一些,反而分项目的单项报价会相对高一些,因为这样有利于引导招标人选择包干报价(毕竟所有项目的一揽子打包价往往会比各项目报价的总和要低),进而有助于投标人"薄利多销""多劳多得"。

第五,出现暂时不确定是否需要完成的子项目(简称暂定项目)时,可能会由招标人决定是否需要实施该项目,由哪一位投标人实施该项目等,此时,投标人需要认真分析暂定项目分标和实施的可能性。如果该暂定项目大概率不分标(不由其他投标人完成该项目),那么,投标人可以将肯定要实施的部分提高报价,不一定要实施的部分降低报价;如果该项目要分标(由其他投标人参与完成该项目),那么,每一个部分最好都不要抬高报价,以避免提高总报价。

第六,在标书中提高机械设备费和人工费的报价,降低材料费的报价。如果在以后还需要补充报价时,投标人可以使用机械设备费和人工费的原报价,这样有利于提高总报价;而材料费可以使用市场询价的模式(按照当时的市场行情再做报价),进而获得更高的总收益。

### (二)备选方案报价

有时候,招标人可能会要求投标人就某个项目先提供一个报价方案,然后再要求投标人就该项目再提供几个备选方案,并分别对其进行报价,以方便投标人进行比较。在投标的时候,投标人应当对不同方案都先进行调查,仔细揣摩招标人的想法,对于有较大可能被选中的方案,可以适当提高其报价,以保证利润;对于难度系数较大、不容易实现、不希望被选中的方案,可以有意较大幅度提高其报价,以吓退招标人,防止其选择该方案。需要注意的是,备选方案是由招标人进行选择,而非由投标人进行选择的,因此投标人需要对每一个方案的报价都进行仔细调查和确认,确保无论招标人最终选择哪一个方案(即使是投标人最不希望被选中的那个方案),投标人都能够获得适当的利益。

### (三)分包商报价

在一次招投标活动中,投标人可能是一位项目总承包商。总承包商可以先向各分包商咨询,获取各分包商的报价,然后再在报价中增加自己的管理费,将各分包商的报价和自己的管理费用统一打包,作为自己的报价。值得注意的是,在投标之前,分包商可能会相对压低其报价,但是一旦总承包商中标后,分包商会以各种各样的理由提高其价格,进而降低总承包商的收益。那么,作为总承包商,我们应该如何杜绝这种情况的发生呢?对于总承包商来说,在投标前,可以分别找若干家分包商进行沟通,要求他们分别进行报价,然后进行综合评判,选择资质和信誉较好的分包商签订协议,并将该分包商写入标书中,如果最终中标,分包商应该按照原来约定的要求和条件完成项目。换言之,总承包商也进行了一次相对不太正式的招投标活动。总承包商与分包商利益相同、目的一致,两者都是"一条船上的蚂蚱",可以形成利益共同体,较好地防止分包商临时涨价;同时,这也有利于分包商提供最好的报价,进而增强投标的竞争力和中标概率。

### (四)零利润报价

零利润报价是指投标人的报价完全不考虑利润,此次投标的目的就是为了中标。在以下情况下,投标人往往会采取零利润报价:①投标人为了形成竞争优势,先以较低的价格中标一期项目，这样一来，在后续的项目中，投标人便会形成一定的竞争优势，以便在后续的项目中获取利润；②投标人可以在中标后，将项目分包给报价更低的分包商；③投标人为了打开当地市场，在该市场采取零利润报价，通过将项目打造成"样板示范项目"，提高自身声誉和知名度，进而在以后的项目中获取更多的利润；④投标人已经在较长的一段时期内没有取得任何项目了，如果再不中标，那么投标人可能会面临破产倒闭的风险，因此只要该项目能够维持投标人的日常经营，让投标人度过目前短期的经营困难，那么，投标人便会采取零利润报价的方式以提高中标概率。

### (五)附加条款报价

附加条款报价是指按照原招标文件先报一个价，然后提出附加条款，明确说明当某某条款或条件发生变动时，报价会相应地产生多少变动。事实上，有一些招标文件并没有明确说明该项目的具体内容范围，或者所列条款不甚清楚，所列要求过于严苛等，这时候，投标人应当审慎估计风险，按照附加条款报价的方式进行处理。举例来说，B工厂开展了"人才劳务派遣"招标活动，并邀请当地各人才公司投标。A人才公司在标书中写明，每个月向B工厂输送1 000名流水线工人的报价是10万元(平均每名流水线工人的派遣佣金为100元)，若B工厂在某月需要临时增加用人需求的话，平均每名当月临时输送流水线工人的派遣佣金为200元。

### (六)优化方案报价

有时候，招标人的招标文件中会明确投标人可以修改招标人提出的原有设计方案，并可以提出投标人自己的方案，即提供"优化方案"。这个时候，投标人可以对原招标文件的某个细节进行修改，在标书中提出更为合理的方案，以促成自己中标。更为合理的优化方案往往会在降低项目总费用、减少项目工期、优化项目流程、提高项目总收益等一个或若干方面进行优化修改，改动幅度较大、效果较好的优化方案可以适当提高报价。需要注意的是，优化方案往往需要写得较为具体，但是又不能写得非常具体，特别是在关键技术路线方面需要有所保留，避免"和盘托出"，防止招标人拿到该优化方案后，再另找其他投标人完成项目。值得注意的是，优化方案需要较为成熟、操作性强、便于实现，招标人能够获得更大收益。

### (七)提供优惠条件

在投标时，投标人还可以提供一些优惠条件。招标人在评标时，除了单纯考虑价格、技术等因素外，还会考虑到其他的一些条件。举例来说，招标人可能还会考虑支付手段、项目用时等。虽然投标人的总报价可能已经确定了，但是投标人还可以提供其他的优惠条件，如可以提供低息贷款、赠送设备、以换代修、二十四小时客服、免费转让专利与技术、为招标人进行人员培训等。值得注意的是，有一些优惠条件甚至能够决定招标人最后的想法，对评标结果具有决定性作用。

## 本章小结

1. 招投标是指招标人对工程建设、劳务服务、货物买卖等业务，事先向外部公布需要采购的要求和条件，吸引投标人投标，投标人按照相关的规定程序和办法进行投标，表明愿意承接相关业务,然后招标人再按照相关办法,择优选择投标人并签订合同的活动。

2. 从竞争程度来看,招标可以分为公开招标和邀请招标。公开招标是指招标人通过多种大众媒体,向社会公开发布招标信息,投标人看到此招标信息后,如果对该项目感兴趣并且符合相关规定,那么就可以参与投标。邀请招标是指招标人往往不公开发布招标信息,而是根据已有的信息、资料、经验,有针对性地向部分投标人发出投标邀请书,邀请他们参加投标,收到邀请书的投标人才有资格参加此次招投标活动。

3. 是否需要进行招标,往往依据场景而异。在我国境内开展一些项目时,必须进行公开招标。招投标活动主要包括招标、投标、评标、开标等流程。招标人招标时,需要确定底标。投标人投标时,需要根据招标书的要求,填写标书并参与投标。评标其实是一件非常困难的事情。而开标完成之后,招标人就要同中标人进行下一步的交流洽谈,就项目的具体内容和详细方案达成一致,并最终同中标人签订合同。

4. 在编制标书时,需要遵循一些基本的要求:标书应该按照"投标文件格式"认真地编写;标书应当由投标人在规定处签字盖章;标书应当对招标文件中提出的相关内容做出翔实回应与说明;在同一次招投标活动中,投标人往往只能提交一套投标方案,不能同时提交其他备选方案;标书应当准备足够的数量。

5. 递交投标文件时,我们需要明确截止时间,在截止时间前递交标书;应当按照招标书所规定的金额和担保形式,缴纳投标保证金;需要确定标书的有效期,所缴纳的投标保证金的有效期应当与标书有效期相一致;需要注意投标文件的各种细节。

6. 在项目招投标过程中,不同的投标人之间、投标人与招标人之间,可能会交换信息,"互通有无"。一些信息交换过程是合理合法的,但是,有一些所谓的信息交换过程属于串通投标行为,此时,招标人可以认定投标人的投标行为无效,并取消投标人的投标资格。因此,在实际的项目招投标过程中,投标人应当注意自身的行为,避免发生串通投标的行为,进而失去投标资格。

7. 联合体投标是指两个或两个以上的法人或组织组成一个联合体,以一个投标人的身份进行投标的行为。招标人往往会在招标公告或投标邀请书中,明确说明此次招投标活动是否能够接受联合体进行投标。如果招标人接受联合体进行投标的话,联合体应当尽早成立,并在提交资格预审申请文件前组成。资格预审通过后,联合体如果再增减成员、更换成员的话,此次投标往往会被判作无效。

8. 投标报价时,投标人需要把握好投标人和招标人的关系、考虑投标报价的适用范围、让报价处于合理区间、对不同的项目采取不同的报价方式、运用好计日临时工的报价。投标的报价方法有很多,如不平衡报价、备选方案报价、分包商报价、零利润报价、附加条款报价、优化方案报价、提供优惠条件等。

## 练习与思考

一、名词解释

1. 招投标
2. 招标人

3. 投标人

4. 公开招标

5. 邀请招标

6. 明标

7. 暗标

8. 议标

9. 开标

10. 联合体投标

11. 不平衡报价

## 二、简答题

1. 招投标活动的步骤是什么？

2. 投标文件包括哪些内容？

3. 投标报价具有什么特点？

4. 投标报价的流程是什么？

## 三、单选题

1. 招标人在前期先自行测算出对此次招标项目愿意支付的最高价格，是指(　　)。

　　A. 底标　　　　　　B. 顶标　　　　　　C. 议标　　　　　　D. 开标

2. 以下说法错误的是(　　)。

　　A. 标书应该按照"投标文件格式"认真地编写

　　B. 标书应当由招标人在规定处签字盖章

　　C. 在同一次招投标活动中，投标人往往只能提交一套投标方案

　　D. 标书应当准备足够的数量

3. 关于投标报价，以下说法错误的是(　　)。

　　A. 需要把握好投标人和招标人的关系

　　B. 需要考虑投标报价的适用范围

　　C. 需要让报价处于合理区间

　　D. 需要"一把尺子量到底"，报价方式要一致

4. 关于不平衡报价，以下说法错误的是(　　)。

　　A. 工作量相对较为固定的部分可以适当降低报价

　　B. 对于可以早日结算的部分，可以适当地提高报价

　　C. 可以将肯定要实施的部分提高报价，不一定要实施的部分降低报价

　　D. 可以降低机械设备费和人工费的报价，提高材料费的报价

5. 以下情况下，不适用零利润报价的是(　　)。

　　A. 为了形成竞争优势　　　　　　　　　B. 可以将项目分包给报价更低的分包商

　　C. 投标人再不中标就有破产风险　　　　D. 投标人此次并不希望中标

## 四、多选题

1. 以下可以使用邀请招标的有(　　)。

A. 涉及国家机密，可以进行招标活动，但不适宜进行公开招标的项目
B. 技术比较复杂，且该领域内只有少数几家合适的投标人可供选择的项目
C. 公开招标性价比过低的项目
D. 受到地理条件与环境限制的项目

2. 以下必须使用公开招标的有(　　)。
A. 关系社会公共利益的公用事业项目
B. 关系社会公共安全的基础设施项目
C. 使用国有资金投资的项目
D. 国家融资项目

3. 递交投标文件时，投标人需要注意(　　)。
A. 明确截止时间　　　　　　B. 缴纳投标保证金
C. 确定标书有效期　　　　　D. 注意标书的细节

4. 以下属于投标人之间互相串通投标的是(　　)。
A. 投标人之间互相商量，私底下确定中标人
B. 投标人之间私底下确定投标过程中放弃投标的投标人
C. 投标人之间对投标书中报价进行协商
D. 各投标人之间为了排斥其他投标人，故意采取联合行动

5. 关于联合体投标，以下说法正确的有(　　)。
A. 联合体的各个参与方应当按照招标文件的要求签订联合体协议书
B. 联合体的参与各方都应当具备承担此次项目的相关资质
C. 联合体各方签订好共同投标的协议之后，不能够再以自己的名义单独投标
D. 联合体可以以牵头人的名义提交投标保证金

##  微课视频

扫一扫，获取本章相关微课视频。

9.1 项目招投标概述(1)　　9.1 项目招投标概述(2)　　9.1 项目招投标概述(3)　　9.2 投标文件与投标(1)

9.2 投标文件与投标(2)　　9.3 投标报价策略(1)　　9.3 投标报价策略(2)　　9.3 投标报价策略(3)

# 第十章 工业旅游

## 【本章提要】

　　工业旅游是指企业将自己的厂房、设备作为旅游资源,通过自己的品牌优势,吸引游客前来观光旅游,进而进一步提高自身产品或品牌知名度的旅游活动。游客参观企业整洁的厂房、高素质的员工、先进的管理模式后,会对企业及其产品进行综合考虑,在以后的企业采购甚至消费者最终消费中考虑该品牌。对于企业和游客来说,工业旅游具有非常大的意义。对于企业来说,工业旅游能够宣传企业产品、展示企业实力、传播企业文化、提高企业的知名度和美誉度、提升营销效果、增加企业的经济收入;对于游客来说,工业旅游能够让游客了解行业最新科技与知识、体验部分产品的制造与加工过程、感受工业文化、心情得到愉悦和放松、进一步开阔眼界。设计工业旅游线路有以下七个步骤:确定游客类型、确定线路类型、确定线路名称、确定游览景点、确定交通方式、规划附属设施、编排游览线路。工业旅游的游客分为政治观光游客、商务观光游客、科普研学游客、旅游观光游客、旅游购物游客等五类,同一个企业在开展工业旅游时,往往会面对若干种游客类型。工业旅游线路可以按照不同的分类方式进行分类。按照景点的空间分布,我们可以将工业旅游线路分为两点式旅游线路、单线式旅游线路、环形式旅游线路、单中心式旅游线路、多中心式是旅游线路、网络式旅游线路。

## 【学习目标】

1. 了解开展工业旅游的意义,了解工业旅游资源的分类、特点。
2. 熟悉并掌握开展工业旅游需要注意的方面、设计工业旅游线路时需要坚持的原则。
3. 掌握并运用工业旅游线路的设计步骤。
4. 树立以人为本、为民服务的价值观。

### 开篇案例与思考

　　在贵州省习水县,工业旅游项目助农增收。
　　瓮坪村位于中华鳛国酒城工业旅游项目的核心区,也在赤水河文化旅游发展轴线和桐梓河乡村旅游发展轴线的交汇处,依托赤水河谷旅游公路、江习古高速公路,区位优势明显。全村近5 000人,超过1 500人在瓮坪村境内的茅台201厂、习湖酒厂工作,人均可支配收入达 1.2 万元，还有 300 多人外出务工。

通过走访和梳理村情，乡村振兴指导员杨晓东认为瓮坪村的乡村振兴有三个支撑，一是白酒产业，二是旅游产业，三是农业产业。

目前，茅台 201 厂技改项目及习湖酒厂扩容征地项目正在进行，待项目竣工投入使用，约能提供 1.2 万个岗位。按照初步规划，瓮坪村将在入村口修建具有酒文化特色的地标建筑，修建以酒文化为主题的宾馆，对村里主干道沿线民居实施外立面改造，在村北部关坝修建黔北民宿。同时，依托邻近百丈泉景点的优势，开发银顶山旅游资源，修建登山步道 1.5 公里，力争到 2022 年全村发展农家乐经营主体达 30 个。

(资料来源：贵州日报(记者陈颖). 工业旅游项目助农增收. 2021-08-10，http://m.people.cn/n4/2021/0810/c1288-15136233.html.)

**问题分析：**

1. 开展工业旅游对于该村来说有什么意义？对于企业来说又有什么意义？
2. 该村的规划还有什么值得补充的吗？
3. 乡村振兴指导员的这些想法和行为，出发点是什么？

请结合本章的后续知识点深入思考。

# 第一节　工业旅游概述

**课前思考**

什么是工业旅游？企业为什么要开展工业旅游？开展工业旅游时，企业需要注意什么？设计工业旅游线路时，企业需要坚持哪些原则？

工业旅游是指企业将自己的厂房、设备作为旅游资源，通过自己的品牌优势，吸引游客前来观光旅游，进而提高自身产品或品牌知名度的旅游活动。游客参观企业整洁的厂房、高素质的员工、先进的管理模式后，会对企业及其产品进行综合考虑，在以后的企业采购甚至消费者最终消费中考虑该品牌。请注意，本章所说的游客，既包括企业的采购方，又包括最终消费者个体；本章所说的企业，一般是指工业品营销中的制造商。

## 一、开展工业旅游的意义

对于企业来说，工业旅游能够宣传企业产品、展示企业实力、传播企业文化、提高企业的知名度和美誉度、提升营销效果、增加企业的经济收入；对于游客来说，工业旅游能够让游客了解行业最新科技与知识、体验部分产品的制造与加工过程、感受工业文化、心情得到愉悦和放松、进一步开阔眼界。具体而言，开展工业旅游的意义主要体现在以下几个方面。

### (一)提升营销效果

我们可以将工业旅游看作是一种较特殊的营销方式，企业开展工业旅游的最终目的，是让采购方和最终消费者了解自己的产品，提升品牌认知，并最终产生采购或购买行为。开展工业旅游的成本相对营销广告的费用相对要低，这主要是因为工业旅游的旅游资源就是厂区、设备、产品、员工等已有资源。也就是说，企业开展工业旅游的成本并不高。另外，游客在结束此次工业旅游后，往往能够成为该企业的直接采购者、最终消费者，甚至能够成为代言人，将该企业的产品推荐给身边的人，而"推荐"的成本往往要比企业直接投放广告的成本要低很多，营销效果反而要好很多。

### (二)展示企业实力

通过开展工业旅游，企业可以展示自己的企业实力和厂区环境，介绍自己的最新技术和最新产品，展示先进的制造工艺和设施装备。游客在旅游参观过程中，能够对企业产生良好的印象，形成"因为我对该企业的印象良好，所以该企业的产品质量过硬，值得购买"的思维定式。俗话说"耳听为虚，眼见为实"，让采购方甚至是最终消费者亲自到企业进行参观考察，身临其境亲自感受企业的真正实力，效果往往要比工业品营销人员直接进行企业介绍或在公共媒体刊发广告的效果要好。

### (三)传播企业文化

在开展工业旅游时，企业往往会将企业文化融入到参观过程中。企业往往认为，自己今时今日的成功，产品受到采购方和最终消费者的欢迎，往往与企业自身的文化密不可分，而这种企业文化恰恰又是最值得向采购方和最终消费者展示的。举例来说，生产化纤的 A 公司是世界 500 强企业，在行业内具有领先地位。A 公司认为，其成功的原因离不开自身"在逆境中拼搏前行"的企业文化，因此在开展工业旅游的过程中，会向采购方和最终消费者传播这一企业文化。生产酱香型白酒的 B 公司是一家百年企业，B 公司认为，其成功的原因离不开自身百年历史的品牌积淀和"踏实做事"的企业文化，因此在开展工业旅游时，B 公司会向采购方展示其"踏实做事，低调做人"的企业文化。

## 二、工业旅游资源的分类

工业旅游资源可以分为观光类工业旅游资源、科普类工业旅游资源、体验类工业旅游资源、休闲类工业旅游资源、购物类工业旅游资源。一般而言，企业在开展工业旅游活动时，往往会同时用到若干种工业旅游资源。

### (一)观光类工业旅游资源

观光类工业旅游资源是指企业的设施设备、厂房建筑、厂区环境等具有景观价值的工业旅游资源。利用观光类工业旅游资源时，游客可以游览企业的景观布置，欣赏企业优美的厂区环境等。一些面积较大的花园式企业常常将其厂房建筑、环境绿化、设施设备等作为观光类工业旅游资源，并开展工业旅游活动。

### (二)科普类工业旅游资源

科普类工业旅游资源是指以科学知识普及为主要目的，介绍某一行业的先进科学技术、前沿研究领域、先进生产流程、最新产品等信息的工业旅游资源。一般而言，科普类工业旅游资源的具体呈现方式为博物馆、展览馆、生产车间、科研实验室、室外展板等。

### (三)体验类工业旅游资源

体验类工业旅游资源是指通过亲身体验企业文化、科学技术、生产流程、产品工艺等,游客可以获得知识和愉悦感的工业旅游资源。一般而言,体验类工业旅游资源需要以某种特定的产品为依托,游客通过实践操作,参与产品的制作过程并获得体验。举例来说,生产男士内裤的B公司就具有体验类工业旅游资源,在开展工业旅游活动时,B公司可以邀请游客亲自挑选面料,在技术人员的指导和帮助下裁剪、拼接面料,并最终制得男士内裤。游客通过体验内裤的制造全过程,可以获得内裤生产的基本知识,同时提高体验感、获得感、满足感。

### (四)休闲类工业旅游资源

休闲类工业旅游资源是指企业能够为游客提供较长时间滞留性休闲娱乐活动的工业旅游资源。一般而言,休闲类工业旅游资源的表现形式往往是产业公园、文创社区等,这些场所是由废弃工厂或废弃车间进行空间和功能再造而来。举例来说,B公司的厂区内现有一个废弃厂房,由于面积较小,利用价值较低,B公司将该厂房改造为文创社区,邀请创业设计师入驻,并为其提供办公和活动空间,进而增加了游客在工业旅游景点的滞留时间。文创社区与B公司开展的工业旅游活动形成了良好互补,文创社区也成了工业旅游景点的一部分。

### (五)购物类工业旅游资源

购物类工业旅游资源是指以吸引游客购物消费为目的,可以产生较高经济效益和社会效益的工业旅游资源。一般而言,购物类工业旅游资源的主要展现形式为纪念品商店、购物中心等。

## 三、工业旅游资源的特点

工业旅游资源往往具备以下特点。

### (一)科学性

科学性是指工业旅游资源所体现出的科学技术水平较高。虽然不同行业、不同企业的工业旅游资源所体现出的科学技术水平参差不齐,但是整体而言,工业旅游资源所体现出的科学性往往要比其他旅游资源高一些。举例来说,A公司使用的抽丝机就具有较高的科技含量,一台抽丝机的价格甚至达到上千万元。部分工业旅游资源可以让游客进行体验,进而真实地向游客展示当前社会科技发展的最新前沿。

### (二)可达性

可达性是指游客可以比较方便地接近工业旅游资源。一些旅游资源自身的价值较高,但由于其远离交通要道,使游客到达该旅游资源多有不便,因此该旅游资源不是一个有较高价值的旅游资源。如果工业旅游资源靠近交通要道(企业制造的产品需要方便地运输出去),则具有较好的可达性,游客到达工业旅游资源所需要的时间和经济成本往往较小。

### (三)动态性

动态性是指工业旅游资源是动态变化的。在工业品领域,科技随时在进步,市场需求随时在变化，生产工艺与设备随时在更新，厂房面积随着企业发展规模的变化而变化，企业管理者与员工数量也会变动，因此工业旅游资源是随着时间的变化而逐步变化的。这就意味着，如果一个企业开展了工业旅游活动，但是工业旅游资源并没有依据市场变动而发生动态变化，那么该工业旅游活动往往就会失去吸引力。

### (四)多功能性

多功能性是指工业旅游资源往往能够提供多种功能。举例来说，游客在参观的过程中可以了解到最新的科学技术前沿，学习到相关专业知识，增长个人见识，工业旅游资源具备提供知识的功能；同时，游客在参观游览过程中可以得到放松，工业旅游资源具有让人愉悦放松的功能。对于企业来说，企业开展工业旅游活动可以树立良好的企业形象，宣传企业自身；另外，企业通过开展工业旅游活动，可以从直接消费者处获得门票购买与产品购买的收入，从采购方处获得进一步谈判并促成签约的机会，进而增加企业效益。

### (五)集群性

工业旅游资源的地理分布呈现了集群性。集群性是指工业旅游资源在一定空间范围内会存在着聚集的现象，这与我国的地理、气候、历史、资源分布、政策等多种因素有关。在长三角、珠三角等沿海地区，工业旅游资源多来自外向型加工企业、高科技工业企业等；而在中西部地区，工业旅游资源多来自资源型工业企业。

## 四、开展工业旅游需要注意的方面

开展工业旅游时，工业品营销人员需要注意以下几个方面。

### (一)营造良好的工业旅游氛围

工业旅游的本质是旅游，游客参加工业旅游的主要目的是放松身心、愉悦心情，同时在放松的过程中能够身临其境体验一些项目，学习一些新知识。需要注意的是，工业旅游不是简单的参观学习，工业旅游需要尊重游客放松身心的需求，满足他们的需要，并在此基础上完成企业宣传、促成签约、向最终消费者销售最终产品等其他目标。开展工业旅游时，工业品营销人员需要营造良好的工业旅游氛围，在厂区环境、游览线路、参观内容、体验项目等方面都要进行精心筹划与布置，力争在每一个方面都让游客感到放松和愉悦。

### (二)强调工业旅游的科普价值

工业旅游与其他类型的旅游是存在一定差异的，游客之所以愿意参加工业旅游，其中一个原因便是想要了解该行业的发展进程，学习相关行业知识。因此，在开展工业旅游时，工业品营销人员不仅需要介绍企业及其产品，还需要介绍相关行业的科学知识，强调工业旅游的科普性和知识性，满足游客的求知欲望。企业可以增加科技馆这一游览景点，主要以图片、视频、文字、模型等形式向游客介绍国内外最新研究进展、最新生产工艺、产品未来的应用领域，以增强工业旅游的专业性和趣味性。举例来说，生产化纤的 A 公司在开展工业旅游活动时，专门设置了一个小型科技馆，里面不仅向游客展示了化纤的生产过程，还向游客介绍了石油的提炼过程、化纤的制作原理、化纤的应用范围等。

### (三)增加适合不同年龄段的体验环节

工业旅游过程中,如果只让游客观看视频,参观设备运作模式和生产流程,那么游客往往会觉得游览内容比较单调,而如果让游客亲身体验生产过程,那么游客往往会对该企业的产品有更加深入的了解。需要注意的是,工业品营销人员需要针对不同年龄段的游客设置与其年龄段相匹配的体验环节。举例来说,针对小学生,企业可以增加模拟道具或电子产品的互动,学生可以通过游戏的形式进行产品体验;针对初中生,企业可以增加模拟实验和产品检测互动环节,邀请学生亲自实践;针对高中生,企业可以增加问答或游戏闯关环节,以增强游览的互动性;针对成年人,企业可以增加样品解剖和 DIY 自己生产产品的环节,游客通过自己动手实践,增加对产品的了解。

### (四)认真选择游览景点与路线

游览景点需要具备多样性、观赏性、目的性。多样性是指游览景点的类型应当多样,不应只局限在同一种类型;观赏性是指游览景点应当吸引游客,值得观赏;目的性是指游览景点要有利于企业的形象塑造与宣传,有利于潜在客户的签约,有利于产品的销售。举例来说,A 公司设置了三个游览景点,第一个游览景点是厂区的生产线车间,旨在让游客了解该公司生产产品的整个流程。事实上,A 公司有三条生产线,但是其只选择设备最先进、工作环境最好的第一条生产线,因为这条生产线最值得观赏,能够更好地塑造企业形象。第二个游览景点是科技馆,旨在让游客了解化纤行业的相关知识和行业最新的发展趋势,游客也能够模拟体验化纤的生产流程。这个游览景点的设置目的是突出企业产品的专业性和前沿性。第三个游览景点是购物中心。企业生产的化纤属于原材料,在购物中心里,企业展示了化纤生产的相关最终消费品,并提供给最终消费者进行选购。五花八门、琳琅满目的商品非常具有观赏性,而企业设置该游览景点的目的,一是为了鼓励最终消费者消费,以增加企业的经济收入;二是为了促成采购方在此时进行接洽谈判,并最终促成签约。我们可以发现,A 公司设置的这三个游览景点包括了多样性、观赏性、目的性。

设计游览路线也是一件非常考究的事情,游览路线应当遵循一定的顺序。那么,游客应当以怎样的顺序进行游览呢?每个游览景点需要游览多长时间呢?作为工业品营销人员,以上问题都需要未雨绸缪、考虑周到。一般来说,游览路线的设计需要考虑以下几个方面:第一,时间性,按照企业的发展历史脉络和技术的发展顺序进行展示;第二,流程性,按照原料、零件、合成品、最终成品的生产流程进行展示;第三,舒适性,要考虑到游客在旅游过程中的身体状况和疲劳程度,将内容展示、个人体验、娱乐休憩交叉结合,将步行观看和落座观赏相结合,将刺激和放松相结合,进而让游客的兴奋度和疲劳程度保持在适当范围内。稍后我们将具体阐述如何设计游览路线。

### (五)增设良好的旅游配套

首先,要配备座位数量合适的游览车。一些制造业工厂的厂区面积较大,景点与景点之间的距离较远,配备游览车会更有利于游客游览。另外,一些企业由于存在着需要保密的、不方便让游客参观的区域,因此,为了更好地控制游客的游览范围,企业也可以安排专车对他们的游览路线进行限制,防止游客不小心进入了保密区域。需要注意的是,游览车的座位数量需要进行合理预测。如果游览车的座位数量过多而游客数量过少的话,那么可能会造成游览车运行效率低下、运行成本增加等问题；而如果游览车的座位数量过少而游客数量过多的话，那么可能会造成游客等待时间过长等问题。

其次，要建设高水平的导游团队。工业旅游往往需要导游，一是向游客进行专业知识的讲解，进而让游客能够更好地了解企业信息、产品品牌、行业知识；二是能够促成最终消费者购买产品和采购方签约；三是能够保证游客根据游览路线正确游览，不会对企业的安全生产经营造成威胁。一般而言，企业选择的导游需要形象好、气质佳、口才棒，不仅能够了解企业的发展历程、企业的发展现状、产品的生产过程、行业的最新动态，还要能够掌握市场营销技巧，更需要有灵活应对紧急事件的能力，处理工业旅游过程中产生的各种问题。

另外，要建设游客接待中心。企业在开展工业旅游时，往往需要增设游客接待中心，中心内一般需要设置信息服务台、休息室、母婴喂养室、第三卫生间、游客餐厅、游客投诉接待室等，这些设施设备都需要按照相关规范和要求进行建设。需要注意的是，游客使用的卫生间、餐厅等设施最好与企业工作人员所用的分开，以避免各种不确定因素，进而对工业旅游造成负面影响，降低企业形象。

### (六)增设企业历史展览馆

工业旅游的目的之一是展示企业形象，宣传企业文化，因此，增设企业历史展览馆非常有必要。一般而言，导游口述企业历史的这种形式往往说服力较低，如果有图片、视频、实物等展示企业历史的话，游客会对企业历史有更深的印象。需要注意的是，工业品营销人员需要控制好游客在企业历史展览馆的逗留时间。有一些企业为了全方位、生动地展示企业历史文化，设计企业历史展览馆的游览时间为两个小时，这非常容易降低游客的兴趣，增加其疲劳度。

在游客参观完企业历史展览馆时，企业可以向游客赠送小礼品或宣传材料(当然，价值较高的小礼品也可以出售给游客)。小礼品或宣传材料可以进一步加深游客对企业的印象，起到宣传企业及其产品的作用。

## 五、设计工业旅游线路时需要坚持的原则

工业旅游线路是指工业品营销人员设计工业旅游的交通路线，将一定区域内的游览景点和附属设施等进行串联，以方便游客进行游览。设计工业旅游线路时，工业品营销人员需要坚持以下原则。

### (一)效益优先

工业旅游不是做慈善，工业旅游是为企业生产经营服务的，因此需要考虑效益。具体而言，第一，工业旅游需要满足游客需求。不同游客存在着不同的旅游需求，但基本上都是为了获得更好的旅游体验，因此，工业品营销人员需要在游览时长、游览景点数量等方面提供差异化的排列组合，提供不同的旅游线路，以满足不同游客的旅游需求。第二，工业旅游需要满足企业效益。一般来说，企业并不指望工业旅游项目能够成为企业最大的收入来源，一些企业对工业旅游项目的目标甚至是"不亏即可"它们将工业旅游视为展示企业自身形象的工具，促成与采购方签约的手段。但是，可持续的工业旅游不仅能够展示企业形象，促成签约和最终消费，还能够降本增效，为企业贡献收益，帮助企业最大化经济效益和社会效益。

## (二)强调特色

工业旅游线路需要具有"人无我有,人有我优"的特色,这种特色可以体现在旅游形式、旅游资源、旅游线路设计等多个方面。举例来说,生产化纤的 A 公司是当地唯一一家世界 500 强企业,其旅游资源明显与当地的其他企业不同,因此,A 公司在设计工业旅游线路时,可以强调自己实力雄厚、厂区面积大等特色。而紧邻 A 公司的 D 公司也是一家化纤制造企业,其规模相对较小,在设计工业旅游线路时,D 公司可强调自己柔性化制造的特色。

## (三)保证安全

设计工业旅游线路时,工业品营销人员需要将安全性放到非常重要的位置。具体来说,一是要避免工业旅游过程中出现人员拥挤、碰撞等情况,防止发生人员踩踏事故;二是要定期进行安全巡逻检查,排除电线故障、管道漏气等问题;三是要对生产经营人员进行定期培训,并组织专项演练,提高其安全意识和应急救灾能力;四是要在游览景点和游览路线上设置逃生通道和安保设备,以保证在发生危险情况时游客的安全。

## (四)不要重复

不要重复具体体现在两个方面:一是游览景点不要同质化;二是旅游线路不要重复。举例来说,A 公司在建设游览景点时,只会建设一个企业文化展览馆,开放一个纺丝车间。如果开放两个纺丝车间的话,一来造成了游览景点同质化,降低游客新鲜感;二来增加了车间的改造成本。同时,公司在设计工业旅游线路时,尽量避免了往返路线或重复路线,尽量让游客"一条路到底,不走回头路",以增加游客新鲜感,降低疲劳程度。

## (五)冷热兼顾

在设计工业旅游线路时,不能够将所有的热门游览景点都紧凑地安排在一起,同时将不太受欢迎的游览景点安排在一起。正确的做法是,将受欢迎的游览景点和不太受欢迎的游览景点搭配组合起来,游客参观完一个热门景点后,便可以直接参观下一个冷门景点。冷热兼顾有两个好处:一是防止热门景点人满为患,造成安全隐患;二是提高冷门景点的使用率,以提高工业旅游景区的整体收益。举例来说,A 公司发现,小吃店往往是热门景点,而购物店往往是冷门景点,因此,在设计工业旅游线路时,企业往往会在小吃店旁边设置购物店,游客买完小吃后,可以一边吃着小吃一边购物,进而提高了购物店的使用率和景区的整体收益。

# 第二节　工业旅游线路的设计步骤

设计工业旅游线路时,我们需要怎么做?工业旅游主要面向哪些客群?工业旅游的线路类型有哪些?

设计工业旅游线路有以下七个步骤：确定游客类型、确定线路类型、确定线路名称、确定游览景点、确定交通方式、规划附属设施、编排游览线路。接下来，我们将分别介绍这七个步骤。

## 一、确定游客类型

在设计工业旅游线路时，工业品营销人员首先需要考虑游客的年龄、职业、经济收入、教育水平、游览目的等，并根据其差异，设计不同类型的工业旅游线路。不同类型的游客，其旅游需求往往是不一样的。举例来说，家庭主妇参加工业旅游时，可能更希望以更加便宜的价格直接从工厂处购买到心仪的产品；业内同行参加工业旅游时，可能更希望在旅游参观结束后就合同细节进行完善。

具体而言，工业旅游的游客分为以下几类，同一个企业在开展工业旅游时，往往会面对若干种游客类型。

### (一)政治观光游客

政治观光游客是指以政府单位的领导干部身份进行参观访问的游客。这种游客有两类：一类是从外地到此进行参观访问的外地领导干部，他们参加工业旅游的目的，主要是想了解当地优势产业发展的特征，学习到相关经验后，再应用到未来的工作实践中；另一类是本地的领导干部，他们参加工业旅游的目的，往往是调研本地产业的发展状况，了解本地企业的经营现状，指导本地产业的后续发展。

政治观光游客的参观需求往往是学习、调研、考察当地的优势项目和先进经验，因此，企业往往需要将工业旅游线路做成当地的标杆项目，并获得当地政府的支持。同时，工业旅游线路要能够反映当地产业发展模式的某种突出优势(能够凸显一个亮点)，如"党建+"模式、"互联网+"模式、共同富裕模式、环保模式、协同发展模式等。另外，工业旅游线路需要与当地的发展重点相一致，举例来说，如果当地的发展重点是"文旅融合"，那么工业旅游线路也需要体现出"文旅融合"的内涵。

### (二)商务观光游客

商务观光游客是指以同行友商身份进行参观游览的游客，这种游客的旅游目的往往是学习友商经验、开拓市场渠道、进行资源整合、达成业务合作等。当然，企业召开新闻发布会、产品发布会、行业峰会时，其他企业的参会人员往往也会被视为商务观光游客。

商务观光游客的参观需求往往是了解企业资质并达成合作，因此，工业旅游线路往往需要能够展示出企业的实力。一般而言，面向商务观光游客时，工业品营销人员往往需要将重点放在独特的企业文化、先进的生产工艺、质量卓越的产品、成功的营销模式等方面。需要注意的是，在设计工业旅游线路时，企业需要有的放矢，敏感环节、保密信息、核心部分等内容需要注意保密。

### (三)科普研学游客

科普研学游客是指以获取知识、学习技能为主要目的进行参观游览的游客。这一类游客往往以学生为主，他们参加工业旅游的主要目的是增加对科学与社会的认识、树立爱国主义精神、树立职业理想、增加动手实践能力等。当前，市面上有很多旅行社都面向中小学生专门设计了研学旅游产品，因此，工业品营销人员可以与旅行社对接进行合作。

中小学生是我国未来发展的脊梁，一般而言，他们现在不会是产品的最终购买者，但是他们在若干年后会成为采购方和最终消费者。企业"从孩子抓起"，将企业品牌从小植入学生的心中，可以更快地建立消费者的品牌认知。科普研学游客的旅游目的往往是学习课外知识，因此工业品营销人员可以根据旅游线路特点，编写并发放科普知识手册，供科普研学游客使用。另外，在工业旅游过程中，应当适量增加体验环节，让游客做中学、玩中学；同时，面向科普研学游客的配套项目要建设完备，如儿童卫生间、团队集合点、小型医务站等。工业品营销人员还可以适时举办科普比赛，邀请研学观光游客撰写科普论文，并要求其父母在朋友圈中转发，进而扩大企业的知名度。

### (四)旅游观光游客

旅游观光游客是指以休闲度假为主要目的的游客。这些游客参加工业旅游的主要目的是得到全方位的娱乐，进而达到身心放松、愉悦自己的目的。很多旅行团的游客往往都是旅游观光游客，工业品营销人员可以同旅行团进行合作，请旅行团将该工业旅游线路融入旅行团的行程中，旅行团的游客可以顺道游览该工业旅游线路。

该类游客往往对赏心悦目的景观、新奇的工业形态、当地的工业历史文化较为重视，因此，工业品营销人员在设计工业旅游线路时应当重点突出美丽宜人的厂区景观、先进的生产流程与设备、企业所代表的当地工业历史与文化进程等。

### (五)旅游购物游客

旅游购物游客是指以购买产品为主要目的的游客。这些游客参加工业旅游线路的主要目的就是为了购买产品。一般而言，生产面向普通消费者的最终消费品的企业(如生产枕头、床垫、空调被、首饰等的企业)，在开展工业旅游时，往往最容易面对旅游购物游客。工业品营销人员可以同旅行社合作，将自己的工业旅游线路做成旅游购物点，旅行团的游客可以顺道游览该工业旅游线路并购买产品。

旅游购物游客往往在衣、食、住、行等各个方面都有一定的需求，因此，工业品营销人员在设计工业旅游线路时可以突出某个重点，以满足旅游观光游客的需求。举例来说，工业品营销人员可以将工业旅游线路打造成"当地特产生产基地"，游客参观完生产流程后，便可以选购当地特产；可以将工业旅游线路打造成"特色美食生产基地"，游客参观完食物制作过程后，便可以直接购买相关食物。当然，工业品营销人员还可以增加体验项目，让游客自己制作产品，并购买自己制作的产品以做纪念。

## 二、确定线路类型

工业旅游线路可以按照不同的分类方式进行分类。具体而言，我们可以按照旅游目的、旅游时长、空间分布等对工业旅游线路进行分类。

### (一)按旅游目的进行分类

按照游客的旅游目的分类，我们可以将工业旅游线路分为观光型、科普型、专题型、购物型工业旅游线路。举例来说，以了解企业花园式的园区、感受先进的生产流程为目的的旅游线路，往往是观光型旅游线路；以学习最新科行业知识、增强动手实践能力为目的的旅游线路，往往是科普型旅游线路；以了解某一产业的某一特征、调研行业发展方向、学习企业先进生产流程和管理模式的旅游线路，往往是专题型线路；以购买产品为主要目的的旅游线路，往往是购物型旅游线路。

### (二)按旅游时长进行分类

按照旅游时长进行分类，我们可以将工业旅游线路分为短时间旅游线路、半日游线路、一日游及多日游线路等。短时间旅游线路的游览时间一般而言只有1~2个小时，这种旅游线路往往特别适合商务观光游客等以调研、访问为主的游客；半日游线路的游览时间往往能够达到3~4个小时，这种游览线路比较适合旅游观光游客和旅游购物游客；一日游及多日游线路的游览时间往往以天为单位，比较适合科普研学游客和深度旅游观光游客。采用一日及多日游线路的工业旅游线路，要么往往与周边的其他旅游线路结合(打包成一个产品，游客一天内可以游览多个工业旅游线路)，要么自身就有非常多的游览景点(如拥有会议中心，可供游客在此举办各种规模的会议)，且有酒店等住宿设施供游客入住。

### (三)按空间分布进行分类

按照景点的空间分布进行分类，我们可以将工业旅游线路分为两点式旅游线路、单线式旅游线路、环形式旅游线路、单中心式旅游线路、多中心式旅游线路、网络式旅游线路。

两点式旅游线路是指旅游线路两点一线，从起点开始，直接到游览景点结束，中间没有其他游览景点相连接。举例来说，生产化纤的A公司只将纺丝车间改造为游览景点，其他生产部门不向公众开放，因此，A公司使用了两点式旅游线路：游客直接从游客接待中心出发，前往纺丝车间参观，参观完毕后即到达出口，并离开A公司。

单线式旅游线路是指旅游线路从起点开始，用一条线路串联起所有游览景点(即所谓的"不走回头路")，游览完最后一个景点后即结束旅程。举例来说，A公司现在按照生产流程，将原料车间、纺丝车间、后处理车间、成品仓库、机修车间等改造为游览景点，并采用单线式旅游线路将各个景点依次进行连接：游客从游客接待中心出发，先参观原料车间，然后依次参观纺丝车间、后处理车间、成品仓库、机修车间，参观完毕后直接到达出口，并离开A公司。

环形式旅游线路是指旅游线路从起点开始，用一条线路串联起所有游览景点，游客游览完所有游览景点后又返回到起点，进而形成闭环。需要注意的是，这种旅游线路与单线式旅游线路一样，都是"不走回头路"的，区别在于环形式旅游线路最后需要回到起点(在起点处说再见)，而单线式旅游线路不需要回到起点(在最后一个景点处说再见)。举例来说，A公司现在使用环形式旅游线路，游客从游客接待中心出发，顺着一条参观路线参观完所有景点后，又返回到游客接待中心，并在游客接待中心结束旅程。相比单线式旅游线路而言，环形式旅游线路具有若干明显的优势：首先，游客从起点出发，最后又回到起点，方便游客在起点处的游客接待中心存放随身物品；同时，企业不用再另行修建出口，这节约了建设与经营成本。但是，相比单线式旅游线路而言，环形式旅游线路相对较长，容易引起游客疲劳。

单中心式旅游线路是指旅游线路设置一个中心节点，该中心节点与每一个游览景点都是两点式连接的,游客以该中心节点为起点,前往不同的游览景点,当参观完任意一个游览景点后,游客都需要返回到中心节点,然后才能到另一个景点进行参观游览。也就是说,各游览景点互不相通,游客必须要到中心节点进行中转。举例来说,A 公司将游客接待中心设置为唯一的中心节点,每一个车间(游览景点)都只与游客接待中心相连。游客参观完一个车间后,必须要先回到游客接待中心,然后再到另一个车间参观,而不能参观完一个车间后,直接到另一个车间进行参观。这种旅游线路比较适用于交通不便的工业旅游景区。举例来说,生产民航客机零件的 F 公司将工厂开在了山区里,由于企业的保密特性,每个车间各占一个山谷,各车间距离较远,且车间之间互不连通,那么 F 公司采用单中心式旅游线路可能是最佳选择。

多中心式旅游线路可以简单地理解为若干个单中心式旅游线路的组合。多中心式旅游线路是指旅游线路有若干个中心节点,每一个中心节点分别以两点式连接若干个游览景点,各游览景点之间互不相连,而各中心节点相互连接,游客游览不同游览景点时,要先到中心节点,然后再到另一个中心节点中转后,方能到达另外的游览景点。举例来说,A 公司将其纺织工厂开设在了甲、乙、丙三个城市,每个城市所在的厂区都分别有三个游览景点。游客参观完甲城市的景点后,要先到甲城市的游客接待中心,然后再乘坐交通工具到达乙城市的游客中心,才可游览乙城市的三个游览景点。当游客参观游览完乙城市的三个游览景点后,又要返回到乙城市的游客接待中心,再驱车前往丙城市的游客接待中心,并继续游览丙城市的三个游览景点。

网络式旅游线路是指各游览景点互相连通,游客可以任意地从一个景点至另一个景点进行游览。举例来说,A 公司开放了原料车间、纺丝车间、后处理车间、成品仓库、机修车间、游客接待中心作为游览景点,游客可以参观完任意一个车间(游览景点)后,再到自己想去的任意一个景点进行参观。

## 三、确定线路名称

工业旅游线路的名称往往要能反映工业旅游线路的性质、内容、主题等,并且应当言简意赅、具有新意、吸引眼球。举例来说,A 公司可以针对不同的游客群体设计若干条线路,并分别取名"纺织世界探秘游""纺织产品购物游""纺织体验实地游""纺织文化学习游""纺织历史党建游"等。

## 四、确定游览景点

工业品营销人员需要谨慎选择工业旅游线路的游览景点。选择游览景点时,往往需要考虑以下几个方面:主要面向的游客群体、工业旅游线路的主题与名称、游览时长等。需要注意的是,不同的游览线路需要选取不同的游览景点,举例来说,设计面向中小学生的科普研学旅游线路时,往往需要增加用来进行科普知识展示的景点(如科技馆、展览馆等),且安排在该景点的游览时间要相对多一些;而面向政治观光游客的工业旅游线路,往往就不需要安排科普知识展示景点,反而需要安排企业文化展览馆等重点介绍企业与产业发展的景点,且安排在该景点的游览时间要多一些。

## 五、确定交通方式

工业品营销人员需要明确游览景点之间的交通方式。有些游览景点之间的交通方式适合步行,而有些景点之间的交通方式适合观光车通勤。具体选择哪种交通方式,一是要考虑到采取何种旅游线路类型(如步骤二所述);二是要考虑到尽量缩短景点之间的时间距离和空间距离;三是要考虑到所选交通方式的成本。举例来说,如果两个景点之间的距离只有 300 米,那么安排步行前往往往是比较好的选择,导游一边带领游客行走一边进行讲解,300 米的路程很快就可以走完;而如果选择游览车,游客等车和上下车的用时可能比步行的用时还要多,且工业旅游线路的经营成本也会增加,反而得不偿失。

## 六、规划附属设施

设计工业旅游线路时,工业品营销人员需要未雨绸缪,规划好住宿、娱乐、餐饮、购物、休闲座椅、卫生间等附属设施。对于需要游客付费的附属设施(如住宿、娱乐、餐饮、购物等设施),工业品营销人员还需要考虑以下情况:一是定位。附属设施的定价需要与主要面向的游客相匹配,同时也要与工业旅游线路的形象相匹配,如果工业旅游线路主要面向中小学生,而企业建造了五星级豪华酒店、高档餐厅等附属设施,那么就会出现附属设施与工业旅游线路定位不一致的情况。二是便利。附属设施应当在游览景点旁边或旅游线路上,游客能够较为方便地到达附属设施,否则附属设施难以效用最大化。

## 七、编排旅游线路

在选定好游览景点、交通方式,规划好附属设施后,工业品营销人员就要开始编排工业旅游线路了。在编排工业旅游线路时,工业品营销人员需要注意以下几个方面:一是按照一定的空间顺序进行编排,需要将不同的游览景点、附属设施安排在适当的空间范围内,即游览景点与附属设施互有交叉,且同一类型的游览景点最好不要过分聚集在一起,以免游客产生疲劳;二是按照一定的时间顺序进行编排,需要确定好不同游览景点、附属设施所需要花费的时间,以确定整个工业旅游线路的总时间;三是编制机动方案,需要明确不同游览景点、附属设施的备选游览方案,在时间编排上也要留有一定的灵活空间;四是确定定价,如果与旅行社进行合作,那么定价可以与旅行社一同商定,而如果工业旅游线路的最主要目的是吸引人流、提升企业知名度、促成签约,那么该工业旅游线路甚至可以免费。

## 本章小结

1. 工业旅游是指企业将自己的厂房、设备作为旅游资源,通过自己的品牌优势,吸引游客前来观光旅游,进而提高自身产品或品牌知名度的旅游活动。游客参观企业整洁的厂房、高素质的员工、先进的管理模式后,会对企业及其产品进行综合考虑,在以后的企业采购甚至消费者最终消费中考虑该品牌。

2. 对于企业和游客来说,工业旅游具有非常大的意义:对于企业来说,工业旅游能够宣传企业产品、提升营销效果、展示企业实力、传播企业文化、提高企业的知名度和美誉度、增加企业的经济收入；对于游客来说，工业旅游还能够让游客了解行业最新科技与知识、体验部分产品的制造与加工过程、感受工业文化、心情得到愉悦和放松、进一步开阔眼界。

3. 工业旅游资源可以分为观光类工业旅游资源、科普类工业旅游资源、体验类工业旅游资源、休闲类工业旅游资源、购物类工业旅游资源。一般而言，企业在开展工业旅游活动时，往往会同时用到若干种工业旅游资源。

4. 工业旅游资源往往具备科学性、可达性、动态性、多功能性、集群性等特点。科学性是指工业旅游资源所体现出的科学技术水平较高；可达性是指游客可以较为方便地接近工业旅游资源；动态性是指工业旅游资源是动态变化的；多功能性是指工业旅游资源往往能够提供多种功能；集群性是指工业旅游资源在一定空间范围内会存在着聚集的现象。

5. 开展工业旅游时，工业品营销人员需要注意以下几个方面：一是需要营造良好的工业旅游氛围；二是需要强调工业旅游的科普价值；三是需要增加适合不同年龄段的体验环节；四是需要认真选择游览景点与路线；五是需要增设良好的旅游配套；六是可以增设企业历史展览馆。

6. 工业旅游线路是指工业品营销人员设计工业旅游的交通路线，将一定区域内的游览景点和附属设施等进行串联，以方便游客进行游览。设计工业旅游线路时，工业品营销人员需要坚持效益优先、强调特色、保证安全、不要重复、冷热兼顾等原则。

7. 设计工业旅游线路有以下七个步骤：确定游客类型、确定线路类型、确定线路名称、确定游览景点、确定交通方式、规划附属设施、编排游览线路。

8. 在设计工业旅游线路时，工业品营销人员首先需要考虑游客的年龄、职业、经济收入、教育水平、游览目的等，并根据其差异，设计不同类型的工业旅游线路。不同类型的游客，其旅游需求往往是不一样的。具体而言，工业旅游的游客分为政治观光游客、商务观光游客、科普研学游客、旅游观光游客、旅游购物游客等五类。同一个企业在开展工业旅游时，往往会面对若干种游客类型。

9. 工业旅游线路可以按照不同的分类方式进行分类。具体而言，我们可以按照旅游目的、旅游时长、空间分布等对工业旅游线路进行分类。按照游客的旅游目的分类，我们可以将工业旅游线路分为观光型、科普型、专题型、购物型工业旅游线路；按照旅游时长进行分类，我们可以将工业旅游线路分为短时间旅游线路、半日游线路、一日及多日游线路等；按照景点的空间分布进行分类，我们可以将工业旅游线路分为两点式旅游线路、单线式旅游线路、环形式旅游线路、单中心式旅游线路、多中心式旅游线路、网络式旅游线路。

10. 工业旅游线路的名称往往要能够反映工业旅游线路的性质、内容、主题等，并且应当言简意赅、具有新意、吸引眼球。工业品营销人员在选择游览景点时，往往需要考虑主要面向的游客群体、工业旅游线路的主题与名称、游览时长等方面。工业品营销人员需要明确游览景点之间的交通方式。有些游览景点之间的交通方式适合步行，而有些景点之间的交通方式适合观光车通勤。设计工业旅游线路时，工业品营销人员需要未雨绸缪，规划好住宿、娱乐、餐饮、购物、休闲座椅、卫生间等附属设施。在选定好游览景点、交通方式，规划好附属设施后，工业品营销人员就要开始编排工业旅游线路了。

**练习与思考**

一、名词解释

1. 工业旅游
2. 休闲类工业旅游资源
3. 政治观光游客
4. 旅游观光游客
5. 两点式旅游线路
6. 单线式旅游线路
7. 环形式旅游线路
8. 单中心式旅游线路
9. 多中心式旅游线路
10. 网络式旅游线路

二、简答题

1. 企业为什么要开展工业旅游？企业能从中获得什么收益？
2. 开展工业旅游时，企业需要注意些什么？
3. 设计工业旅游线路有哪些步骤？
4. 哪些设施属于附属设施？

三、单选题

1. 工业旅游资源不包括(　　)。
   A. 观光类工业旅游资源　　B. 科普类工业旅游资源
   C. 体验类工业旅游资源　　D. 经济类工业旅游资源
2. 表现形式为产业公园、文创社区的工业旅游资源是(　　)。
   A. 观光类工业旅游资源　　B. 科普类工业旅游资源
   C. 购物类工业旅游资源　　D. 休闲类工业旅游资源
3. 以调研本地产业发展状况为主要目的的游客是(　　)。
   A. 政治观光游客　　B. 商务观光游客
   C. 科普研学游客　　D. 旅游观光游客
4. 旅游线路从起点开始，用一条线路串联起所有游览景点，游览完最后一个景点后即结束旅程的旅游线路被称为(　　)。
   A. 环形式旅游线路　　B. 单线式旅游线路
   C. 多中心式旅游线路　　D. 两点式旅游线路
5. 关于编排旅游线路，以下说法错误的是(　　)。
   A. 按照一定的空间顺序进行编排
   B. 按照一定的时间顺序进行编排

C. 需要编制备选机动方案

D. 旅游线路定价只可与旅行社进行商定

### 四、多选题

1. 工业旅游资源具有的特点是(　　)。
   A. 科学性　　　　　　　　　　B. 可达性
   C. 动态性　　　　　　　　　　D. 集群性

2. 设计工业旅游线路时需要坚持的原则有(　　)。
   A. 效益优先　　　　　　　　　B. 强调特色
   C. 保证安全　　　　　　　　　D. 冷热兼顾

3. 工业旅游的游客类型包括(　　)。
   A. 政治观光游客　　　　　　　B. 商务观光游客
   C. 科普研学游客　　　　　　　D. 旅游购物游客

4. 按照景点的空间分布进行分类，我们可以将工业旅游线路分为(　　)。
   A. 环形式旅游线路　　　　　　B. 单中心式旅游线路
   C. 多中心式旅游线路　　　　　D. 网络式旅游线路

5. 确定交通方式时，以下说法正确的是(　　)。
   A. 要考虑到采取何种旅游线路类型
   B. 要考虑到缩短景点之间的时间距离
   C. 要考虑到缩短景点之间的空间距离
   D. 需要考虑所选交通方式的成本

## 微课视频

扫一扫，获取本章相关微课视频。

10.1 工业旅游概述(1)

10.1 工业旅游概述(2)

10.1 工业旅游概述(3)

10.2 工业旅游线路的设计步骤(1)

10.2 工业旅游线路的设计步骤(2)

10.2 工业旅游线路的设计步骤(3)

# 第十一章 跨文化的商务交际

## 【本章提要】

在跨文化的商务语言交际过程中,词汇与文化的关系相对来说更为直接,对跨文化的商务交际影响也更为突出。但是,不同语言和文化背景下的人们在进行跨文化的商务交际时,可能会对某个词语的意义产生不同的理解。在跨文化的商务交际过程中,人们往往不会对这个词的字面意义产生误解,而是对其深层次的内涵意义产生误解。颜色词、数字词、动物词、禁忌语、委婉语等的内涵意义在不同的文化中存在着差异。在跨文化的商务交际过程中,非语言交际是不可缺少的部分。事实上,在多数跨文化的商务交际活动中,大部分信息是通过非语言交际行为进行传递的。具体而言,非语言交际具有表达真情实感、营造良好形象、强化交际效果等重要意义。本章重点介绍非语言交际中的体态语。体态语也被称作身体语言,包括面部表情、眼神交流、衣着打扮、身体接触、身体姿势、手势等。比较不同文化的体态语,有助于我们更好地开展跨文化的商务交际。在跨文化的商务交际过程中,工业品营销人员需要根据对方的文化背景,使用恰当的语言用词和体态语。

## 【学习目标】

1. 掌握并熟练运用在不同文化中存在着不同意义的用词。
2. 掌握并熟练运用在不同文化中存在着不同意义的体态语。
3. 树立人类命运共同体意识。

### 开篇案例与思考

中国—巴西跨文化交流对话活动 2015 年 4 月 24 日在北京举行。本次对话围绕"文化冲突与文化适应"这一主题,邀请了多名专家学者、海外学子"现身说法",用他们在中巴两国生活、工作的生动经历,为大家讲述中巴跨文化交际过程中,如何应对文化冲突,增进彼此了解。

与会的复旦大学高文勇教授指出,中国人和巴西人的文化交流,关键在于"想要喜爱"的心态,有了这样的开放和包容精神,才会让自己在经历文化冲突时,不会自怨自艾或失落沮丧,而始终以积极态度看待文化差异,学会尊重、接受、适应乃至喜爱不同的文化。他还强调,当前中巴跨文化交流应当关注"时代性"和"新一代",将当代的中国文化、艺术介绍给巴西人民，让他们认识一个除了传统的京剧和功夫外，更加现代化的中国；同时还需要加强两国青年一代的文化交流，年轻人往往更具开放精神，乐于接受新文化，应当推动他们增强对对方文化的认识和了解。

如今，中国和巴西同为世界新兴大国，也是重要的战略伙伴，两国经贸往来和民间交流不断增多，但是遥远的距离和其他种种原因，造成两国人民对彼此文化的认知度还非常有限。正因如此，现任中葡同传翻译的中国青年王伊立多年来一直致力于中巴文化交流方面的工作，她一直认为加强中国和巴西的文化交流十分必要，也想将这项自己钟爱的事业一直继续下去。如今，王伊立已经和母亲在巴西创办了"你好中国"巴中国际交流中心。她说，作为一个热爱巴西的中国人，有责任将祖国的文化传播到巴西，同时让更多巴西朋友爱上中国和中国文化。

(资料来源：人民网(陈颖). 中国-巴西跨文化交际对话：聚焦文化冲突 增进彼此了解. 2015-04-27, http://world.people.com.cn/n/2015/0427/c1002-26908993.html.)

**问题分析：**

1. 跨文化交际中可能会出现什么问题？
2. 对于跨文化交际中出现的问题，我们应当如何解决？
3. 在跨文化的商务交际过程中，来自中国的营销人员可以做些什么，以达到"求同存异"的效果？

请结合本章的后续知识点深入思考。

## 第一节　跨文化的商务语言交际

**课前思考**

> 红色、数字八、狗在不同的文化里分别有什么含义？法国人会说"令尊"吗？中国人如何委婉地表达"死"？

在跨文化的商务语言交际过程中，词汇与文化的关系相对来说更为直接，对跨文化的商务交际影响也更为突出。语言的作用之一就是表达说话者的意思。但是，语言的意义并不是世界通用的，其具体意义会受到文化和具体语境的影响，因此，不同语言和文化背景下的人们在进行跨文化的商务交际时，可能会对某个词语的意义产生不同的理解，进而产生误解。在跨文化的商务交际过程中，人们往往不会对这个词的字面意义产生误解(当自己说"红色"时，对方一定明白我所指的那种颜色)，而是对其深层次的内涵意义产生误解，因为内涵意义能够体现说话者的内心感情，会让听话者产生联想。接下来，我们将具体比较一些在不同文化中会有不同意义的用词。

### 一、颜色词

在每一种文化、每一种语言中，我们都能发现颜色词，但是，颜色词的内涵意义在不同的文化中却有差异。接下来，我们将重点关注几个具有代表性的颜色。

(1) 红色。在很多文化中，红色往往代表着热情、暴力、危险、激进、革命。在美国文化中，红色往往与"冲动"联系在一起：红色代表着流血、革命、暴力破坏。但是，在中国文化中，红色的内涵意义却截然不同：红色在中国文化中意味着快乐、幸运、团圆、吉祥等正面意义。中国人在过年时会剪红色的窗花，贴红色的对联，挂红色的灯笼；企业开业时，领导揭幕所用的布是红色的；家有喜事时(如结婚、生子、升学、乔迁新居等)，亲朋好友也会送上一个红包。红色在中国文化中还象征着奋斗与胜利：中国共产党党旗和中国国旗都是红色的。

(2) 黄色。在西方文化中，黄色并没有太多特殊的含义，电话号码簿是"黄页"、政府发布的重要文件是"黄皮书"。但是，在中国文化中，黄色的内涵意义却非常丰富。在传统的中国文化中，黄色是一种相对较为尊贵的颜色。在古代，黄色在长期都是皇帝所用的颜色，比如皇帝所住的皇宫是黄色调的，穿的龙袍是黄色的，普通百姓往往不能随便使用黄色。另外，黄金也是黄色的，因此黄色往往还意味着财富与富足。然而，当前，黄色的内涵意义却在向另一个方向发展，即黄色在一定程度上与"性"联系在了一起，如"黄色场所""黄色期刊""扫黄打非"等，而在西方文化中，黄色并没有与"性"联系到一起。

(3) 白色。在日本文化和西方文化中，白色往往代表着纯洁、干净、朴素，因此，日本人在结婚时，新娘会穿白色的和服；西方人在结婚时，新娘往往会穿白色的婚纱。韩国文化也对白色崇尚有加：韩国人送礼时所用的信封是白色，甚至韩国国旗的底色也是白色。但是，在中国文化中，白色往往意味着死亡：在有些地方，葬礼会被称作"白事"；在葬礼上，送礼所用的信封也是白色的；另外，亡者的家属要穿上白色的孝服。工业品营销人员在看望病人时，切记不能送白色的花。

(4) 绿色。普遍而言，绿色象征着生态良好、环境保护、轻松愉悦。但是，在中国文化中，绿色还有着更深层次的内涵意义：我们常说"某人被戴了绿帽子""你的头上一片绿油油"，指的就是此人的情感伴侣出轨了。因此，在部分特定语境下，绿色在中国文化中并不是一个褒义词，工业品营销人员切忌将头发染成绿色。

在跨文化的商务交际过程中，工业品营销人员需要根据对方的文化背景，使用恰当的颜色词。特别需要注意的是，最好不要使用肤色描述一个人，因为这会有"种族歧视"的嫌疑，虽然在中国文化背景下，通过描述一个人的肤色来说明一个人是非常常见的。举例来说，我们经常会说"那个白人总监长得真好看""这个小黑工程师真幽默"等，这些颜色词在中国文化和特定语境里并没有过多的褒贬含义(这只是一个非常中性的描述)。但是，我们如果在跨文化的商务交际过程中，使用"白人"或"黑人"来描述对方，就会引起非常严重的后果，轻则失去与对方继续对话的机会，重则可能会被判刑。因为在一些国家，以肤色评价人涉嫌种族歧视，这是原则性的政治立场问题且可能涉嫌违法。此时，作为工业品营销人员，我们可以使用其他特征来描述别人，如使用职位、身高、国籍等特征。

## 二、数字词

在不同的文化里，数字词具有不同的内涵意义。接下来，我们将重点比较几个数字词。

(1) 数字四。在西方文化中，数字四并没有太多内涵意义，但是，在东亚文化里，数字四是一个不太吉利的数字。在日语和汉语中，"四"与"死"的发音是非常相似的；在韩国和日本，四楼可能会被标注成 3F 楼；而在中国，企业在选电话号码和企业用车牌时，往往也会首先排除带有数字四的号码，有些地方的车辆管理单位往往会自动将"4444"这一车牌排除在备选范围之外。

(2) 数字七。在西方文化中，七是一个比较好的数字词，它象征着吉祥如意、功德圆满，西方文化背景下列出的"七大奇迹"就是一个证明。另外，西方企业往往喜欢在七月或七号举办重大活动也是因为数字七具有吉祥的内涵意义。但是，在中国文化中，"七"与"气"的发音相似，往往有生气、不开心等内涵意义。另外，在广东话里，"七"和"出"发音相似，意味着财富流出。因此，部分中国人对数字七没有好感。

(3) 数字八。在西方文化中，数字八并没有太多的内涵意义，而在东亚国家的文化中，数字八往往意味着吉祥、财富、好运等。在日本，数字八表示吉祥顺利、一帆风顺的意思；在中国，数字八的寓意非常好，因为数字八往往意味着"发"，体现了财富和运气；中国企业在选电话号码和车牌的时候，往往更中意数字八，商场也喜欢选择在八号开业，重大活动或晚会也选择在晚上八点开始。唯一的特例是，在有些地方，人们在买房或租办公室的时候往往不选择 8 楼而选择七楼。因为中国有"七上八下"这个说法，买或租七楼意味着企业飞黄腾达、向上发展，而买八楼则意味着事业下降、经营受挫。

(4) 数字九。在日本文化中，数字九并不是一个吉利的数字。在日语里，数字九的发音与"苦"的发音很相似，因此数字九往往有"痛苦"这一内涵意义；在日本，含有数字 49 或 94 的电话号码、门牌号、车牌号往往不受人们喜欢。而在中国，情况却截然不同。在中国文化里，数字九是最大的数字，代表着最高的一种境界。我们可以发现，古代的皇帝常常用"九"来表明皇权的权威性(如称自己为"九五之尊")，同时，很多宝塔也建为九层。在现代，因为"九"与"久"是同音字，因此，数字九往往也有着"长长久久"的内涵意义。

(5) 数字十三。在西方文化中，"十三"是一个非常不吉利的数字，这与西方人的宗教历史有关。因此，在西方国家里，建筑往往不会明确标明第十三层，商场不会选择在十三号开业，合同往往不会在十三号签订举行。他们认为，重要的事情应当避免在十三号这种特殊的日子里发生，否则可能会产生较坏的结果。而在中国文化里，数字十三并没有太多负面的内涵意义，在佛教中反而还被认为是一个非常吉祥的数字，有着"功德圆满"的内涵意义。

在跨文化的商务交际过程中，工业品营销人员需要注意相关数字的适当选择与使用。举例来说，如果要宴请来自英国的宾客，那么相关会议和晚会应当避免在十三号举办；在有日本人参加的晚宴上，在祝酒时，应当避免使用与数字九有关的词语；在帮美国客户订酒店时，可以优先选择七楼的房间，如果选到了 404 房间，也不用担心客户会因房间号而产生抱怨。

## 三、动物词

在不同的文化中，不同的动物具有不同的象征意义。因此，在进行跨文化的商务交际时，如果提到了动物，我们需要意识到，这个动物在对方文化背景下所蕴含的其他意义。接下来我们将重点介绍几个具有代表性的动物词。

(1) 狗。在不同文化中，"狗"这个词容易引起误解。在西方文化中，狗往往是重要的家庭成员之一，"狗"的含义往往是褒义的。举例来说，中文的"爱屋及乌"，英文的表达则是"love me love my dog"；中文的"好你个幸运儿"，英文的表达则是"you lucky dog"。可见"狗"这个词在西方文化中的内涵意义往往是褒义的。虽然现在大部分中国人也认为狗是人类亲密的朋友之一,但是,在较为传统的中国文化中,"狗"的内涵意义往往较为负面,跟"狗"有关的词语往往都是贬义词,如"狼心狗肺""狗仗人势""狗东西"等。在职场中,我们说一个人是一条哈巴狗,往往是在嘲讽这个人曲意逢迎、溜须拍马、讨好上司;在生活中,我们说一个人是一条舔狗,往往是在嘲讽这个人在感情上十分卑微、被动,过分讨好对方;我们说一个人是一条单身狗,往往是在嘲讽这个人感情生活过于简单,一直没有对象。因此,我们可以发现,在中国文化中,"狗"的内涵意义往往较为贬义。

(2) 龙。在西方文化中,"龙"是一个贬义词。龙的英文是"dragon",这是一种长相可怕、有着像蝙蝠一样巨大翅膀、眼神邪恶的凶猛怪物,它飞起来遮天蔽日、口吐烈火,所到之处寸草不生、生灵涂炭。在西方文化中,"龙"具有邪恶、毁灭等内涵意义。但是,在中国文化中,"龙"的含义却截然不同。在中国文化中,龙是一种没有翅膀、神通广大、颜值颇高、为人排忧解难、受人尊敬的动物。"龙"代表着尊严、威望,象征着财富、成功、吉祥、顺利,中国人甚至称自己是龙的传人。在中国文化中,带有"龙"的词语往往都是褒义词,如"龙马精神""龙腾虎跃""望子成龙""龙凤呈祥"等。在跨文化的商务交际活动中,一些工业品营销人员会自称自己是龙的传人,寓意此次商务谈判能够像"龙"一样吉祥顺利,但是,在西方人眼里,这句话则可能有"我很强势、很恶毒,跟我做生意你可得小心点了"的意思。

(3) 其他动物。还有一些动物在不同文化中的内涵意义差别巨大。举例来说,猫头鹰在西方文化中往往代表着智慧;在动画片中,猫头鹰的形象往往是一位智者。而在中国文化中,猫头鹰往往意味着死亡,因为猫头鹰在深夜的叫声容易让人毛骨悚然。在西方文化中,蝙蝠意味着死亡;而在中国文化中,蝙蝠是一个相对吉祥的动物,因为蝙蝠的"蝠"和"福"是同音字。在日本文化中,牛往往意味着蠢笨、懒惰;而在印度文化中,牛意味着神明;在中国文化中,牛则意味着勤奋、朴实、奉献,正如鲁迅所说的"俯首甘为孺子牛"。在美国文化中,海狸意味着勤劳;而在中国文化中,海狸并没有太多内涵意义。

工业品营销人员需要对动物词的内涵意义有所了解,在进行跨文化的商务交际时选择合适的动物词进行比喻。

## 四、敬语和谦辞

在很多文化中,称呼他人时都会用到敬语。举例来说,法语中的"vous",西班牙语中的"usted",汉语中的"您""阁下""令尊""令堂"等都是"你"的敬语,但是,英语中就只有"you"而没有敬语了。

不同文化使用敬语的场合也不一样。在一些西方国家,使用敬语时,往往会考虑说话者双方的亲疏距离,而并不考虑双方的地位、年龄等差异。在一些西方国家,领导和下属初次见面时,为了表示尊敬,彼此都会用"您"进行称呼。而在中国文化中,"您"的使用场合需要考虑彼此的辈分、年龄、职位等,而较少考虑亲疏关系。下属称呼领导时用"您",上级称呼下级时往往只用"你",哪怕领导的年龄比下属的年龄还要小。有些时候,有些下级会认为自己与领导的关系较为亲近,因此称呼"你"即可,但这其实并不太合适。在韩国和日本,使用敬语的要求比中国更为复杂,以更好地体现说话者对听话者的尊重。

在中国文化里,自谦也是非常重要的。很多时候,我们不会用"我",而会用"在下"这一谦辞来指代自己;同时,自己的父亲用"家父"、自己的母亲用"家母"、自己的老婆用"贱内"、自己的房屋用"寒舍"、自己写的文章用"拙著"、自己的儿子用"犬子"、自己的女儿用"小女"等谦辞来进行称呼。而在西方文化中,很少使用谦辞。中国人在受到夸奖时容易自谦,这在西方人看来是难以理解的。举例来说,美国人夸中国同事今天穿的衣服真好看,中国同事哪怕内心笑出了花,嘴上往往也会谦虚地说"网上随便淘来的,很便宜,大路货,不好看",这会让美国人产生疑问:"你要是觉得不好看,那为什么还要穿呢?"此时,中国同事不妨直接回答"谢谢,我也觉得很好看"。

综上所述,在跨文化的商务交际中,敬语和谦辞的使用难度相对较低,工业品营销人员在进行商务活动之前,对对方使用敬语和谦辞的使用情况进行了解后,便可以高效地开展商务交际活动了。需要注意的是,敬语和谦辞的使用方式需要根据对方的文化背景作灵活调整。

## 五、禁忌语和委婉语

每一种文化都有一些相对较为禁忌的用词。为了表达相关禁忌的含义,不同的文化产生了不同的委婉语。了解相关禁忌语和委婉语,可以让工业品营销人员更好地理解不同文化的价值构成与思考逻辑,进而更好地进行跨文化的商务交际。接下来,我们将介绍几个需要重点关注的禁忌语,以及不同文化中,替代该禁忌语的委婉语。

(1) 老。在西方文化中,"老"往往是禁忌语。以美国文化为例,美国文化崇尚年轻、活力,因此,形容对方"老"是很不尊重他人的行为。在英语中,我们形容年老的客户最好不要使用"old person",而使用"senior person"。但是,在中国文化中,"老"这个词并不是一个禁忌语,相反,"老"是值得尊敬的。中国文化中一直强调要"尊老",与"老"相关的词语也多具有正面含义,如"老马识途""老当益壮""老骥伏枥"等。当我们说一个人"老"时,往往潜在地表达出"他的人生经历更为丰富""过的桥比我走的路都要多"的含义;我们称呼他人为"老张""老王"时,能够表示一种亲近的关系;而称呼他人为"张老""王老"时,更是对他人地位的一种肯定。

(2) 胖。在西方文化里,"胖"是一个禁忌词,人们往往会避免使用"fat"这个词来直接形容对方。描述别人"胖",往往意味着这个人较为慵懒,身材管理能力欠缺,因此,需要尽量避免。如果确实需要形容一个人胖,西方文化中会使用体重较大(overweight)等委婉语进行表达。但是,在中国文化中,"胖"并不是一个禁忌语。人们在见面寒暄时往往会说"哎呀你怎么又胖了",而另一个人也会开始抱怨"是的呀,最近吃太多了,嘴巴没有控制住",并以此拉近关系。使用"胖"这个词来互相问候时,人们往往会觉得关系更加密切了,并没有感受到太多冒犯。另外,形容客户的孩子很"胖",反而是一个褒义的表达。比如我们经常会说"你家是个大胖小子""瞧你把孩子养得胖乎乎的",这些话其实都是在夸奖对方孩子身体强壮、健康可爱。

(3) 疾病。在众多文化中,疾病往往是比较忌讳的,需要使用委婉语来表达具体的某种疾病。举例来说,在英国和美国文化中,人们会使用缩写字母来地表达某种疾病,如使用"Big C"来委婉地表示癌症,使用"TB"来委婉地表示肺结核病。在中国文化中,人们也会用委婉语间接地表达某种疾病,如使用"可能是个洋娃娃"来委婉地表示白化病;在医院看望病人时,人们也都会用"你这个情况"来委婉地表示"你生的病",以避免直接将"病"这个字说出口。

(4) 死亡。死亡在很多文化里也是一种忌讳,也需要用委婉语进行表达。在英语里,我们往往不会直接使用"death"这个词，而会使用一些比较委婉的表达方式，如"安息""去天堂"(rest in peace 和 go to heaven)等说法。而在中国文化中，我们会用更多的委婉语来表达死亡这个含义，如"去世""仙逝""故去""永别""牺牲""英勇就义""与某位故人重逢去了""说再见"等。

(5) 性。"性"在不同的文化中有不同的禁忌情况。在美国文化中，"性"并不是一个禁忌语，虽然人们也不会在公共场合谈论性，但是，与"性"有关的相关词汇是可以直接说出来的；在部分场合，描述一个人"性感"甚至还是一种赞扬。但是，在中国文化中，"性"这个词往往是禁忌语，人们会尽量避免在各种场合直接提到与"性"有关的词语。人们不会直接说"做爱""性生活"，而会使用"夫妻生活""睡觉""小憩""两个人住一间房"等委婉语来表达；在一些介绍国外企业的视频中，如果出现了演员"袒胸露乳"等较为裸露，但又合法的镜头时，有时候我们可能会将较为敏感的部分打上马赛克。由此可见，"性"这个词在中国具有较高的禁忌性。

对于工业品营销人员来说，在进行跨文化的商务交际时，应当注意各文化的语言禁忌及其对应的委婉语表达，要牢记不要使用对方文化中的禁忌语，避免给人留下粗鲁无知的印象。

## 第二节　跨文化的商务非语言交际

> **课前思考**
>
> 非语言交际重要吗？在商务交际时，我们是否需要两眼看着对方？我们应当同对方行贴面礼吗？OK 这个手势到底要怎么做才是正确的？

在跨文化的商务交际过程中，我们有时候需要用到非语言交际。非语言交际是指不通过语言进行的交际活动。值得注意的是，非语言交际具有互动性。也就是说，非语言交际的参与者包括了交际信息的发出者和接受者。非语言交际需要在一定的情境中产生，与语境有一定的联系。非语言交际可能是有意的行为，也可能是无意的行为。非语言交际包括多个方面，在本章，我们重点介绍体态语。体态语也被称作身体语言，包括面部表情、眼神交流、衣着打扮、身体接触、身体姿势、手势等。比较不同文化的体态语，有助于我们更好地开展跨文化的商务交际。

## 一、非语言交际的意义

在跨文化的商务交际过程中，非语言交际是不可缺少的部分。事实上，在多数跨文化的商务交际活动中，大部分信息是通过非语言交际行为进行传递的。具体而言，非语言交际具有以下重要意义。

### (一)表达真情实感

非语言交际往往能够准确地表达对话者的真实感情。一般而言，当语言交际和非语言交际同时发生时，语言交际表达的是字面内容，而非语言交际表达的是内心态度。因此，在跨文化的商务交际活动中，营销人员可以通过非语言交际来判断对方的真实动机。举例来说，工业品营销人员在向对方送出礼物时，对方出于礼貌往往会说"谢谢，这个礼物真不错"，但是，如果对方的笑容不太自然，并下意识地皱了一下眉头，那么工业品营销人员就可以从这一非语言交际行为中判断对方是否真正喜欢该礼物。

### (二)营造良好形象

非语言交际可以帮助工业品营销人员塑造良好的形象，进而更好地吸引对方。俗话说"人靠衣装马靠鞍"，工业品营销人员在进行跨文化的商务活动时，穿着得体、举止大方，往往能够给对方留下非常好的第一印象，进而获得对方的信任，更加有利于后续开展工业品市场营销活动。

### (三)强化交际效果

非语言交际可以有效地强化交际效果。一个坚定的眼神、一个肯定的手势、说到重点时微微停顿、兴致盎然时略微加快语速等，这些非语言交际行为都会对跨文化的商务交际过程起着解释、强化等作用。举例来说，在跨文化的商务交际过程中，通过微微皱眉头，可以表达出自己的疑虑；在与合作伙伴谈到关键点时，重复性地轻轻敲一下桌子，可以提醒对方"此时已经进入到关键阶段"了。

## 二、面部表情

通常情况下，一个人很难下意识地控制住自己的面部表情，因此，面部表情往往是一个人内心情感的真实流露。工业品营销人员在跨文化的商务交际活动中，可以通过观察对方的面部表情来判断对方的真实情感。我们可以发现，在有的文化中，人们的面部表情往往较为丰富，喜怒哀乐全都写在了脸上；而在一些文化中，人们的面部表情往往较少，我们甚至难以从其面部表情猜测出对方的真实感受。一般而言，在一些地中海国家、阿拉伯国家、拉美国家的文化中，人们的面部表情往往更加丰富。举例来说，在意大利、西班牙等南欧地中海国家，男性在公共场所哭泣是很自然的；阿拉伯人也会较为夸张地展现自己的内心世界。与之对应的是，在东亚国家的文化中，人们的面部表情往往相对较少。举例来说，在跨文化的商务交际过程中，中国男性的表情往往较为平静、严肃、含蓄，无论对方是在报喜还是在报忧，中国男性都会保持着默默微笑甚至不苟言笑的面部表情，而这往往会给西方人留下"中国人道行太深，难以琢磨"的印象，进而降低跨文化的商务交际有效性。

人们展现面部表情的力度与频率不同，这体现出不同文化对情感表达的态度是不一样的。东亚人认为，在商务场合能够控制住自己的感情是成熟的表现，"不以物喜，不以己悲"是每一个人都要学习的；在韩国，自己一直保持微笑，会让他人觉得自己比较浅薄无知；在中国，自己在谈判过程中一直保持微笑，可能会让他人觉得自己并没有在认真倾听，只能通过微笑来化解尴尬。另外，在东亚国家的文化中，在公共场所哭泣并不是一件好事。举例来说，在中国，"男儿有泪不轻弹"，轻易掉眼泪会让他人认为这个男性没有男子气概。

微笑是很常见的一种面部表情，但是在跨文化的商务交际过程中，微笑特别容易造成误解。一般而言，微笑表示"快乐"，是一种正面积极的面部表情，但是，在亚洲文化中，微笑有时候还伴随着一些较为负面的含义，如尴尬、害羞、抱歉、否定、拒绝等。举例来说，日本人可以用微笑来掩饰自己内心的苦楚，即使是家里的亲人过世了，主人也需要面带微笑接待前来吊唁的客人。另外，中国年轻人会用微笑来掩饰自己内心的愤怒。如果两个人争论得面红耳赤时，其中一个人给对方以微笑，那么，他可能仅仅认为对方很蠢，不想再跟这种人掰扯，因此只要微笑着看他，默默地听他谈笑风生就好了。

微笑的使用场合也体现了不同文化之间的差异。在美国，互相点头微笑是很常见的，哪怕是在纽约这种大城市，在第一次进入街边小商店时，店员也会对顾客微微一笑。但是，在东亚国家，人们往往不会对陌生人报以微笑。举例来说，如果一个男性对一个陌生女性微笑，那么则会被认为有非分之想；而年轻女性对陌生男性报以微笑，则会被认为有些轻浮。

## 三、眼神交流

眼神交流也能够表达人们的内心情感。一般而言，空洞的眼神往往意味着此次跨文化的商务交际效果较差，而真挚的眼神往往能够有效地促进此次跨文化的商务交际。但是，不同的文化有不同的眼神交流方式。在一些文化里，直接的眼神交流是礼貌且必须的，但是，在另一些文化中，这种直接的眼神交流则会被认为是冒犯和挑衅。

在西方文化中，交谈时，眼睛需要直视对方。拥有充分的眼神交流是自信、感兴趣的表现，而眼神空洞、游离，则意味着不专注、不真诚。在美国文化中，领导往往都会提醒下属，在进行人际交流时，眼睛需要直接看着对方，说话时不看着对方则意味着在说谎。在阿拉伯文化中，人们讲话时也会直视对方的眼睛，他们认为，这是对对方的一种尊敬。但是，在一些拉美国家和东亚国家，交谈时直视他人的眼睛是一种不敬，甚至是冒犯。特别是在下级对上级说话、晚辈对长辈说话的时候，下级和晚辈最好不要与对方进行直接的眼神交流，点头弯腰、认真聆听他人讲话才是正确的方式，才能表现出恭敬谦卑的态度。在中国文化中，直接的眼神交流往往会让很多人感到不适应。

眼神交流的时间长短在不同的文化中也有差异。在阿拉伯文化中，男性之间长时间进行眼神交流是非常合适的，这表明自己对对方所说的内容很感兴趣，也能够更好地理解对方的真实想法。德国人在谈话中也会一直保持眼神交流，他们认为这是诚实的表现。而在北美文化中，男性之间具有长时间的眼神交流往往意味着这两名男性之间有龙阳之好，如果只是工作关系的话，那么注视他人眼神的时间不能过长。而在日本，长时间注视他人则被视为是一种不尊敬他人的行为。

由此可见，眼神交流存在着一定的文化差异，因此，在跨文化的商务交际过程中，来自不同国家和文化的人，往往会因眼神交流产生误会。举例来说，来自西方国家或阿拉伯国家的商务代表与来自东亚国家的商务代表正在进行跨文化的商务交际活动，前者长时间注视着对方，这让后者感到不舒服，甚至误解了对方的真实意图；而后者在进行交谈时，往往回避了对方的眼神，尽量避免与对方有直接的眼神交流，这会让前者猜想"他是不是在说假话"。

那么，出现这种情况时，作为工业品营销人员，我们需要怎么解决呢？第一，我们可以提前做好心理建设，预知对方可能会有怎样的眼神交流形式，当对方真正产生这样的眼神交流时，我们便不会感到诧异。第二，我们要尝试着去习惯对方的眼神交流方式，并且用对方习惯的方式与之进行眼神交流。这并不是说，我们为了要迎合对方而放弃自己文化的特征，我们自此失去了文化自信，相反，这恰好是文化自信的一种体现。我们既能够坚守自己的文化，又能够考虑周全；想他人所想、守自己初心，这就是文化自信的一种具体体现。

## 四、衣着打扮

我们不得不承认，在跨文化的商务交际过程中，我们往往会以貌取人。我们往往会通过观察对方的衣着打扮，来推测对方的社会地位、受教育程度、人品、可靠程度等。衣着打扮得体，往往会给人留下较好的印象，进而提高工业品营销活动的有效性；而穿着邋遢、打扮不得体，则会为自己减分，甚至冒犯他人。

不同的文化会影响人们的穿衣方式。换言之，人们的穿着打扮会反映所在文化的审美观和价值观。举例来说，在西方文化中，女性穿衣较为性感，更能凸显女性身材，在商务晚宴上所穿的长裙相对而言也更为裸露，这反映了西方人较为开放、随意、自我的价值观；而在部分伊斯兰国家，女性需要穿长袍、戴面纱，即使在商务场合，也要避免将自己的身体暴露在外，这与伊斯兰国家的宗教信仰具有一定关系。

工业品营销人员的衣着应当庄重大方，这在世界各地都是普遍认同的，但是，怎么样才算"庄重大方"，不同的文化却有不一样的标准。在一些东亚国家(如日本、韩国等)，工业品营销人员的着装都比较正式，即使是男性往往也会穿修身款式的西服。在这些国家，人们普遍认为，自己穿着得体大方是对他人的一种尊敬。但是，在美国文化中，商务着装相对比较多元，有的营销人员往往会穿着相对较为宽松的衬衫，这首先是因为美国人普遍较胖，其次也体现了美国文化追求随意的价值观。而在中国，工业品营销人员的着装往往较为随意，在一些场合我们甚至可以看到男性夏天穿POLO衫、秋天穿黑色夹克衫、冬天穿羽绒服进行商务活动。来自日本、韩国的客户往往会觉得中国的工业品营销人员穿着过于随便，而美国的客户则相对更为包容，对中国工业品营销人员的穿着没有太多的抱怨(毕竟美国客户可能穿得比中国的营销人员更随意)。

个人卫生习惯也容易在跨文化的商务交际过程中产生误解。一个人是否每天洗澡换衣服、什么时候洗澡换内衣裤等，虽然与个人生活习惯有关，但也从一定层面上反映了某种文化的价值观。西方人往往每天都要洗澡、换内衣裤，且洗澡往往安排在早上起床后，这与他们的身体特征有一定的关系，同时也是他们追求变化、突出个性价值观的体现。然而，很多中国人并不会每天洗澡(有人认为天天洗澡会导致皮肤干燥)，也不会每天更换衣服(有人认为自己身上又没味道，而且衣服还干净着呢，没有必要换干净衣物)，更不会在早上起床后洗澡(有人认为一定要在晚上睡觉前洗干净了才能上床)。其实，中国人这么做是有一定文化背景的。中国文化往往更加重视个人的内敛、含蓄，强调个人的内在美德。如果一个人(特别是男性)每天都要换衣服，那么这个人可能会给他人留下"浅薄""炫耀""穷讲究"等坏印象。但是，在跨文化的商务交际场合中，有时候中国人会连续几天穿同一件衣服，这容易给外国人留下"邋里邋遢""不修边幅"等负面印象。

首饰的佩戴也体现了文化差异。在西方文化中，女性往往会佩戴首饰，且首饰与服装的搭配要合适；同时，对配饰的款式要求要高于品质要求。西方人往往认为，配饰的主要目的是与整体的服饰搭配保持协调，同时还能够突出自己的个性。另外，在多数西方国家，已婚男女往往都会佩戴婚戒，一是表明自己对婚姻的忠诚；二是避免在社交活动中产生误会。然而，在中国文化中，女性佩戴首饰的普遍程度往往不如西方，而且如果要佩戴首饰的话，中国女性对配饰品质的要求往往会高于款式的要求(先别管好看不好看，是个大牌、价钱高就行了)。另外，多数已婚人士不会佩戴婚戒，特别是男性。在中国文化中，男性佩戴婚戒并不是一个好的现象,这会给人留下"张扬跋扈"的印象。因此,工业品营销人员需要注意到中外文化在配饰佩戴方面存在的差异,避免在跨文化的商务交际过程中产生误会。

化妆也体现了文化差异。在西方的很多国家,女性往往都要化妆,而且妆容会画得比较重,她们认为,化妆一方面有助于增加自己的自信心;另一方面也体现了对他人的尊重。但是,在中国职场(特别是工业品领域),每天都要精致化妆才可出门的女性相对较少,且如果要化妆的话,妆容一般都是淡妆。很多中国女性认为,如果今天没有重要工作内容的话,每天化妆浪费时间,没有必要,素面朝天、自己舒服才是最重要的,没有必要化妆去讨好其他人。如果在职场上出现了画烟熏妆的女性,那么很多人都会认为她过于妖艳、不够稳重、难堪大任。

在非语言交际过程中,衣着打扮是一种非常重要的身体语言,能够有效提升跨文化的商务交际质量,因此,工业品营销人员在与外国客户打交道时,更需要注意自身形象,为他人留下良好印象。具体而言,工业品营销人员需要注意以下几点。第一,应当避免穿着过于紧身、暴露、无袖、透明的衣服,男性还应当避免穿T恤和短裤。通过着装保持职业性是非常必要的。第二,穿着打扮要符合场合的需求,正式宴会需要着装正式,而商务休闲场合则可以穿POLO衫等相对较为非正式的衣服。第三,注意个人卫生,勤洗澡、勤换衣服,男性最好能够每天洗头,保持清洁干爽,塑造良好形象。第四,女性应当根据具体场合的需求,佩戴适当的配饰,并保持恰当的妆容,以增加个人自信。需要注意的是,过分花哨的配饰和过浓的装扮都需要注意避免。

## 五、身体接触

在跨文化的商务交际过程中,人们可以通过身体接触传达一些信息。在不同文化之间,身体接触的形式、所表达的情感差异巨大,非常容易出现误解,因此,工业品营销人员需要特别注意。

有学者将世界上的文化分为低接触型文化和高接触型文化。低接触型文化是指人们尽量避免身体接触的文化;而高接触型文化是指人们不抵触,甚至愿意通过身体接触的方式传达信息、交流感情的文化。举例来说,东亚文化属于低接触型文化,在中国人们见面时往往只会握手,而不会拥抱亲吻,男女之间更是会保持一定的距离,避免"男女授受不亲"。而阿拉伯文化、拉美文化、地中海文化等都属于高接触型文化,在这种文化背景下,人们往往愿意接受拥抱、亲吻面颊等非语言行为。

在跨文化的商务交际活动中,握手是非常实用的一种身体接触方式。但是,在不同的文化背景下,握手也存在着差异。在西方文化中,握手往往只需要用一只手,而且双方紧紧握住后便会马上松开。但是,在中国文化中,人们会一边握手一边聊天,握手有时候能够持续好几分钟。同时,下级为了表达热情与尊敬,还会用两只手同时去与上级握手,且握手的时间也较长。

用手抚摸或传递物品时,不同文化之间存在着差异。在东南亚等一些信奉佛教的国家里,用手去摸别人的头会被视为不当行为,人们普遍认为,触摸别人的头会给他人带来厄运。在伊斯兰国家,左手是不干净的,因此递送或接受物品时只能用右手。但是,在东亚文化里,递给别人东西、接受别人递来的东西时,都需要双手递送或接收,不能只使用一只手,使用一只手传递物品会被认为缺乏涵养与家教。另外,在西方文化中,同性之间保持身体接触往往会被认为这两个人之间有超越普通友谊的关系。但是，在中国文化中，同性之间互相拉着手、勾搂着肩膀都是相当正常的，中国女性经常手拉着手一起逛街，男性经常互相搭着肩膀一起走向篮球场，这在中国文化中常常被视为亲密、友爱的象征。这些行为在西方文化中是很难被理解的。

拥抱和亲吻是非常容易引起误解的。在地中海国家，贴面礼往往适用于女性之间或异性之间，男性之间较少使用贴面礼；在美国文化中，拥抱和贴面礼往往只发生在熟悉的朋友之间；在阿拉伯文化中，贴面礼往往只适用于男性之间，女性之间、异性之间不常用；而在东亚国家，贴面礼是非常少见且往往难以被接受。

有人会问了，面对如此复杂的情况，作为工业品营销人员，该怎么办呢？有以下几种解决办法可供参考：第一，在进行跨文化的商务交际前，工业品营销人员可以提前在网上搜索相关信息进行自学；第二，可以找相关的专业老师、专家学者、具有相关生活或工作经验的前辈等进行请教；第三，可以"做中学"，如果真的在跨文化的商务交际过程中出了差错，则大可哈哈一笑，自嘲"原来我们文化真不一样呀"，以缓解尴尬。

## 六、身体姿势

身体姿势包括站、坐、蹲等。在跨文化的商务交际过程中，工业品市场营销人员可以根据对方的身体姿势来推测对方的性格、素养、价值观，进而采取不同的营销策略。但是，身体姿势也因文化不同而有所差异，因此，工业品营销人员在通过身体姿势判断对方时，需要考虑到文化差异。

在站立时，有些文化会强调卑躬屈膝、弯腰俯身，但是有些文化则会强调腰板挺直。举例来说，日本人在见面时会鞠躬，这不仅是表达问候，还能体现出彼此之间社会地位的区别。鞠躬姿势越低，意味着彼此之间越尊重。在日本文化中，地位低的人要先鞠躬，而且鞠躬幅度要比对方更大，鞠躬时间要更长。如果两者的地位一样，那么鞠躬的幅度和时长也应当一样。但是，日本人的鞠躬文化，在世界上的很多国家并不十分适用。比如，刚接触日本客户的中国营销人员往往会对他们的点头哈腰不甚习惯。在西方文化中，站姿相对较为随意。举例来说，一个美国人在做大型演讲时，往往会拿着话筒离开演讲台，到台下与观众互动，甚至会倚靠或坐在讲台上进行演讲。而在中国，演讲者往往笔直地站在演讲台边认真演讲，寸步不离讲台，极少会倚靠甚至坐在讲台上，随意走动、下场与台下观众进行互动的机会往往也很少。演讲者主动下台与观众交流互动，有时候会被认为是不正经、随意的表现。

坐姿的差异也体现出了文化的不同。在大多数文化中，人们往往会坐在椅子上进行沟通交流，而阿拉伯人则会坐在地上进行交谈，日本人会坐在榻榻米上进行交谈。另外，西方人的坐姿相对较为随便，在中国人看来就是坐得"东倒西歪""坐没坐相"。在东亚的日本文化和韩国文化里，男性常常盘腿而坐，而女性往往会跪着坐。但是，虽同在东亚，在中国文化里，人们不习惯跪坐，而更习惯坐在椅子上进行沟通交流。

下蹲这个姿势也体现出了文化之间的差异。在西方文化中，下蹲并不是一个十分文明的动作，在西方人看来，下蹲较为粗鲁，因此西方人在中国往往不习惯使用蹲厕。但是，在中国，下蹲这一动作非常常见。人们逛街走累了，往往会蹲着休息一会儿；在农村，人们也经常蹲着聊天，甚至是吃饭；中国的航空公司也要求空乘在对机上儿童乘客进行服务时，保持单膝下蹲的状态。在此需要强调的是，下蹲这个姿势本身并不存在优雅粗鲁之分，只存在着文化不同所带来的认知差异。

## 七、手势

很多手势具有普遍性，但是，有一些手势在不同的文化中是具有不同的含义，在一些文化中具有积极含义的手势，在另一些文化中可能就具有消极甚至冒犯的含义了。

竖起大拇指这一个手势，在美国文化中意味着"没有问题"；在中国文化中意味着"棒""点赞"；而在阿拉伯文化中，竖起大拇指的这个手势是非常具有侮辱性的，类似于我们给对方竖中指。在跨文化的商务交际过程中，如果来自阿拉伯的客户向你竖起了大拇指，千万不要以为他是在赞扬你，事实上，他是在讽刺你。同时需要注意的是，大拇指需要向上竖起。如果大拇指向下竖立的话，在美国文化中则是"你真差"的含义。

当着对方的面，将同一只手的食指与中指交叉相叠，这个手势在西方英语国家往往表示"祝你好运""为你祈福"，在中国文化中可以表示数字十。但是，这个手势在斯里兰卡文化中并不是一个很好的手势，它表示"邪恶"。值得注意的是，这个手势是要当着对方的面做的，如果是放在自己身后做这个手势，则意味着"我现在说的话是假话，上天可千万别惩罚我"的意思。

大拇指和食指围绕成一个圆圈，且另外三根手指竖立的手势，在美国和中国文化中表示"OK""没问题"等意思，在日本表示"钱"。但是，这个手势的变体在韩国却具有一定的负面含义。大拇指和食指不完全贴在一起，两个手指之间保持一定的距离，呈现"C"的形状，这个手势旨在嘲笑韩国男性在性能力方面的欠缺。因此，面对韩国客户时，需要注意避免使用该手势。另外，在美国，三根竖立的手指需要向上，如果三根手指向下的话，则该手势并不表示"好的"，而表示"白人至上"的意思，这在美国是非常严重的基本政治立场问题。因此，在跨文化的商务交际过程中，工业品营销人员切忌对美国客户比画"倒立的OK"手势。

将食指和中指竖立起来比V的手势非常常见，一般而言，这个手势表示"胜利""和平"的意思，具有较为积极的意义。但是，需要注意的是，这个手势的手心应当向外、手背向内，如果该手势的手背向外、手心向内，在英国、新西兰、澳大利亚等国家，则会被理解为"滚蛋""看不起你"等含义。

## 📚 本章小结

1. 颜色词的内涵意义在不同的文化中存在着差异。在跨文化的商务交际过程中，工业品营销人员需要根据对方的文化背景，使用恰当的颜色词。需要注意的是，最好不要使用肤色描述一个人，因为这会有"种族歧视"的嫌疑，虽然在中国文化背景下，通过描述一个人的肤色来说明一个人是相当常见的。

2. 在不同的文化里，数字词具有不同的内涵意义。在跨文化的商务交际过程中，工业品营销人员需要注意相关数字的适当选择与使用。如果要宴请来自英国的宾客，那么相关会议和晚会应当避免在十三号举办；在有日本人参加的晚宴上，在祝酒时，应当避免使用与数字九有关的词语；在帮美国客户订酒店时，可以优先选择七楼的房间。

3. 在不同的文化中，不同的动物具有不同的象征意义。因此，在进行跨文化的商务交际时，如果提到了动物，我们需要意识到，这个动物在对方文化背景下所蕴含的其他意义。在西方文化中，"狗"的含义往往是褒义的；但是，在较为传统的中国文化中，"狗"的内涵意义往往较为负面。在西方文化中，"龙"是一个贬义词；但是，在中国文化中，龙的含义却截然不同。

4. 在跨文化的商务交际中，敬语和谦辞的使用难度相对较低，工业品营销人员在进行商务活动之前，对对方使用敬语和谦辞的使用情况进行了解后，便可以高效地开展商务交际活动了。需要注意的是，敬语和谦辞的使用方式需要根据对方的文化背景作灵活调整。

5. 每一种文化都有一些相对较为禁忌的用词。为了表达相关禁忌的含义，不同的文化产生了不同的委婉语。了解相关禁忌语和委婉语，可以让工业品营销人员更好地理解不同文化的价值构成与思考逻辑，进而更好地进行跨文化的商务交际。

6. 在跨文化的商务交际过程中，非语言交际是不可缺少的部分。事实上，在多数跨文化的商务交际活动中，大部分信息是通过非语言交际行为进行传递的。具体而言，非语言交际具有表达真情实感、营造良好形象、强化交际效果等重要意义。

7. 面部表情往往是一个人内心情感的真实流露。工业品营销人员在跨文化的商务交际活动中，可以通过观察对方的面部表情来判断对方的真实情感。人们展现面部表情的力度与频率不同，这体现出不同文化对情感表达的态度是不一样的。

8. 眼神交流也能够表达人们的内心情感。一般而言，空洞的眼神往往意味着此次跨文化的商务交际效果较差，而真挚的眼神往往能够有效地促进此次跨文化的商务交际。但是，不同的文化有不同的眼神交流方式。在一些文化里，直接的眼神交流是礼貌且必须的，但是，在另一些文化中，这种直接的眼神交流则会被认为是冒犯和挑衅。

9. 我们往往会通过观察对方的衣着打扮，来推测对方的社会地位、受教育程度、人品、可靠程度等。衣着打扮得体，往往会给人留下较好的印象，进而提高工业品营销活动的有效性。在跨文化的商务交际过程中，工业品营销人员需要注意穿衣方式与风格、个人卫生习惯、首饰佩戴、化妆风格等。

10. 在跨文化的商务交际过程中，人们可以通过身体接触传达一些信息。在不同文化之间，身体接触的形式、所表达的情感差异巨大，非常容易出现误解，因此，工业品营销人员需要在握手、抚摸、传递物品、拥抱、亲吻等方面特别注意。

11. 身体姿势包括站、坐、蹲等。在跨文化的商务交际过程中，工业品市场营销人员可以根据对方的身体姿势来推测对方的性格、素养、价值观，进而采取不同的营销策略。但是，身体姿势也因文化不同而有所差异，因此，工业品营销人员在通过身体姿势判断对方时，需要考虑到文化差异。

12. 很多手势具有普遍性，但是，有一些手势在不同的文化中是具有不同含义的，在一些文化中具有积极含义的手势，在另一些文化中可能就具有消极甚至冒犯的含义了。工业品营销人员需要了解不同手势在不同文化中的差异。

**练习与思考**

一、名词解释
1. 委婉语
2. 禁忌语
3. 非语言交际
4. 体态语
5. 高接触型文化
6. 低接触型文化

二、简答题
1. 白色在日本文化和中国文化中分别具有什么内涵意义？
2. 假如你现在要接待来自美国的客户，需要避免使用哪些数字？
3. 列举中国文化中具有积极内涵意义，但在其他文化中具有消极内涵意义的动物词。
4. 中国文化中，我们可以使用哪些委婉语来代替"死"这一禁忌语？
5. 跨文化的商务交际中，非语言交际具有什么意义？
6. 当眼神交流存在文化差异时，工业品营销人员可以怎么做以减少文化差异？
7. 在佩戴首饰方面，中国文化与欧洲文化有什么差异？
8. 当身体接触存在文化差异时，工业品营销人员可以怎么做以减少文化差异？

三、单选题
1. 日本文化中，以下数字不太吉利的是（    ）。
   A. 八                 B. 九
   C. 十                 D. 十三
2. 在中国文化中，以下不是谦辞的是（    ）。
   A. 家父               B. 小女
   C. 贱内               D. 令堂
3. 以下说法中错误的是（    ）。
   A. 在西方文化中，交谈时眼睛往往需要直视对方
   B. 眼神交流的时间长短在不同的文化中存在着差异
   C. 在日本文化中，交谈时眼睛最好不要直视对方
   D. 德国人在谈话中不会保持眼神交流
4. 以下说法中错误的是（    ）。
   A. 在西方文化中，配饰的主要目的是与整体的服饰搭配保持协调
   B. 在西方文化中，已婚男女往往都会佩戴婚戒
   C. 在西方文化中，配饰要能够突出自己的个性
   D. 在西方文化中，对配饰品质的要求往往会高于款式的要求

5. 在中国文化中,以下行为容易被接受的是( )。
   A. 一边握手一边聊天　　　　　B. 一只手传递物品
   C. 学生称呼老师为"你"　　　　D. 行贴面礼

## 四、多选题

1. 以下描述中,在跨文化的商务交际中不太合适的是( )。
   A. 黑哥哥　　　B. 白妹妹　　　C. 肥仔　　　D. 傻狗
2. 以下语言中会有敬语"您"的是( )。
   A. 法语　　　B. 西班牙语　　　C. 英语　　　D. 汉语
3. 以下说法中正确的是( )。
   A. 在一些文化中,人们的面部表情往往较少
   B. 在跨文化的商务交际过程中,微笑有时容易造成误解
   C. 在中国文化中,有时候人们会用微笑掩饰内心的愤怒
   D. 微笑的使用场合体现了不同文化之间的差异
4. 在中国文化中,以下做法可以被接受的是( )。
   A. 在路边蹲着休息　　　　　B. 在树下蹲着聊天
   C. 向上竖起大拇指　　　　　D. 向上竖起中指
5. 以下说法中正确的是( )。
   A. 在日本文化中,人们可以坐在榻榻米上进行交谈
   B. 在德国文化中,地位低的人要先鞠躬
   C. 在法国文化中,男性之间较多使用贴面礼
   D. 在中国文化中,传递物品最好使用双手传递

 **微课视频**

扫一扫,获取本章相关微课视频。

11.1 跨文化的商务语言交际(1)　　11.1 跨文化的商务语言交际(2)　　11.1 跨文化的商务语言交际(3)

11.2 跨文化的商务非语言交际(1)　　11.2 跨文化的商务非语言交际(2)　　11.2 跨文化的商务非语言交际(3)　　11.2 跨文化的商务非语言交际(4)

# 第十二章　商务礼仪

【本章提要】

　　仪表是指一个人的外表，包括了一个人的容貌、表情、姿态、服饰等多个方面。注意个人卫生，不单单是指勤洗澡、勤刷牙等日常内务，还指在个人仪容仪表方面的修饰，包括但不限于腋毛、体味、鼻毛、胡须、指甲等方面。对于工业品市场营销人员的发型来说，保持整洁、美观、端庄、职业即可，不需要过分前卫或过分时尚。商务妆容的整体风格应当端庄、职业、淡雅，妆容的颜色应当和服装、鞋帽等整体颜色相协调。商务场合的着装需要保持正式，总体应保持端庄、大方、稳重、得体、专业。仪态是指一个人的姿势、动作和举止，在商务活动中起到了举足轻重的作用。站立的时候，我们一般要保持头正、颈直、双肩放松、身体挺直、收腹提臀、膝盖挺直、自然轻松；落座时应当给人以大方、自然、庄重、端正的感受；下蹲可以采用军队蹲姿，切忌直接弯腰撅屁股；与人交谈时手势要简练，动作不能过多，也不宜过大；鼓掌应当做到恰到好处，不要鼓倒掌，不要通过掌声嘲笑、讽刺他人。人际距离分为亲密距离、个人距离、社交距离、公共距离，不同场合中，需要保持不同的距离。进出电梯、上下楼梯、进出门、上下车需要遵循一定的商务礼仪。在商务场合中，无论是接收还是递送物品，都应当保持双手拿取物品。中餐的宴请活动往往会使用到圆桌，圆桌的座次体现了尊卑之分。我们可以采取"以正门定位""以远为上位""以主为先、以右为尊"等原则。使用筷子、汤匙、餐盘、碗等，需要注意使用礼仪；劝菜、取菜、用餐、倒茶等也需要注意相关礼仪。

【学习目标】

1. 熟悉并掌握工业品营销活动中需要注意的仪表礼仪。
2. 熟悉并掌握工业品营销活动中需要注意的仪态礼仪。
3. 熟悉并掌握工业品营销活动中需要注意的中餐就餐礼仪。
4. 构建具有中国特色社会主义的文化自信观念。

### 开篇案例与思考

　　国家发展改革委举办了一场"走进部委——政府工作人员公务礼仪讲堂"活动。本场活动邀请了国家发展改革委相关各司、财政部和国土资源部相关司局 50 余位工作人员参会，其中司局长约 30 人。

活动中，知名着装搭配及评论家、特邀服装搭配指导在讲堂中围绕服装与环境、色彩搭配，讲解了政府部门工作人员着装礼仪、政务活动礼仪、会议礼仪、宴请礼仪等。在讲堂现场，模特展示了各种礼仪活动的推荐着装，同时邀请活动现场人员根据不同场合挑选着装搭配，由服装搭配师现场点评。本次活动受到了国家发改委同志的欢迎，现场气氛轻松活跃，在活动结束后，仍有部分人员留在会场与讲师交流服装搭配心得，并称赞此次活动对提升公务员个人素质、提升发改委工作人员形象有很大帮助。

"走进部委——政府工作人员公务礼仪讲堂"活动主要针对国家部委工作人员，旨在通过公务礼仪讲堂的形式，为政府工作人员提供公务礼仪咨询服务，提升政府工作人员形象满意度。本次活动的主讲人为社会知名礼仪专家、教授或设计师。

(资料来源：人民网．新华网公务礼仪讲堂活动在发展改革委成功举办．2012-07-03，http://politics.people.com.cn/n/2012/0703/c70731-18432854.html．)

问题分析：
1. 国家政府工作人员为什么要进行公务礼仪培训？学习相关礼仪有什么好处？
2. 公务礼仪与商务礼仪在哪些方面具有相似性和一致性？
3. 在中国，商务礼仪有哪些与国外商务礼仪不一样的特点？
请结合本章的后续知识点深入思考。

## 第一节 仪表礼仪

**课前思考**

> 什么是个人仪表？个人仪表包括哪些方面？工业品营销人员的发型、妆容、着装需要注意哪些方面？

仪表是指一个人的外表，包括一个人的容貌、表情、姿态、服饰等多个方面。在工业品营销活动中，营销人员的仪表往往容易引起采购者的特别关注，进而影响到对营销人员自身及产品或服务的整体评价。同时，注意仪表礼仪也是营销人员尊重对方的需要，是讲究礼貌礼节的具体体现。仪表是一个人外在形象与内在气质的结合，仪表对营销人员的形象起着自我标识、包装外表的作用。换言之，包括仪容、姿态、表情等因素在内的仪表，是营销人员外在美的体现，并且这种外在美能够反映出营销人员的精神气质、思想修养、审美水平等内在美。

在工业品营销活动中，仪表对于营销人员的作用相当大。在人际交往的过程中，人们会很重视与陌生人第一次见面后所形成的直观感受，这种感受甚至能够直接决定人际交往是否能够顺利、高效地继续下去。总而言之，良好的仪表不仅可以提升自己的内在美和外在美，还可以给他人留下深刻的良好印象，更可以为后续的人际交往和营销活动打下坚实牢固的基础。

接下来我们从个人容貌与个人着装两个方面进行重点介绍。

# 一、个人容貌

## (一)个人卫生

注意个人卫生，不单单是指勤洗澡、勤刷牙等日常内务，还指在个人仪容仪表方面的修饰，包括但不限于腋毛、体味、鼻毛、胡须、指甲等方面。让我们具体来看一下，在工业品营销的社交场合中，具体需要注意哪些方面。

关于头发的个人卫生需要注意，不能有异味，不能有头皮屑，不能油腻结绺。一些头发较长的营销人员会认为每天洗头发比较麻烦，因此选择间隔几天洗一次头，这在夏天很容易出油、产生异味，而这些都不利于良好个人容貌的形成。

关于牙齿的个人卫生需要注意，最好保持餐后漱口，避免牙齿上附着菜叶等异物。有条件的话，可以在餐后使用漱口水，以保持口气清新。另外，在进行语言交谈或出席社交场合前，尽量避免食用具有强烈气味的食品，如大蒜、臭豆腐、韭菜、大肠、榴莲等。

关于体毛(如鼻毛、胡须、腋毛等)的个人卫生需要注意，在出席社交场合前，最好对其进行适当修剪，保持相关部位的整洁、清爽，避免体毛直接露出表面。有男性认为，留胡须比较好看，是男性雄风的展现。其实有研究表明，在大部分工作场合中，多数人认为男性没有胡须看起来更阳光、更清爽、更值得信赖，而留有较长胡须的男性看起来则更颓废、没有专业性。女性还需注意，在夏季，出席社交场合前，如果需要穿无袖装，最好提前对腋毛进行修剪。

关于指甲的个人卫生需要注意，首先要勤剪指甲，避免指甲过长；其次要避免指甲缝里藏污纳垢。在出席社交场合时，女性最好选择颜色较淡的指甲油，避免选择颜色过于鲜艳的指甲油。如果指甲油出现了脱落的情况，最好能够提前进行处理。

关于体味需要注意，保持勤洗澡、勤换衣物，避免产生过浓的体味。需要特别注意的是，内衣、内裤、袜子也需要经常更换，有条件的话，最好一日一换。很多人会认为，只要经常更换外衣便不会产生体味了，但是，很多看不见的地方往往更容易产生异味，因此需要勤换内衣内裤。

## (二)发型

对于工业品市场营销人员来说，发型保持整洁、美观、端庄、职业即可，不需要过分前卫或过分时尚。"杀马特"发型在绝大多数行业都是需要极力避免的。如果对发型没有深入学习过，也不会做发型，那么，保持清爽、干净是最简单的一种办法。

对于男性来说，前面头发不过分遮挡住额头，甚至可以露出额头，侧面不遮住耳朵，后面不遮住衣领即可。如果对自己的长相和发型审美没有过多自信，那么，选择"短寸发型"不失为一种稳妥的选择。男性留长发，在绝大部分工业品领域容易被认为是懒散、叛逆、不专业的表现。当然，如果是与艺术有关的工业品行业，那么留长发往往是可以被接受的。另外需要注意的是，在绝大部分工业品营销领域中，男性最好不要留胡须。

对于女性来说，过于华丽的头饰应当尽量避免。自然、简约、低调的发饰，往往会在工业品营销领域为自己增色。发型最好具有一定的职业性，过于可爱、耀眼、卡通的方式并不一定适用于绝大多数工业品领域。如果头发过长到背部，那么最好在工作场合将其盘起。盘发的款式多样，但也应当以职业性为第一考量要素。

无论是什么样的发型，最基本的要求就是干净、整齐、不油腻。头发较长的营销人员可以随身携带一把小梳子备用，但是整理头发应当在洗手间进行。

### (三)妆容

面部仪容对于促进工业品营销活动的成功具有重要作用。进行化妆前需要对自己的肤质进行判断。人的肤质往往可以分为油性、中性、干性、混合性等四种类型，在了解自己的肤质之后，再选用合适的化妆品即可。有人认为自然美才是最美，不用甚至不应当化妆，但是在工业品营销等商务场合，吸引人的妆容可以有效提升自己的自信心，同时也是对他人的一种尊敬。另外，也有人认为，男性如果化妆则会显得太"娘"，因此男性不应该化妆。实则不然。人无完人，男性也可以通过一些适当化妆的手段提升自己的吸引力。当然，无论是男性还是女性都需要注意，在工作场合中应当化淡妆，而不是浓妆。

需要再次强调的是，商务妆容的目的是改善自己的形象，提高商务活动的有效性。妆容的整体风格应当端庄、职业、淡雅。妆容的颜色应当和服装、鞋帽等整体颜色相协调。过于华丽、浓艳、时尚、前卫的妆容都应当尽力避免。

## 二、个人着装

### (一)男性职场着装

俗话说"人靠衣装"，商务场合的着装不仅代表自己的形象，还代表了企业的形象。通过着装给对方留下良好的第一印象，往往能够为之后工作的顺利开展起着非常重要的作用。让我们想象一下，如果你见到一位销售人员，他的西装大了半码，裤腿也非常皱，显得拖拖拉拉、精气神不足，衬衫领口微微泛着油光，你会觉得这个销售人员可靠吗？你会觉得他所销售的产品或服务值得信赖吗？所以，商务场合的着装相当重要，不可忽视。

总体而言，商务场合的着装需要保持正式，过分性感、时尚、休闲的服装在大多数工业品营销场合并不合适。着装总体应保持端庄、大方、稳重、得体、专业，切忌衣着过分鲜艳、杂乱、暴露、透视、短小、紧身、可爱、卡通。

首先，我们来看一下男士的着装要点。在正式场合中，男士应当穿着西服套装，上下身的面料相同，颜色保持一致。纯黑色的西服往往使用在极其隆重的场合，藏蓝、深蓝、深灰色往往是正式场合中较为常用的颜色。西装里面搭配的衬衫可以是不同颜色，这也是显示出一个人品味的地方。但是，衬衫的颜色选取是有讲究的，过分鲜艳、明亮的颜色，在大多数场合中并不是非常适用。浅蓝色、浅灰色等颜色，或蓝白相间、灰白相间等颜色往往比较合适，但是需要注意，所搭配的领带颜色往往也要与所穿衬衫的颜色为同色系。如果感到衬衫的颜色搭配有一定难度，那么，选择纯白衬衫或白色配其他颜色细条纹的衬衫是最为简单与稳妥的。需要注意的是，衬衫要时常清洗，避免领口或袖口有污垢。

西服需要搭配得体，避免过大或过紧。那么，什么样的西服是过紧的呢？当你扣上西服的纽扣时，西服的前面会出现褶皱(一般呈现 X 型，且在纽扣处交叉)，那么这件衬衫就比较小了；相反，如果你穿上这件西装，肩部感觉比较宽，甚至有塌陷的情况发生，或者背部的空间比较多，那么这件西服就比较大了。一些西服在刚买来时袖口处会有商标，请务必记得将商标剪掉后再穿。

西服有若干纽扣。请注意，人们往往不会扣住最下方的那颗纽扣。在落座时，最好将所有的纽扣解开，这样就不会使西服出现褶皱了。西服上的有些纽扣是假扣，主要起到装饰作用，请不要将这些纽扣剪开或解开。

西服的领型分为宽领和窄领。一般来说，宽领显得更为正式，窄领显得更为青春。年轻人可以选择窄领的西服。

领带分为宽领带和窄领带。宽领带较为正式，而窄领带会更显活泼。初入职场的年轻男性可以主要选择窄领带。领带的颜色最好与衬衫的颜色相搭配，领带与衬衫最好为同色系。穿着西装时，往往不穿毛衣或毛背心，可以选择西装马甲，这时候，领带应该放在马甲里。天热时我们可以松开领口，拿掉领带。那么，领带多长比较合适呢？有这么一个诀窍：当我们站立时，领带底部的尖端刚好落在皮带上是最合适的。领带盖过皮带或者领带与皮带仍有一段距离的话，都不是最合适的。我们可以在第一次打领带时，多花费一点时间做好调整，这可以为之后系领带节省大量时间。

与西装搭配的衬衫一般为长袖，衬衫的领口要大小合适。很多初入职场的年轻人，由于不经常穿，甚至没有穿过正式的衬衫，扣上衬衫最上方的一颗扣子时会有卡脖子的感觉，然后就会选择买一件领口比较大的衬衫(这确实是更舒服一些)，但这在商务场合会显得不太合适。那么，怎样的领口大小算作合适呢？有以下一个诀窍：如果我们扣上领口的纽扣后，仍然能够插入两根手指，那么这个领口就是合适的。另外衬衫的袖子也应该留有足够的长度：当我们弯曲手肘时，衬衫的袖口应当比西装的袖口多露出1～2厘米。

西裤的长度也需要注意：当我们站立时，西裤的裤脚应当自然下垂至皮鞋后鞋根的中部，切忌西裤在裤脚处留有较多褶皱。现在有很多修改裤腿的店铺，如果裤腿比较长，可以到这些店铺请裁缝进行修改。如果对西裤颜色的搭配没有太多认知，那么黑色、藏蓝色、深蓝色等颜色的裤子往往是最为稳妥的。

男士皮鞋的搭配也有讲究，最为简单的是搭配黑色皮鞋并配以黑色或藏蓝色长筒袜。那么，袜子怎样的长度算合适呢？有这么一个评判标准：当我们坐下的时候，袜子与西裤裤腿能够无缝衔接，不会露出小腿皮肤，那么这双袜子的长度就是合适的。在大多数工业品行业中，特别需要避免几个常见错误：一是白色袜子搭配黑色皮鞋；二是运动短袜搭配皮鞋；三是男士丝袜搭配皮鞋。另外，皮带的颜色最好也与皮鞋的颜色一致或相似。

穿着西服时，腰间应尽量避免挂钥匙、指甲刀等物品，口袋里也应当尽量避免放入过多的物品。如果需要放置笔记本、笔、钥匙、纸巾等众多小件物品，建议将其放入公文包中。

在商务场合中，我们可以携带至少一支质量良好的水性笔，这不仅是身份的象征，也是职业性的体现。如果需要佩戴手表，选择机械表是最为稳妥的。穿着正装时，不要将项链、吊坠等挂饰露出来。冬季穿着大衣时，可以选择灰色、驼色等中性色系的围巾，进入室内后，连同大衣或风衣等一起脱下即可。

### (二)女性职场着装

接下来我们看一下女士的着装要点。

在绝大部分工业品营销领域，女士以西服套裙的穿着最为稳妥。西服的袖长应当避免短于七分袖,同时也应当避免过长。裙摆应当避免过大,"度假风"长裙、"INS 风"网红长裙、"中国风"长裙是不适用于绝大部分商务场合的。裙长最好至膝盖左右,过短容易显得轻浮,过长显得不正式。

在搭配西服套裙时,可以搭配长筒丝袜,丝袜最好选择没有花纹的肉色或黑色丝袜,避免使用渔网丝袜。由于丝袜容易出现勾丝、破洞等问题,因此,可以随身携带一双丝袜以做备用。丝袜的袜口应当保持在裙摆里,不应当露出来,因此,短丝袜是不合适的。

搭配西服套裙的鞋子应当能够包住脚趾和脚后跟。如果在一些不过分正式的场合穿着凉鞋,应当避免穿丝袜,特别是短丝袜。

在商务场合中,女性可以穿高跟鞋,但是,高跟鞋要与整体搭配相协调。值得注意的是,如果要参观厂房、工地、农田等容易出现坑洞的地方,那么,高跟鞋鞋跟的粗细需要提前做好选择,提前备好一双平底皮鞋也是不错的办法。

最后我们说一说配饰。女性佩戴的手饰应当质量上乘、凸显个人品位。过于夸张、质量低劣的配饰往往是减分项。在绝大部分工业品商务场合,端庄简洁的耳钉、耳环是加分项,过于浮夸、时尚的耳环往往会适得其反。

# 第二节 仪态礼仪

**课前思考**

> 在工业品营销领域,营销人员怎样站立、落座、下蹲、鼓掌比较合适?与他人谈话需要保持怎样的距离?怎样进出电梯、上下楼梯、进出门、上下车、传递物品比较合适?

仪态是指一个人的姿势、动作和举止。站立、落座、蹲姿、手势、鼓掌等都属于仪态。仪态是一种无声的语言,它在商务活动中起到了举足轻重的作用。

## 一、个人仪态

### (一)站立

站立是商务社交场合中的最基本姿势之一。站立是一种静态美,良好的站姿能够显示出营销人员的良好气质与风度。

站立的时候,我们一般要保持头正、颈直、双肩放松、身体挺直、收腹提臀、膝盖挺直、自然轻松,不可弓腰驼背、眼睛左右斜视,或者两肩一高一低、双臂乱摆、双腿抖动。站立时,切记将两手放在裤袋里,或下意识地出现搓手、叉腰等动作。

男性双腿可以微微张开,并与肩保持同宽;女性可以保持双脚并拢或呈"丁"字站姿。男性手臂可以自然下垂或背于背后;女性手臂可以自然下垂,或一只手轻轻握住另一只手的四个手指,并放于腹前。请注意,在商务交际场合,请避免将双手叉于腰间或抱在胸前。

请注意,站立时需要时刻保持自然、面带微笑,以更好地展现出饱满的精神状态,体现良好的个人形象。不良的站姿会使人显得拘谨猥琐、邋遢随意、缺乏自信、没有经验。

## (二)落座

良好的坐姿给人以大方、自然、庄重、端正的感受。

落座时,应当先走到座位前,然后再轻稳地坐下。男士落座时,应当将西服纽扣全部解开;女士落座时,应当先将裙摆用手稍微拢一拢。

落座时,身体应当保持与站立时基本一致的姿势,头正颈直、面带微笑、双膝并拢、两腿自然弯曲。男士双腿可以并拢或微微张开,并与地面保持基本垂直。对于女士而言,双膝最好并拢,两腿可与地面保持基本垂直或与地面呈现约70°的倾斜角。无论采取哪一种坐姿,都应当自然、美观、大方,不能够表现出生硬的感觉。

坐在椅子上时,最好只坐整张椅子的2/3且不要倚靠椅背。一旦坐满整张椅子,并且靠在靠背上,不久之后便会逐渐放松,坐姿也会逐渐变形,成为"坐躺"的姿势,整个人处于一种塌陷的状态,这不利于树立良好的个人形象。

那么,有哪些坐姿是应当避免的呢?举例来说,以下情况需要避免:与人交谈时,双腿不停抖动;脚搭拉着鞋,跷着脚晃动鞋子;入座后,高高地跷起二郎腿、前俯后仰;双脚搭在沙发、桌子、椅子上;落座后双腿张开,露出大腿根部;将腿远远地伸出等。这些坐姿不仅不礼貌,而且还给人以缺乏教养的感觉。

## (三)蹲姿

如果我们需要捡起掉落在地上的东西,或者需要跟小孩子进行沟通对话等,应该怎么做呢?需要注意,在这个时候,我们不能直接弯腰撅屁股,这样会显得非常不雅观。正确的做法是使用蹲姿。

男士下蹲时,可以采用类似于我们进行军训时的蹲姿:两腿之间可以保持适当的距离,前脚全脚掌着地,后脚的脚跟微微提起,脚掌着地,臀部向下,以后腿支撑身体,身体挺直,不前倾或后仰。女性下蹲时,需要注意将两腿尽量靠近,避免走光,臀部向下,以后腿支撑身体,身体挺直,不前倾或后仰。无论男性还是女性,下蹲时依旧需要保持自然优雅。

无论是男性还是女性,下蹲时可以用一只手微微压住身后系皮带的区域,避免下蹲时背后的衬衫露出来。女性也可以用手微微压住衬衫或打底衫前面靠近胸部的区域,避免走光。

请注意,与小孩子进行沟通对话时,可以单膝跪地,但最好不要双膝跪地。有人会认为,采用双膝跪地的姿势与小孩子进行沟通,会显得更为真诚。殊不知在我国某些地方,向小孩子双膝跪地有"诅咒孩子短命"的意思。

## (四)手势

手势可以用来表示多种含义,是商务交流时不可或缺的体态语言。恰当地使用手势,可以展现出良好的形象。

需要注意的是,与人交谈时手势要简练,动作不能过多,也不宜过大。有一些人在阐述自己的想法时,特别容易出现手舞足蹈、两手相绕、摊手挥拳、指指点点等行为,因为他们觉得,在进行讲解时,如果手上没有动作的话,就不知道应该将手放到哪里了。有一些比较有用的解决办法:可以将手都背在身后,或者一只手背在身后,另一只手拿笔或电子教鞭。需要使用电子教鞭时将手举起,指着屏幕;不需要的时候,手臂自然下垂即可。

在指示方向或介绍某人时,应当四指并拢,大拇指微微张开,手心向上,前臂伸直。有人会在情急之下,使用拇指或者食指指示方向或指点他人,这是非常不合适的,因为这种手势往往有妄自尊大、教训他人的意思。那么,用拇指或者食指指点自己合适吗?这当然也是不合适的。谈到自己时,可以四指并拢,用手掌轻拍自己,这样更容易显得自己端庄、沉稳、自信。

在进行人际交流的过程中,应当注意避免出现当众抠鼻孔、擦眼屎、掏耳朵、扣头发、剪指甲、转笔、玩手边工具等动作。这些手部动作看似虽小,但是极其容易被对方看在眼里,从而造成不好的印象。

### (五)鼓掌

鼓掌一般表示欢迎、鼓励、祝贺等正面含义,在不适当的时候鼓掌往往有起哄、抬杠等负面含义,因此,鼓掌应当做到恰到好处。

鼓掌较为标准的动作是:抬起手臂,面带微笑,手掌至胸前,掌心向上,另一只手除大拇指以外的4个手指轻拍手掌中部。鼓掌的节奏要保持平稳,频率要保持基本一致,部队式的"呱唧呱唧"带有节奏式的鼓掌并不适用于绝大部分工业品营销场合。

掌声的大小要与气氛相一致。举例来说,在高兴愉悦的气氛中,掌声应当热烈且持续。观看演出时,尽量避免在演出中途鼓掌。演出过程中,如果不知道应何时鼓掌,最好的办法就是跟着其他人一起鼓掌。

请注意,鼓掌不要鼓倒掌,不要通过掌声嘲笑、讽刺他人。在日常生活特别是娱乐时,鼓掌时可以将手臂伸过头顶,并伴以口哨、叫声等,但是在商务交际背景下,这种动作往往是不可取的。

## 二、社交仪态

### (一)人际距离

人际距离是指在人际交往过程中,面对面接触时需要互相保持的距离。人际距离分为四类,即亲密距离、个人距离、社交距离、公共距离。在商务交际的不同场合,需要保持不同的距离。过近或过远的距离,会使对方感到不适,降低商务交际的效率。

亲密距离往往在0.15~0.45米之间。如果两个人处于亲密距离范围内,则意味着这两个人的关系比较亲密,如亲人、夫妻、情侣等;或者两个人的关系并不好(比如这两个人扭打在了一起),那么,他们的距离也可能在亲密距离范围内。在亲密距离范围内,双方可以感受到彼此的呼吸、体温、气味等,因此,在正常的商务交际背景下,我们往往需要避免两人保持在亲密距离范围内。

个人距离在0.46~1.22米之间。相对亲密的朋友之间的交谈往往保持在这个距离范围内。在个人距离范围内,人们说话往往会更为轻声细语,彼此可以感知到体语信息。在第一次与他人进行商务会见时,个人距离往往显得并不是那么合适,但是,如果与对方的关系已经逐渐亲密,那么在后续的商务会谈过程中,个人距离也是可以接受的。好姐妹之间的体己话、兄弟之间的悄悄话等,往往都是保持在个人距离范围内的。工业品营销人员需要把握好与他人的个人距离。最为尴尬的场景是,你认为自己与他人的关系已经足够亲密,可以保持在个人距离范围内以凸显友谊,但是,对方却觉得彼此之间的关系并没有那么亲密,保持在个人距离范围内并不太妥当。

社交距离的范围在 1.22～3.6 米之间。顾名思义，这个距离往往适用于多人环境下的社交活动。第一次进行商务会谈、商务酒会之间的谈话等，往往使用该距离。社交距离的上下限比较大，那么，营销人员要如何正确把握合适的社交距离呢？这里有一个诀窍：刚见面时，不妨站得相对远一些，保持声音能够彼此清晰听到即可。随着商务会谈的逐步深入，可以慢慢减小社交距离(所谓的"靠近一点，再靠近一点")，同时仔细观察对方的神情，如果对方表现出一丝的不妥和异样，那么则可以适当拉远一些距离，而这时候的社交距离，对彼此而言是最为合适的。

公众距离是指 3.6 米以上的距离。在正式场合进行公共演讲时，往往使用公众距离。采取公众距离进行商务交际时，人际沟通往往是单向的。举例来说，在会议室向多人进行产品展示、进行培训讲座等，往往都保持了公众距离。

需要指出的是，在不同的文化背景下，同一类人际距离的实际范围是有所差异的。举例来说，同为社交距离，北欧的瑞典人认为舒适的社交距离，就要比东亚的中国人所认为舒适的社交距离要远得多。

### (二)进电梯与出电梯

如果与陌生人同时乘坐电梯，电梯礼仪则相对比较简单。进电梯时讲求先来后到；出电梯时，则由靠近电梯门的人先出电梯轿厢，内部的人依次而出，不争不抢。

与熟人同时乘坐电梯时，商务礼仪相对比较复杂。与上级领导、客人等同时进入电梯时，应当先行步入电梯轿厢，且一只手按住电梯的开门键，另一只手挡住电梯门；出电梯时，也是一只手按住电梯开门键，另一只手挡住电梯门，请领导、客人先出电梯轿厢。

坐电梯过程中，最好不要主动讲话。特别需要注意的是，不要在轿厢中谈论涉及公司信息、个人隐私等内容，因为你永远不知道，电梯里的陌生人会不会是利益相关者。

### (三)上楼梯与下楼梯

上楼梯时，在快要进入楼梯间时，可以先挡住楼梯间的门，请上级、客人先走。下楼梯时，需要走在上级、客人的前面。

如果楼梯间比较黑暗，可以打开手机的手电筒功能，辅助照明。

### (四)进门与出门

进门前需要先敲门，得到对方允许后再打开门进入房间。那么，如果门本来就是开着的话，还需要敲门吗？答案是肯定的。无论门是开着还是关着的，都一定要先敲门，这样可以给房间内的人留有一定的缓冲和准备时间。

敲门敲三下，力度要足够。有一些营销人员在敲门时动作往往很轻，担心会影响到房间里面的人，但是声音过小的话，房间里面的人可能没有意识到有人在敲门。

关门时，最好先退出到门外，然后再面视房间门锁，看着将房门轻轻关上。不看门锁关门有一个比较严重的缺点，那就是力度不容易掌握，往往关门过轻或过重。关门时切记不能用脚，轻轻关好房门后再离开。

### (五) 上车与下车

上下汽车的礼仪与进出电梯的礼仪相似。

上车时,应当让上级、客人先上车,自己后上车。上车时应当主动为上级、客人提前打开车门,然后一只手固定车门,另一只手放在车门的上沿旁边,防止上级或领导的头部碰到车门。确认好上级、客人已经安全进入车厢,且双腿已经放置好、衣服皮包不会被车门夹到之后,再轻轻关上车门。

下车时,应当自己先下车,然后立即主动地为上级、客人打开车门,再请他们下车,具体动作顺序与上车时一致。

那么,在商务交际过程中,自己上下车,怎样的动作是最为合适、得体的呢?首先需要注意的是,上下车时,动作要稳当、端庄、轻柔,不要大步跨越、上爬下跳。上车时,"钻隧道式"的弯腰驼背、先迈脚再探身的上车动作并不是最合适的。最合适的做法是这样的:首先微微背对车门、稍稍下蹲,臀部靠到车座之后,再将双腿一并放入车内,最后将身体转向前方。下车时的动作与上车时的动作相反:首先将双腿同时迈出车门,然后再起身。

### (六) 传递物品

在商务场合中,无论是接收还是递送物品,都应当保持双手拿取物品。递送文件、名片等材料时,需要将正面面向对方。也就是说,对方可以在第一时间以最方便的形式看到文件或名片上面的文字。递送尖利物品时(如剪刀、笔等),需要握住尖利的一端,将容易握住的一端留给对方,使对方可以以最方便的形式接住该物品。

### (七) 需要尽量避免的一些身体语言

在商务交际场合中,双臂交叉和双手托腮这两个动作经常容易出现,但是这两个动作需要尽量避免。双手交叉放于胸前,往往具有一种自我保护的含义。这是一种防御型的姿势,双手交叉往往意味着你受到了威胁、对对方的意见不认可、认为对方的地位不如自己等,这种姿势容易营造紧张的氛围。而双手托腮,往往会让对方产生"你已经厌倦了目前的内容""你已经困了""你对现在所说的内容并不理解"的想法。双手托腮还容易显得自己不专业、不成熟,对目前所谈论的内容不了解。因此,这两个动作需要极力避免出现在商务社交场合中。

## 第三节　中餐就餐礼仪

**课前思考**

中餐的桌次如何安排?席位如何安排?宴请到了尾声时,又有新人加入,该怎么办?筷子和餐盘该如何使用?碗需要怎么端呢?为别人盛饭有什么需要注意的地方吗?

## 一、圆桌的席位安排

中餐的宴请活动往往会使用到圆桌,圆桌的座次体现了尊卑之分。如果同一场餐宴中有多个圆桌,那么不同的圆桌之间也会有尊卑之分。

### (一)桌次安排

我们首先来看由两桌组成的宴请形式。一般情况下,我们可以面对正门,安排两桌横排或两桌竖排。如果是两桌横排,那么可以采用"以正门定位"的原则:面对着正门,左侧的桌子是副桌,右侧的桌子是主桌。如果是两桌竖排,那么可以采取"以远为上位"的原则:距离正门较近的桌子为副桌,距离正门较远的桌子为主桌。

主桌一般坐己方主要领导和对方主要领导,副桌主要坐双方的随行人员。当然,现在还有另外一种安排方式,即主桌坐需要喝酒的人员,附桌坐不需要喝酒的人员。

接下来,我们一起来看三桌及以上组成的宴请场景下,桌次应当如何安排。除了上文提到的"以正门定位""以远为上位"等原则外,我们还应当兼顾其他各副桌与主桌的距离。一般而言,副桌如果距离主桌越近,那么就意味着这个副桌越重要,桌次就越高。

安排主桌时,我们可以在主桌上放一些装饰物(如席卡、花篮等),让其更为醒目;或者让主桌比其他桌子更大一些,这样也便于让宾客更快地分辨主副桌。

### (二)席位安排

在同一个圆桌,不同的席位体现出了主次、尊卑的区别。那么,如何判断主次尊卑呢?我们首先需要记住一个最基本的原则,那就是"以主为先、以右为尊"。

"以主为先"体现在己方的最重要主人应当坐在主桌,且坐在面对正门的位置上。如果是多桌宴请,那么每一个次桌最好都要有一位己方人物作为代表,主要负责安排本桌的相关宴请事务。次桌的己方代表座位最好与主桌的最重要主人座位保持同向。

"以右为尊"体现在各桌的主次、尊卑,应当通过与该桌己方代表的关系来确定。与己方代表关系越近的,越属于尊贵之人,安排在己方代表右侧落座,且越靠近己方代表。也就是说,己方代表右侧第一个座位是最为尊贵的。如果宾客的身份要比己方代表高,则可以安排宾客坐于该桌的主座,以示尊敬。

在我国不同的省份,席位安排的原则会有所差异,建议在进行席位安排前,充分考虑己方和对方的地域与文化,做好充分了解与沟通协调后,再进行席位安排。

## 二、就餐流程与礼仪

### (一)上菜顺序

中餐通常的上菜顺序是冷盘、头菜、热炒、大菜、汤、主食、甜食、水果。不同地域的上菜顺序会有所差异。一般而言,当冷菜吃到只剩 1/3 时,就要请服务员上第一道热菜了。餐食端上桌时,应当先将菜转至对方最重要的主宾处,请其夹第一筷,然后再转至己方最重要主人处,请其夹第二筷。

请注意,每道菜都应先转到主宾前面,请其先取食。万万不可饥不择食、迫不及待、越位夹菜。另外，如果在宴请的结尾又有新人加入饭局，最恰当的办法是再加一到两个热菜(或一个热菜加一个炒饭等主食)以示尊敬，切忌让新加入的人继续吃桌上的"残羹冷炙"。

### (二)餐具使用礼仪

中餐的餐具相对比较简单，主要就是筷子、汤匙、餐盘、碗等，但是，有一些礼仪依旧需要注意。

使用筷子时需要注意避免以下情况的发生：拿着筷子并悬在空中，犹豫夹哪道菜；用筷子在盘子里反复扒拉、翻找食物；用舌头舔筷子后夹取食物；将已经夹起的食物又放回去；夹起食物时，用筷子甩掉食物上的汤汁；用筷子搅拌汤碗中的汤；不用筷子时将筷子放在碗上，而不是筷架上；将筷子插在米饭上；闲来无事，使用筷子敲碗；一边说话一边挥舞着筷子；用筷子指着他人；用自己用过的筷子为别人夹取食物(较为妥帖的做法是，用自己筷子较粗的、不入自己口的一端为别人夹取食物，或者使用公筷为别人夹取食物)。

使用汤匙时需要注意：最好不要使用自己的汤匙去舀食物，尽量不单独使用汤匙取菜；使用公用汤匙取用食物时，可以先在餐盘处停留片刻，待汤汁不会流下来时，再放入自己碗中；使用汤匙取用食物后，需要将食物放入自己的碗盘中，不可将食物再倒回原处；如果食物有点烫，可以将其放入自己碗中后稍微晾一晾，不要直接用嘴吹凉；使用公用汤匙取食物时不要太满，以免弄脏衣服和餐桌；不使用汤匙时可以将其放在自己的餐碟上，不要将其直接放在餐桌上；最好不要将整个汤匙直接放到嘴里，或者反复舔汤匙。

使用餐盘时需要注意，在圆桌就餐过程中，餐盘主要是用来暂放从公用餐盘里拿取出来的食物，因此不要一次性在自己的餐盘里放过多的食物；同时吃剩的食物、骨头等残渣最好放在餐盘的一边。请注意，不要直接将残渣吐到桌上或地上，且取出残渣时，最好不要从嘴里直接吐到餐盘上(有人甚至还会发出"噗噗噗"的声音)，而是用筷子夹放到餐盘边。如果餐盘中的残渣过多，可以请服务员换一个新的餐盘。在我国，不同地区对餐盘的使用存在着一些细微的差异：有些地方的民众认为，餐盘只能用来放食物残渣，但是有些地方的民众认为，餐盘可以盛放刚刚从公用餐盘里拿取出来的、准备食用的食物。因此最稳妥的解决办法是"入乡随俗"，按照其他人的做法去做即可。

使用碗时需要注意：商务宴请活动中最好不要直接把碗高高地端到嘴边进食，而是一只手端着碗并微微抬起，进食时，头微微下低(请注意，在这方面，西餐与中餐大相径庭：吃西餐时，叉子直接抬起送入嘴边，头反而要保持抬着的状态，不可出现明显的低头动作)；碗里面的食物需要用筷子等其他餐具取用，不能直接用嘴吸；碗里面多余的食物不能直接往嘴里面倒，也不能用舌头舔；不能将碗倒扣在桌上；碗里不能随意扔废弃物，特别是烟头、烟灰、酒瓶瓶盖、餐巾纸等。

一些饭店在用餐前会为每一位食客准备一条湿毛巾。请注意，这条湿毛巾主要是用来擦手的，不要用来擦脸、擦汗、擦嘴等。有一些饭店还会在餐前端上一盆水(有些甚至是茉莉花水或柠檬水)。请注意，这一盆水不能用来直接饮用，而是用来洗手的。另外，在我国的某些地区，有餐前用水洗自己面前餐具的习俗，具体怎么做可以观察他人的做法，现学现用即可。

使用牙签时需要注意，如果需要剔牙，应当用一只手遮住嘴巴，另一只手进行剔牙。不要一边剔牙一边与他人说话，剔牙之后也不要用嘴巴叼着牙签。剔完牙后，将牙签放于餐盘上，与其他残渣放到一起。请注意，不要在剔完牙后拿着牙签把玩。现实生活中，很多人剔完牙后会处于一种放松的状态，这时会拿着牙签折叠、堆帐篷、自娱自乐，而这在商务活动中是不合适的。

## 三、中餐礼仪禁忌

中餐用餐的时候，需要注意相关的用餐礼仪。

劝菜的时候，可以热情地劝别人多吃一些，或者建议其品尝某一道特色菜肴。但请注意，不要擅自做主，主动为别人夹菜，特别是使用自己的筷子为别人夹菜。有人认为，如果建议他人品尝某一道特色菜肴后，对方没有采取实际行动，那么对方可能比较腼腆，这时候，主动为其夹菜体现了热情好客之道与地主之谊。但是这样做可能适得其反，往往会给对方造成困扰。这种情况经常出现在与外国人一同吃饭的时候，中国人往往很热情，但很多国家的国民是没有吃饭时为他人夹菜的习俗的。

取菜的时候需要注意，应当从盘子靠近自己的这一侧夹起食物，而不要从盘子中间或者远离自己的一侧夹取食物。夹取食物时切忌拖泥带水、左顾右盼、挑挑拣拣、夹起来又放回去。取菜时少食多夹、量力而行。不要一次性将菜全部夹完，让别人无菜可吃。在商务交际背景下，距离自己较远的菜，要么请其他人协助夹取，要么忍住不吃，最好不要直接站起来俯身去取用食物。

用餐时请注意，哪怕再饿，也要等领导、长辈先动筷。如果有长辈在用餐过程中需要盛饭，应当主动站起来，双手拿着长辈的碗，为长辈盛饭。盛饭的时候要注意说辞，可以询问"您是否需要盛饭"，不能图一时嘴快，简要地说成"您是否要饭"。"要饭"这个词需要在商务交际场合中避免。如果遇到长辈主动为自己盛饭，需要双手接碗并道谢。

吃饭时，需要用一只手微微端起碗，大拇指压住碗口，其他四指端住碗底。请注意，不端着碗吃饭、伏在桌子上吃饭等，并不适用于商务交际环境。

进餐时最好细嚼慢咽，不要发出"吧唧吧唧"的声音。进食过程中最好不要与别人交谈，避免交谈时食物喷射出来。吃菜的时候避免伸长脖子、伸着舌头去接菜。一次性入口太多的食物并不合适，最好少量多食。

切记不能将残渣直接吐到桌面上，最好用筷子或手接住后，再放到餐盘上。打喷嚏、咳嗽时，需要用手、毛巾、手帕等捂住嘴，并且将头微微朝后方转动，避免唾液散落在食物上。

如果自己已经吃完但是餐宴还没有结束，最妥当的做法是静静地坐在自己的位置上，面带微笑地听其他人聊天，做一个安静的"美男子"或"美女子"。请注意，不要随意离开自己的座位，也不要一直看手机、玩游戏，最好等领导、主宾用餐完毕且离桌后，再随同其他客人一起离席。

如果需要做"端茶倒水"等辅助性服务工作，请注意，倒茶不要倒得太满，但是倒酒（特别是白酒）一定要倒满。如果宴请有喝酒，那么可以随时观察领导、长辈、主宾的茶杯，一旦茶杯中的水不多，就可以主动为其倒茶。如果发现茶水变淡，可以主动请服务员更换新的茶叶。对于很多喝酒的人来说，多喝茶是一种快速有效的解酒方式。

## 本章小结

1. 注意个人卫生，不单单是指勤洗澡、勤刷牙等日常内务，还指在个人仪容仪表方面的修饰，包括但不限于腋毛、体味、鼻毛、胡须、指甲等方面。头发不能有异味，不能有头皮屑，不能油腻结绺。保持餐后漱口，避免牙齿上附着菜叶等异物。出席社交场合前，最好对体毛进行适当修剪，保持相关部位的整洁、清爽，避免体毛直接露出表面。勤剪指甲，避免指甲过长。保持勤洗澡、勤换衣物，避免产生过浓的体味。

2. 对于工业品市场营销人员来说发型，保持整洁、美观、端庄、职业即可，不需要过分前卫或过分时尚。"杀马特"发型在绝大多数行业都是需要极力避免的。如果对发型没有深入学习过，也不会做发型，那么，保持清爽、干净是最为简单的一种办法。

3. 面部仪容对于促进工业品营销活动的成功具有重要作用。进行化妆前需要对自己的肤质进行判断，在了解自己的肤质之后，再选用合适的化妆品即可。

4. 对于男性而言，商务场合的着装需要保持正式，过分性感、时尚、休闲的服装在大多数工业品营销场合并不合适。着装总体应保持端庄、大方、稳重、得体、专业，切忌衣着过分鲜艳、杂乱、暴露、透视、短小、紧身、可爱、卡通。对于女性而言，在绝大部分工业品营销领域，女士以西服套裙的穿着最为稳妥。西服的袖长应当避免短于七分袖，同时也应当避免过长。在搭配西服套裙时，可以搭配长筒丝袜，丝袜最好选择没有花纹的肉色或黑色丝袜，避免使用渔网丝袜。

5. 站立是商务社交场合中的最基本姿势之一。良好的站姿能够显示出营销人员的良好气质与风度。站立的时候，我们一般要保持头正、颈直、双肩放松、身体挺直、收腹提臀、膝盖挺直、自然轻松，不可弓腰驼背、眼睛左右斜视，或者两肩一高一低、双臂乱摆、双腿抖动。

6. 良好的坐姿给人以大方、自然、庄重、端正的感受。落座时，应当先走到座位前，然后再轻稳地坐下。男士落座时，应当将西服纽扣全部解开；女士落座时，应当先将裙摆用手稍微拢一拢。

7. 下蹲时，我们不能够直接弯腰撅屁股，这样会显得非常不雅观。男士下蹲时，可以采用类似于我们进行军训时的蹲姿；女性下蹲时，需要注意将两腿尽量靠近，避免走光。与小孩子进行沟通对话时，可以单膝跪地，但最好不要双膝跪地。

8. 手势可以用来表示多种含义，是商务交流时不可或缺的体态语言。恰当地使用手势，可以展现出良好的形象。与人交谈时手势要简练，动作不能过多，也不宜过大。应当注意避免出现当众抠鼻孔、擦眼屎、掏耳朵、扣头发、剪指甲、转笔、玩手边工具等动作。

9. 鼓掌一般表示欢迎、鼓励、祝贺等正面含义，在不适当的时候鼓掌往往有起哄、抬杠等负面含义。因此，鼓掌应当做到恰到好处，掌声的大小要与气氛相一致。

10. 人际距离是指在人际交往过程中，面对面接触时需要互相保持的距离。人际距离分为四类，即亲密距离、个人距离、社交距离、公共距离。在商务交际的不同场合中，需要保持不同的距离。过近或过远的距离，会使对方感到不适，降低商务交际的效率。

11. 如果与陌生人同时乘坐电梯，进出电梯礼仪相对比较简单。进电梯时讲求先来后到；出电梯时，则由靠近电梯门的人先出电梯轿厢，内部的人依次而出，不争不抢。上楼梯时，在快要进入楼梯间时,可以先挡住楼梯间的门,请上级、客人先走。下楼梯时,需要走在上级、客人的前面。进门前需要先敲门,得到对方允许后再打开门进入房间。无论门是开着还是关着的,都一定要先敲门,这样可以给房间内的人留有一定的缓冲和准备时间。同时,敲门敲三下,力度要足够。上下汽车的礼仪与进出电梯的礼仪相似。上车时,应当让上级、客人先上车,自己后上车;下车时,应当自己先下车,然后立即主动地为上级、客人打开车门,再请他们下车。自己上下车时,动作要稳当、端庄、轻柔,不要大步跨越、上爬下跳。

12. 在商务场合中,无论是接收还是递送物品,都应当保持双手拿取物品。递送文件、名片等材料时,需要将正面面向对方;递送尖利物品时(如剪刀、笔等),需要握住尖利的一端,将容易握住的一端留给对方。

13. 桌次安排时,如果是两桌横排,那么可以采用"以正门定位"的原则;如果是两桌竖排,那么可以采取"以远为上位"的原则。在同一个圆桌,不同的席位也体现出了主次、尊卑的区别,其中一个最基本的原则就是"以主为先、以右为尊"。

14. 中餐通常的上菜顺序是冷盘、头菜、热炒、大菜、汤、主食、甜食、水果。不同地域的上菜顺序会有所差异。每道菜都应先转到主宾前面,请其先取食。万万不可饥不择食、迫不及待、越位夹菜。

15. 中餐的餐具相对比较简单,主要就是筷子、汤匙、餐盘、碗等,但是,有一些礼仪依旧需要注意,避免发生一些不妥当的情况。劝菜、取菜、盛饭、吃饭、吐渣、端茶等过程也有一定的商务礼仪需要注意。

## 练习与思考

### 一、名词解释

1. 仪表
2. 仪态
3. 人际距离
4. 亲密距离
5. 个人距离
6. 社交距离
7. 公共距离
8. 以主为先
9. 以右为尊

### 二、简答题

1. 仪表和仪态的区别是什么?
2. 仪表包括哪些方面?仪态包括哪些方面?
3. 中餐圆桌应当如何安排席位?
4. 男性和女性营销人员的着装有什么需要注意的?

## 三、单选题

1. 以下说法错误的是(    )。
   A. 站立时，女性双腿可以微微张开，并与肩保持同宽
   B. 男士落座时，应当将西服纽扣全部解开
   C. 坐在椅子上时，最好只坐整张椅子的 2/3 且不要倚靠椅背
   D. 在商务交际场合，应当避免将双手叉于腰间或抱在胸前

2. 以下说法错误的是(    )。
   A. 商务场合中，鼓掌时可以将手臂伸过头顶
   B. 与人交谈时手势要简练
   C. 在指示方向或介绍某人时，应当四指并拢
   D. 鼓掌应当做到恰到好处

3. 能够感受到谈话者彼此体温、气味的距离是(    )。
   A. 亲密距离                 B. 个人距离
   C. 社交距离                 D. 公共距离

4. 以下说法错误的是(    )。
   A. 可以用舌头舔筷子后夹取食物
   B. 不要使用自己的汤匙去舀食物
   C. 不要一次性在自己的餐盘里放过多的食物
   D. 如果需要剔牙，应当用一只手遮住嘴巴

5. 以下说法正确的是(    )。
   A. 主桌一般坐己方主要领导和对方主要领导
   B. 桌次安排可以采用"以近为上位"的原则
   C. 餐宴过程中，为领导倒茶时要倒满
   D. 进餐时最好双手端碗

## 四、多选题

1. 以下说法正确的有(    )。
   A. 下蹲时最好不要直接弯腰撅屁股
   B. 下蹲时可以用一只手微微压住身后系皮带的区域
   C. 与小孩子进行沟通对话时，不要双膝跪地
   D. 下蹲时需要保持自然优雅

2. 人际距离分为(    )。
   A. 亲密距离                 B. 个人距离
   C. 社交距离                 D. 公共距离

3. 以下说法正确的有(    )。
   A. 与上级领导、客人等同时进入电梯时，应当先行步入电梯轿厢
   B. 如果门开着，进门前也需要先敲门，得到对方允许后再进入房间
   C. 下车时应当主动为上级、客人提前打开车门
   D. 递送文件、名片等材料时，需要将正面面向对方

4. 以下说法正确的有( )。
   A. 己方的最重要主人应当坐在主桌,且坐在面对正门的位置上
   B. 各桌的主次、尊卑,应当通过与该桌己方代表的关系来确定
   C. 一般而言,当冷菜吃到只剩1/3时,就要请服务员上第一道热菜了
   D. 每道菜都应先转到主宾前面,请其先取食

5. 以下说法正确的有( )。
   A. 进餐时,不能将残渣直接吐到桌面上
   B. 如果发现茶水变淡,可以请服务员更换茶叶
   C. 为他人盛饭的时候,不能说"您是否要饭"
   D. 剔牙之后不要用嘴巴叼着牙签

## 微课视频

扫一扫,获取本章相关微课视频。

12.1 仪表礼仪(1)

12.1 仪表礼仪(2)

12.2 仪态礼仪(1)

12.2 仪态礼仪(2)

12.3 中餐就餐礼仪(1)

12.3 中餐就餐礼仪(2)

# 参 考 文 献

[1] 薄言. 产业观光旅游设计[M]. 北京：中国商业出版社，2019.
[2] 伯纳德·科法，珀维茨·盖瑞，罗伯特·塞尔. 项目营销——如何在大型招投标项目中进行市场营销工作的学问[M]. 北京：企业管理出版社，2004.
[3] 祖晓梅. 跨文化交际[M]. 北京：外语教学与研究出版社，2015.
[4] 陈国海，安凡所. 跨文化沟通[M]. 北京：清华大学出版社，2017.
[5] 陈启杰. 市场调研与预测[M]. 4版. 上海：上海财经大学出版社，2014.
[6] 陈晓萍. 跨文化管理[M]. 北京：清华大学出版社，2016.
[7] 成国良，曲艳丽. 旅游景区景观规划设计[M]. 济南：山东人民出版社，2017.
[8] 丁兴良，张丹. 工业品企业促销策略革命[M]. 北京：经济管理出版社，2012.
[9] 丁兴良. 创新工业品营销思维[M]. 2版. 北京：经济管理出版社，2012.
[10] 丁兴良. 工业品营销+：应对互联网的大转型与大变革[M]. 北京：人民邮电出版社，2016.
[11] 丁兴良. 工业品营销服务全攻略[M]. 2版. 北京：经济管理出版社，2012.
[12] 丁兴良，林俊，黎燕. 项目流程管理[M]. 2版. 北京：经济管理出版社，2012.
[13] 董靓，陈睿智，曾煜朗，等. 旅游景区规划设计[M]. 北京：中国建筑工业出版社，2017.
[14] 杜忠. 工业品市场部实战全指导[M]. 北京：中华工商联合出版社，2014.
[15] 弗恩斯·特朗皮纳斯，彼得·伍尔莱姆斯. 跨文化营销[M]. 北京：经济管理出版社，2011.
[16] 葛全胜，宁志中. 旅游景区设施设计与管理[M]. 北京：中国旅游出版社，2009.
[17] 郭国庆，钱明辉. 市场营销学通论[M]. 7版. 北京：中国人民大学出版社，2017.
[18] 胡文仲. 跨文化交际学概论[M]. 北京：外语教学与研究出版社，1999.
[19] 靳娟. 跨文化商务沟通[M]. 2版. 北京：首都经济贸易大学出版社，2014.
[20] 卡尔·麦克丹尼尔，小查尔斯·W. 兰姆，小约瑟夫·F. 海尔. 市场营销学：案例与实践[M]. 上海：格致出版社，上海人民出版社，2010.
[21] 肯尼思·E. 克洛，唐纳德·巴克. 广告、促销与整合营销传播[M]. 7版. 北京：清华大学出版社，2015.
[22] 李洪道. 工业品营销：赢在信任[M]. 2版. 北京：机械工业出版社，2009.
[23] 李洪道. 工业品营销管理实务[M]. 4版. 北京：中华工商联合出版社，2015.
[24] 李丽红. 工程招投标与合同管理[M]. 北京：化学工业出版社，2016.
[25] 李世杰，于飞. 市场调查与预测[M]. 2版. 北京：清华大学出版社，2014.
[26] 李先国，史振厚. 营销管理基础[M]. 2版. 北京：清华大学出版社，2018.
[27] 梁青玉，张世新，康海斌. 工业品市场营销[M]. 兰州：兰州大学出版社，2015.
[28] 刘莉华. 商务礼仪模拟教程[M]. 上海：格致出版社，2011.
[29] 刘燕. 工程招投标与合同管理[M]. 2版. 北京：人民交通出版社股份有限公司，2015.
[30] 刘勇为. 全网整合营销：策划、推广、转化、二次成交的营销实战全案[M]. 北京：中国经济出版社，2019.
[31] 陆和平. 销售是个专业活：B2B、工业品[M]. 北京：企业管理出版社，2016.
[32] 罗伯特·F. 德怀尔，约翰·F. 坦纳. 工业品营销[M]. 4版. 北京：清华大学出版社，2011.

[33] 吕翠凤. 人际交往与成功[M]. 南京：南京大学出版社，2012.

[34] 马勇，李玺. 旅游景区规划与项目设计[M]. 北京：中国旅游出版社，2008.

[35] 马勇. 旅游规划与开发[M]. 武汉：华中科技大学出版社，2018.

[36] 诺亚·弗雷明. 常青：如何持久吸引客户[M]. 北京：中国友谊出版社，2017.

[37] 潘红梅. 公共关系学[M]. 北京：科学出版社，2009.

[38] 蒲括，邵朋. 精通 Excel 数据统计与分析[M]. 北京：人民邮电出版社，2014.

[39] 赛贝尔资讯. Excel 数据处理与分析[M]. 北京：清华大学出版社，2015.

[40] 宋翔. 小白轻松学 Excel 数据分析[M]. 北京：电子工业出版社，2019.

[41] 孙国学，赵丽丽. 旅游产品策划与设计[M]. 2 版. 北京：中国铁道出版社，2016.

[42] 唐·舒尔茨，海蒂·舒尔茨. 整合营销传播：创造企业价值的五大关键步骤[M]. 北京：清华大学出版社，2013.

[43] 唐道明. 一切为了订单：订单驱动下的工业品营销实践[M]. 北京：中华工商联合出版社，2016.

[44] 唐毓卿. 市场调查与预测实验教程[M]. 上海：格致出版社，2012.

[45] 王宝敏. 机电产品营销[M]. 北京：机械工业出版社，2015.

[46] 王朝晖. 跨文化管理概论[M]. 北京：机械工业出版社，2020.

[47] 王德刚，田芸. 工业旅游开发研究[M]. 济南：山东大学出版社，2008.

[48] 王颖，易兰兰. 旅游线路设计[M]. 北京：中国农业科学技术出版社，2018.

[49] 王昭伟. 工业品创新营销模式：变革环境下基于企业 B2B 业务的营销与竞争之道[M]. 北京：人民邮电出版社，2014.

[50] 王卓甫. 工程招投标与合同管理[M]. 北京：中国建筑工业出版社，2018.

[51] 吴健安，钟育赣. 市场营销学[M]. 6 版. 北京：清华大学出版社，2018.

[52] 吴健安. 现代推销理论与技巧[M]. 北京：高等教育出版社，2005.

[53] 吴健安，王旭，姜法奎，等. 现代推销学[M]. 3 版. 大连：东北财经大学出版社，2011.

[54] 吴越舟. 资深营销总监教你搞定工业品营销：23 年工业品营销手记[M]. 北京：北京联合出版公司，2015.

[55] 小弗雷德里克·E. 韦伯斯特. BTOB 营销战略[M]. 3 版. 北京：中央编译出版社，2008.

[56] 肖灵机，黄蕾，余鑫. 工业品市场营销学[M]. 武汉：武汉理工大学出版社，2008.

[57] 熊国钺. 市场营销学[M]. 5 版. 北京：清华大学出版社，2017.

[58] 严家明，李生校. 工业品营销[M]. 上海：上海财经大学出版社，2013.

[59] 张鸿. 市场营销学[M]. 北京：科学出版社，2009.

[60] 张淑君. 市场营销学[M]. 北京：经济科学出版社，2002.

[61] 张晓艳. 电子电器产品营销实务[M]. 2 版. 北京：电子工业出版社，2018.

[62] 张振家. 旅游线路设计[M]. 北京：清华大学出版社，2017.

[63] 赵公民. 现代营销学[M]. 北京：人民邮电出版社，2015.

[64] 周洁如. B2B 营销：理论体系与经典案例[M]. 上海：上海交通大学出版社，2015.

[65] 周三多. 管理学[M]. 5 版. 北京：高等教育出版社，2018.

[66] 朱勇. 跨文化交际案例与分析[M]. 北京：高等教育出版社，2018.

[67] 光明网. 多部门出手保供稳价 应对大宗商品价格攀升政策空间充足. 2021-05-26，https://economy.gmw.cn/2021-05/26/content_34875454.htm.

[68] 澎湃. 走！小编带您逛展销会. 2021-06-25，https://m.thepaper.cn/baijiahao_13318284.

[69] 人民网(记者：丁怡婷). "工业品淘宝"助力"一带一路"建设. 2020-01-08，http://finance.people.com.cn/n1/2020/0108/c1004-31538563.html.

[70] 人民网. 调查报告：全国碳市场预计五年内趋于成熟. 2020-12-16，https://baijiahao.baidu.com/s?id=1686194578793893279&wfr=spider&for=pc.

[71] 人民网. 新华网公务礼仪讲堂活动在发展改革委成功举办. 2012-07-03，http://politics.people.com.cn/n/2012/0703/c70731-18432854.html.

[72] 人民网(记者：陈颖). 中国—巴西跨文化交际对话：聚焦文化冲突 增进彼此了解. 2015-04-27，http://world.people.com.cn/n/2015/0427/c1002-26908993.html.

[73] 陈颖. 工业旅游项目助农增收[N]. 贵州日报，2021-08-10. http://m.people.cn/n4/2021/0810/c1288-15136233.html.

[74] 新华网. 2020两岸企业家峰会年会召开 汪洋致信祝贺. 2020-12-09，http://www.xinhuanet.com/politics/leaders/2020-12/09/c_1126839510.htm.

[75] 新华网. 京城环保：苦练企业内功 找准市场定位打出特色和水平. 2018-06-13，http://www.xinhuanet.com/energy/2018-06/13/c_1122979916.htm.

[76] 新华网. 为制造业高质量发展夯基垒台. 2021-08-20，http://www.xinhuanet.com/2021-08/20/c_1127777959.htm.

[77] 新华网. 共谋油气装备产业发展 宝鸡国际工业品采购展览会开幕. 2019-05-29，http://www.xinhuanet.com/energy/2019-05/29/c_1124558191.htm.

[78] 中央纪委国家监委网站(通讯员 赵庆涛 王泽锋). 以案为鉴 招投标程序被当成遮羞布. 2020-04-30，https://www.ccdi.gov.cn/yaowen/202004/t20200428_216371.html.